文化生活译丛 | Culture & Life

A PASSION FOR
PARiS

ROMANTICISM AND ROMANCE
IN THE CITY OF LIGHT

恋恋巴黎

"光之城"的浪漫地形图

〔美〕大卫·唐尼（David Downie） 著

沙晨葆 译

生活·讀書·新知 三联书店

A PASSION FOR PARIS by David Downie
Copyright © 2015 by David Downie
Simplified Chinese Copyright © 2021 by SDX Joint Publishing Company.
All Rights Reserved.
本作品简体中文版权由生活·读书·新知三联书店所有。
未经许可,不得翻印。

图书在版编目(CIP)数据

恋恋巴黎:光之城的浪漫地形图/(美)大卫·唐尼著;沙晨葆译.—北京:生活·读书·新知三联书店,2021.11
(文化生活译丛)
ISBN 978-7-108-07215-3

Ⅰ.①恋… Ⅱ.①大… ②沙… Ⅲ.①城市文化-巴黎 Ⅳ.① G156.1

中国版本图书馆 CIP 数据核字(2021)第 166603 号

责任编辑	李静韬
装帧设计	蔡立国
责任校对	陈 明
责任印制	卢 岳
出版发行	生活·讀書·新知 三联书店
	(北京市东城区美术馆东街 22 号 100010)
网 址	www.sdxjpc.com
图 字	01-2018-4013
经 销	新华书店
印 刷	北京隆昌伟业印刷有限公司
版 次	2021 年 11 月北京第 1 版
	2021 年 11 月北京第 1 次印刷
开 本	850 毫米 × 1092 毫米 1/32 印张 15.5
字 数	272 千字 图 116 幅
印 数	0,001-6,000 册
定 价	59.00 元

(印装查询:01064002715;邮购查询:01084010542)

献　词

本书献给所有对巴黎充满激情的人，尤其要纪念两个了不起的人：安妮·M.哈里斯（Anne M. Harris）和梅维丝·加朗（Mavis Gallant），她们花数十年时间描绘和分析"光之城"及其居民，并为它和他们而自豪。

巴黎是永恒的丑恶奇迹……是成百上千本小说中的城市……是一个活物，对热爱巴黎的人来说，它是个大名鼎鼎的交际花，而他们对它从外表到内里，再到那些令人难以置信的道德规范，全都了如指掌。

——奥诺雷·德·巴尔扎克

目 录

第一部　女仆房间里的浪漫邂逅 ……… 1
  01　热气球中的鸟瞰 ……… 2
  02　译解反复书写的巴黎手本 ……… 12
  03　从不定期货船到拉雪兹神父公墓 ……… 16

第二部　第一个伟大的浪漫主义圈子 ……… 25
  04　巴士底日 ……… 26
  05　客人出现 ……… 32
  06　反叛的浪漫 ……… 36
  07　为不可定义的浪漫主义下定义 ……… 41
  08　诗歌军械库 ……… 45
  09　维克多、阿黛尔和圣伯夫的三角恋 ……… 63
  10　艾那尼之战 ……… 69
  11　罗密欧追逐朱丽叶 ……… 81
  12　维克多的战利品 ……… 88

	13	圣殿骑士	94
	14	历史的馈赠	112
	15	巴尔扎克的玛黑区	130

第三部　波德莱尔的岛屿 ············ 143

	16	忧愁中的浪漫	144
	17	性、毒品与惊人辞章	153
	18	梦中的岛屿	172

第四部　对大人物（及女人）的崇拜 ············ 183

	19	浪漫的建筑	184
	20	反浪漫主义者	193
	21	死人的学院	214

第五部　浪漫主义顽童 ············ 233

	22	枝繁叶茂的浪漫先贤祠	234
	23	乔治·桑的沙坑陷阱	247
	24	捕蝶人	260
	25	旋转木马和发言者	269
	26	融入波希米亚式放荡不羁的生活	282
	27	饮水者	293

28	莫墨斯就是最贴切的字眼	303
29	色彩与线条之争	312
30	醉船、饥饿的作家和两支巨大的单簧管	320
31	德拉克洛瓦的最后一站	329

第六部　伏尔泰码头　337

32	塞纳河图景	338
33	达达尼昂的阿蒙蒂亚多雪利酒酒桶	346
34	德拉克洛瓦回绝大仲马	358

第七部　新雅典与蒙马特　365

35	德拉克洛瓦永恒的短命之作	366
36	巴黎的雅典卫城	376
37	肖邦之手	403
38	真正的孤山	416
39	鬼才在乎	428
40	造访贫民区的斯泰因和毕加索的蓝玫瑰	434
41	幽灵附体于石头	440

第八部　开放式结局　449

| 42 | 漫长而曲折的道路 | 450 |

43　帕西的宁静日子 ……………………………… *461*
44　巴尔扎克的情书短札 …………………………… *471*

关键日期 ……………………………………………… *479*
关键人物 ……………………………………………… *481*
图片版权 ……………………………………………… *488*

ROMANTIC ENCOUNTERS IN
A MAID'S ROOM

第一部

女仆房间里的浪漫邂逅

来自旧金山的天真作者追随费利克斯·纳达尔（Félix Nadar）来到巴黎，被这座城市所引诱，逐渐在这座"光之城"沉迷于世间有关浪漫的妄想与幻想中

01

热气球中的鸟瞰

19世纪中期一个冷飕飕的春日清晨,一只沉重的热气球破破烂烂,已经充满气,笨拙地升入巴黎棱堡外的天空。这只洋葱状的球体剪影上仿佛饰有流苏,颤颤巍巍地朝那一大片散漫杂乱、闪着微光的铁皮和瓦片屋顶飞去。夜里,大雨、冰雹和那一年的最后一场雪已经将巴黎清扫干净。

在热气球摇摇晃晃的柳条筐下方，出现了一片起伏不平的棋盘状城市，一条条点缀着像是棋子中的小卒、骑士和城堡的河道从中穿过。一名孤零零的乘客哆哆嗦嗦地蜷缩在柳条筐里，被这一幕景色惊呆了。随着光线逐渐增强，薄雾渐渐消散。那些棋子变得清晰起来，化为一些微小如玩具的男男女女、马匹和马车。那些河道也变成了奇妙的城市风景，由尘土飞扬的工地、半废弃的教堂、刚建好一半的林荫大道或火车站、中世纪的尖塔钟楼和怪兽滴水嘴构成。塞纳河畔，结构对称的灰白色议会大厦刚刚建成，古老的巨型赭黄色纪念碑直刺蓝天。

蜿蜒的河水缓缓流淌，呈现出模糊的蓝灰色，水天一色。河面上点缀着一波波的白浪，而非朵朵白云。那条河在一个个岛屿周围一分为二，又合二为一，接着又在一些河船和桥墩周围重新分分合合，从照相机取景框里自东向西地逶迤流过。

蜷缩着的年轻的加斯帕尔－费利克斯·图尔纳雄（Gaspard-Félix Tournachon）有个知名度更高的名字，叫费利克斯·纳达尔，他在黑色的帆布罩下打开照相机的快门，默数几下，然后飞快地转过身，让感光板显影。他在一个系着绳索的气球上尝试了六次，均以失败告终，如今他终于琢磨出问题所在。这一次，显影获得成功，地面上的景色在感光板上留下幽灵一般的形象，他的气球可以自由飘

纳达尔待在空中的气球里，杜米耶（Daumier）作

浮了。

纳达尔是早期摄影师中最大胆的一位，也是个不折不扣的浪漫主义者。在1855年的一天，他认定发明航空摄影的时候到了，而他就是那个发明者。作为一名颇有天赋的多面手，他脑子里充满了各种不切实际的想法，其身份从书商、走私贩子、间谍、讽刺画家、油画家、小说家和记者演变为未来的革命者。1848年，他从巴黎长途跋涉到华

纳达尔自拍像:一个淘气的登徒子

沙,为波兰的独立而战斗——尽管他跟那个国家毫无关系。在同样轻率的热情中,他掌握了摄影技术,并且不到五年就成为这个新行业中的佼佼者。而后他被天空吸引。热气球很大,为什么不把柳条筐变成一个摄影工作坊和实验室呢?

纳达尔就像他那些感光板一样敏感,对巴黎念念不忘。有时,他从罗曼蒂克的高度想象这座城市——可是当时却没有摩天大楼或埃菲尔铁塔供人俯瞰全城。他脑子里怀着鸽子那样的鸟瞰视角,在巴黎的街道巷弄和公园里徘徊,深入一座座地下墓穴和下水道探索——有一天他会发明闪光灯摄影,把地底深处那些没有光线的景象记录下来。

纳达尔也是一个大名鼎鼎的职业游民和好色之徒。身高 6 英尺的他,比其他巴黎人高出一头,他习惯甩甩头,以免一头浓密的黄褐色头发遮住那双略有些外斜视的眼睛。人生就是寻欢作乐,是没完没了的求爱。他按照哥特式风格,把自己的姓氏改成"纳达尔"。这听起来隐约有点中世纪的意味,放荡不羁而又有些刺激,而且适合他的生活方式。他和自己那些无拘无束的同好们,总是在驱逐队到达的前一天,从一家低级酒馆转移到另一家去。

正是费利克斯·纳达尔"出演"了最初的《波希米亚人》(*La Bohème*)[1],然后这出戏才从巴黎的阁楼登上歌剧舞台。他爱上了普契尼那部经典之作中患有肺病的美人咪咪的原型或其众多姐妹中的一位,并使之成为文艺作品中一个不朽的形象。"咪咪"是一个假名。他和那些志同道合的朋友,如诗人夏尔·波德莱尔(Charles Baudelaire)、小说家泰奥菲尔·戈蒂耶(Théophile Gautier)和大仲马

---

[1] 普契尼的著名歌剧,有的也根据其法文版的副标题译为"艺术家的生涯"。波希米亚本是捷克的一个地区,历史上,法国把来自波希米亚的吉卜赛人称为"Bohémien",后来由此引申出另一个词形相似的词语"Bohème",用来指文化界那些像波希米亚吉卜赛人一般放荡不羁、不愿按传统方式生活的人。不过英文中用一个词"Bohemian"表达了这两重意思。本书在涉及这部歌剧的地方仍依习惯译为"波希米亚人",在其他地方则译为"波希米亚式放荡不羁者"或"放荡不羁者"。——译注

(Alexandre Dumas)，比其他任何波希米亚人都更加了解巴黎那些艺术家的画室和没有取暖设备的顶楼房间。

纳达尔的人生启迪了无数的后世浪漫主义者，其中就包括一个来自旧金山的类似灵魂：笔者我。纳达尔是我心目中的英雄。当我第一次看到他的摄影作品，了解他的生平时，我并不知道自己是个浪漫主义者。但我对旧大陆及其人物有一种亲近感，那是一个拥有无数古老历史建筑、古老书籍、老照片和老电影的世界，一个由优雅的顽皮戏谑构成的复杂世界，里面充满浪漫主义的阁楼，被一座座葡萄酒厂和餐厅包围的城堡废墟。那些餐厅里供应各种罪孽深重的美味佳肴，而欧洲人却毫无愧疚地在其中大饱口福。

就像他们一样，我对此类所谓的罪恶不以为意。我还怀疑旧大陆可能不只有享乐主义或怀旧之情，不过我也说不出其中的原因。

当我没有在旧金山湾区一家罗曼蒂克得有些夸张的法式餐厅里等待桌位，或者没有为当上一名摄影师而徒劳地努力，笨手笨脚地弄得一卷卷黑白胶卷过度曝光时，我会写一些以欧洲为背景且永远不会发表的短篇小说，沉浸在自己令人生厌的想象中。有一年夏天，我到旧金山歌剧院当一名志愿引座员，被《波希米亚人》迷得神魂颠倒。我从普契尼开始追寻其根源，发现这部歌剧就是根据作家亨利·缪尔热(Henri Murger)那部苦乐参半的自传体小说《波希米亚生活场景》(Scenes from Bohemian Life)改编的。然后我发现了咪咪与缪尔热及其朋友纳达尔之间的关系。我梦想融合生活与艺术,融入这些早已作古的男男女女的浪漫世界,一个由书籍、摄影和黑白巴黎的那些任性的热气球构成的世界,在这里,当花朵被夏尔·波德莱尔提炼成诗歌时,它会同时散发出甜香与罪恶。夜里,我开始从

根据亨利·缪尔热长篇小说改编的歌剧《波希米亚人》海报,由阿道夫·霍本斯坦(Adolph Hobenstein)创作

伸开双臂呼唤咪咪的美梦中醒来。

就像其他旧金山人一样,我在城里或深夜电视频道上观看有关巴黎的老电影。我头戴贝雷帽,购买法式棍子面包,并且考虑购买一台旧的雪铁龙 2CV 车。我被频繁的干旱所困扰,又被无情的烈日晃得头晕目眩,想象自己在雨中的巴黎街道上放声高歌,周围是一些摇摇摆摆、照射出黄色车灯的老爷车。在我脑子里,我是《筋疲力尽》(*Breathless*)里让-保罗·贝尔蒙多(Jean-Paul Belmondo)扮演的那个在香榭丽舍引诱珍·茜宝(Jean Seberg)的坏蛋,或者《雾港》(*the Quai des Brumes*)里跟踪米歇尔·摩根(Michèle Morgan)的让·迦本(Jean Gabin)。我囫囵吞枣地读完一本本二手法文书。它们那些充满贪欲、覆盖着苔藓的幻想故事中,描绘了古斯塔夫·福楼拜(Gustave Flaubert)笔下的女主人公包法利夫人在颠簸的马车上心醉神迷,或者维克多·雨果(Victor Hugo)笔下的卡西莫多和爱丝美拉达在巴黎圣母院的怪兽滴水嘴之间纠葛缠绵,显得那么引人入胜,充满异国情调,而且,谢天谢地,跟充斥着加州的那种反常的纵酒狂欢毫不相干。

然后有一天,我一路东行,横穿美国,历经多年及多次职业的改变,才停下旅行的脚步,从艺术桥(Pont des Arts)上越过塞纳河,进入我自己的歌剧布景,它位于右岸的洛吉耶路(Rue Laugier),是七楼上的一个阁楼,没有热水和电梯。我兴奋得等不及打开行李，就在铺着厚木板的走廊里找到一架木头梯子，把它靠在一扇长方形小天窗下的柱子上。我抓起一份巴黎的地图，爬上梯子，探出头去。

我在梯子上站稳了，眨眨眼睛，呆住了，周围都是鸽子。外面在下雪。那是1986年的4月5日，巴黎的4月。不过，我脑子里回荡的旋律很快被普契尼的一首咏叹调所取代。我的房间没有窗户，比《波希米亚人》里面的那个更小也更冷。

那一幕景色似乎有一种怪异的美。里面独独缺少一个幽灵——例如乘坐热气球的纳达尔，怀里搂着咪咪。可是头顶上没有热气球，甚至那种充满氦气的小气球也没有，我小时候在幼儿园里看电影短片《红气球》(*The Red Balloon*)时见过，这部电影曾经为我提供了有关巴黎的第一印象，在我头脑里挥之不去。

仿佛是受到满怀同情的魔法召唤，终于，一条软式小飞艇滑入我的眼帘，两侧拖着闪烁的广告条幅。追随它的轨迹，我辨认出凯旋门的冠顶。在我和香榭丽舍大道之间，一道道檐槽中，隐隐约约地出现一些冒着热气的烟囱顶帽，装着黑色铸铁栏杆的阳台，以及点缀着小凹坑的新艺术风格的尖塔。在塞纳河南岸更远的地方，埃菲尔铁塔伸出它那花边状的天鹅脖子。我眨了一下眼睛，从视野中排除掉一片片雪花。光线柔和，空气里有股法棍或羊角面包、咖啡豆和烤鸡肉的气味——还有从我这层楼上其他女仆房间里飘出的燃油和白菜的气味。

那只软式小飞艇的蒸汽轨迹将巴黎景色中的其他小黑点连接起来，正是纳达尔从热气球上看到的那些。它们仍然在那里。我展开地图，循着一条条线，找到蒙马特和贝勒维尔、玛黑区、塞纳河两岸、拉雪兹神父公墓、拉丁区和卢森堡公园。这些地方，我都在书上或赛璐珞上见过；20世纪70年代和80年代初，在另外几次造访巴黎的短暂旅行中，我也曾从其中穿过。现在我能够拥有它们了。巴黎将属于我。

我不知道，在那个4月的清晨，我是否意识到自己将滞留于此地，无法离去，我会花数十年时间在那些街道上潜行，追寻费利克斯·纳达尔照片中的影像——巴黎最优雅的时刻中那些罗曼蒂克的男男女女。我是否意识到我会在一座座图书馆、公墓、名人故居和政府办公室之间忘记自我，打扰那些官僚主义者，结婚成家，为了出生证明和驾驶执照，而费力地应付各种繁文缛节，为选举人登记和吵闹的邻居而苦恼，在无意识中试图穿透那些谜团，解开世界上最高深莫测、引人注目、令人疯狂但又充满诱惑的城市的秘密？

02

译解反复书写的巴黎手本

当然,那时我对这一切都一无所知。不过,在第一次爬上我位于七楼的女仆房间时,我肯定模模糊糊地意识到,巴黎的魅力不仅产生于这座城市的外在美和生活品质,也产生于那些隐秘的来源,而要发现它们是需要时间的。

一开始,我要么是没有想到这种魔咒后面的魔法,要么就把它归功于那些显而易见的东西——艺术、建筑、城市风景、河岸、公园、咖啡馆、露天餐厅,以及鹅卵石广场上的手风琴,外表布满苔藓的教堂里演奏的肖邦音乐,或烟雾弥漫的地下夜总会里演奏的克尔特林(John Coltrane)爵士乐。那些风度翩翩、衣着入时的当地人就更不用说了,他们往往傲慢自大、自我崇拜、容貌俊俏或光彩照人,而且身材总是那么苗条,能够在几乎所有领域挑战传统观念——包括礼节、新陈代谢、社会性别、道德和卫生方面。

将这些辛辣有趣的原料与好莱坞的密集进攻相结合,

巴黎怪异的黑白魔力便没什么需要解释的了，除了这迷人的享乐主义外表，这种享受生活的巨大阴谋——它在美国似乎已经不复存在——又何必穷根究底地深入探寻？

尽管我爱上了咪咪和其他罗曼蒂克的幽灵，但我并未完全失去理智，也不会那么轻易地受人造美梦诱惑。爱情并非法国人的发明，罗曼蒂克也没有被巴黎人垄断。我对此有切身体会。我曾经纵情享受的旧金山，就拥有无可辩驳的波希米亚式放荡不羁气质和一种无情的罗曼蒂克，罗马和威尼斯则是更上一层楼。我了解的很多城市都像巴黎一样天生丽质。有些甚至更为壮观或令人兴奋。它们拥有河流或运河、海湾或水滨、山丘、溪谷或真正的山岭。大多数都有令人叹为观止的建筑，有些还拥有极好的天气，美丽、时髦、性感而友好的居民，美味佳肴和美酒佳酿，悠久的历史、神秘的事物以及其他更多东西。

那么巴黎又是如何呢？罗曼蒂克的酵母是否像发面的酵种一样，在皱褶的灰泥上生长？频频降临的雨水是否罗曼蒂克？

在我来到巴黎的最初几个月，曾满心喜悦地漫步经过那些地基，罗曼蒂克的根基，那些被埋藏起来的巨大、幽暗、秘密之物才是真正举足轻重的——它们是巴黎和巴黎人的生命之血。

然后，我恍然大悟，意识到一切都是有根源的。有症状就必有病因。普契尼的歌剧,福楼拜和维克多·雨果的小说,好莱坞的电影,纳达尔、布拉塞(Brassaï)、杜瓦诺(Doisneau)和卡蒂耶－布列松(Cartier-Bresson)的照片,它们捕捉到了浪漫,它们让人以为巴黎罗曼蒂克,它们并没有让巴黎变得罗曼蒂克。

在那次顿悟之后,一切似乎都变得不同了。我从四维的角度看待塞纳河两岸以及圣马丁运河上的码头,知道它们并非远古时代为款待游客而塑造出来的。它们是被巴黎人——一代代的渔夫、船夫、娼妓、工程师、投机者和专制君主,尤其是专制君主——塑造出来的,他们每一个都有自己的动机。

那些漂亮的古老建筑也是同样,它们位于混杂的中世纪街道上,位于拿破仑三世和奥斯曼在19世纪中期重建的第二帝国通衢大道上:它们并不是像巴黎蘑菇那样在一夜之间冒出来的。没有多少是随机产生的。舞台技术就是一切。这座城市的部件不会自动熔铸成一口炼出诱惑情绪的都市坩埚。电影《巴黎假期》(*Paris-When it Sizzles*)的背景,这座尽善尽美的都市那微妙精细、精心设计的夜间幻影,被轻歌曼舞、葡萄美酒和娇艳玫瑰舞弄得生机勃勃,世界各地的人似乎都对那一切充满激情,心甘情愿地爱上它们,有时甚至达到痴心妄想、痴迷于其中的程度。

巴黎之所以为巴黎,在很大程度上要归功于它那些爱发牢骚的居民和怪异的文化,它的文学与历史,它或许会真的献上充满谜团、愉悦和挑战的一生。有了这样的刺激兴奋之感后,我开始了一场堂吉诃德式的探索,发掘这座"光之城"罗曼蒂克的秘密。

03 /

从不定期货船到拉雪兹神父公墓

  差不多从我到达巴黎的那一天开始,我的第一站和最喜爱的地点就是拉雪兹神父公墓。从我的阁楼坐 2 号线地铁就可直达,或者也可顺着漫长蜿蜒的路线步行前往。它提供了新鲜空气、绿地、寂静和独处的机会,在我位于洛吉耶路那个乌鸦窝似的阁楼里,这些都是难以企及的。

  这是一所豪华的公寓大楼,在新艺术潮流登峰造极的 1904 年,由亨利·绍瓦热(Henri Sauvage)设计。下面几层是富人居住的公寓,顶层住着一个贫民阶层。它将马克西姆·高尔基(Maxim Gorky)笔下的"底层"与一艘老式不定期货船的顶层甲板融为一体。那些装着彩绘玻璃的窗户,将服务人员使用的楼梯与公寓住户使用的电梯分隔开来,踩着每一级贝壳状木头楼梯向上弯曲地攀爬七层,楼梯会因震动而嘎吱作响。在这个顶层甲板上没有法国男人,更别提法国女人了。一打摩洛哥和突尼斯客工和我在不成曲调的和谐中同住一层,我们的房间被一些灰泥板隔开,上面钉着发霉的棕榈树和骆驼招贴或《花花公子》挂图。我们共用三个蹲式马桶和一个凉水龙头。几台晶体管收音机全天候开着,不同的电台持续对决着。我的莫扎特和克尔特林,被哀号般的马格里布歌曲或"怀旧"电台(Radio Nostalgie)里伊迪丝·比阿夫(Edith Piaf)的低吟所淹没。在这里的租客中,只有我受过中等教育,拥有打字机以及堪称技术奇迹的盒式磁带录音机。

我提前支付了一年的租金。除了房租便宜之外,这些住房还提供了一些不为人知的好处。缺少热的自来水和沐浴设施成为激励我探索的动机。在到达的第二天,我就买了一张巴黎市政游泳池的通票。这使我发现了这座城市里的一些我原本不会见到的地方。我没有厨房,因此必须了解每个区的咖啡馆或小酒馆。从我的梯子上看到的屋顶风光固然神奇,但缺少正儿八经的窗户,也鼓励我把一天中的大部分时间都用于到室外散步、阅读或写作。我往往会去几个街区之外的蒙索公园(Parc Monceau),或者去拉雪兹神父公墓。

第一次迈进那座公墓雄伟的大门,我就感觉自己的一部分早已置身于此。我并没有恋尸癖,也不是特别怀旧,但仿佛有另一个自我,在平行空间中,生活于那些伸向高处、弯弯曲曲的七叶树下。正是在拉雪兹神父公墓,我第一次听到昔日巴黎的声音,那些渴望分享秘密的声音。它们并非专门说给我听,而是在彼此交谈,它们的词句就写在那些歪歪斜斜的墓碑和常春藤花环饰物上。

在几度造访这里之后,我决定为墓地里的小山和大路小径画一幅地图。我用"X"和"Y"标记那些重要的坟墓,如纳达尔那座平庸得惊人的坟墓,经过细心的清扫,旁边有精心种植的树篱。不过我也标出了那些湮没坟墓的最佳树木、最好的长椅和风景最美的地点。从那座礼拜堂前面的一处,你能够远眺巴黎。在下方远处的薄雾和尘霾中,能看到蓬皮杜中心那些红色和蓝色的管道,巴黎圣母院"H"形的高塔,以及先贤祠高耸于空中的穹顶。

我心目中最神圣的地方位于那座礼拜堂西北 100 码处。巴尔扎克的读者知道,他笔下最著名的人物——头脑灵活、野心勃勃的暴发户拉斯蒂涅——早期生活中最重要的时刻就发生在这里,在公墓朝南的山坡上某处。正是在这里,那个好斗的外省人注视着下面的巴黎,大叫:"现在该你和我一决胜负了。"

我推测,那个地点肯定是埋葬巴尔扎克的地方。他的坟墓上点缀着一尊青铜胸像和一本厚厚的青铜书籍,象征着他一辈子的心血:《人间喜剧》。隔着那条铺着鹅卵石的小路,正对面就是最早的超现实主义者热拉尔·德·内瓦尔(Gérard de Nerval)的长眠之地。内瓦尔是个天才疯子,他像遛狗那样,带着他那只拴着皮带的宠物龙虾到处溜达,

奥诺雷·德·巴尔扎克在拉雪兹神父公墓里的坟墓

欧仁·德拉克洛瓦在拉雪兹神父公墓里的坟墓

并在自己声望达到巅峰时悬梁自尽。

谁会想到夏尔·诺蒂耶（Charles Nodier）就隔着五座坟墓，在上面的山坡上与他们相伴呢？他平静地注视着巴尔扎克的左耳。诺蒂耶是另一位早期的超现实主义者，是浪漫主义的保护圣徒，他写下了有史以来我最爱的一些短篇小说。他曾经欢迎巴尔扎克、雨果、大仲马和其他人加入他的沙龙，而浪漫主义运动——以及现代罗曼蒂克的概念——就是在这里诞生的。

绕过拐角，画家欧仁·德拉克洛瓦（Eugène Delacroix）长眠于一座驳船状的黑色坟墓里，上面雕刻着爱奥尼亚式涡卷花饰。它看起来就跟德拉克洛瓦自己一样苍老，布满苔藓，仿佛从他出生那天起，他就是一个枯槁的百岁老人。在我看来颇具讽刺意味的是，这位现代的色彩大师、最优秀的浪漫主义画家，居然注定要身披黑衣度过自己死后的永恒岁月或其中的一段漫长时光。

在那些铺着鹅卵石的蜿蜒小路和石子路两旁，排列着七万座坟墓，我逐渐从中发现了柯莱特（Louise Colet）、奥斯卡·王尔德和马塞尔·普鲁斯特，更别提那对早期的浪漫主义情侣阿伯拉尔和埃洛伊丝了，他们长眠于一座跟乡村礼拜堂大小相当的仿哥特式陵墓里。经过更多的冒险，我循着威士忌和大麻的气味，找到了后浪漫主义时代无政府主义者、"大门"乐队的吉姆·莫里森（Jim Morrison）。

他那座已经废弃且丢着垃圾的坟墓顶上有一尊鄙俗的胸像——但后来失窃了。

在一个笼罩着树荫且能看到先贤祠美景的十字路旁,一座方尖石碑标出了雨果家族的墓地位置,但这里没有维克多·雨果或他的妻子阿黛尔。不久后,我无意中碰到了肖邦,他那座覆盖着花朵的坟墓位于树林深处,还有阿尔弗雷德·德·缪塞(Alfred de Musset),按照他的遗愿,其雕像侧面种着一棵垂柳。这两个男人都被抽着雪茄、穿着异性服装的乔治·桑所抛弃,她是一位多产的小说家和巴黎早期女权主义者的偶像。乔治·桑埋葬在哪里?我很好奇。《波希米亚人》中的咪咪又在哪里?

那些男人很容易找到,可是那些罗曼蒂克的女主人公在哪里?例如内瓦尔的詹妮·科龙(Jenny Colon),或者福楼拜、缪塞和雨果的诗人情妇兼缪斯路易丝·柯莱特——以及她跟踪和引诱过的其他敏感的灵魂,她们在哪里?维克多·雨果终生所爱的朱丽叶·德鲁埃(Juliette Drouet)又在哪里?

除了王尔德和普鲁斯特,那些同性恋先驱如若里斯·卡尔·于斯曼(Joris Karl Huysmans)在哪里?他是一位神秘的博学者,曾经探索巴黎街头和巴黎人灵魂深处的秘密,引领浪漫主义从波德莱尔穿过轻浮的第二帝国和美好年代,进入 20 世纪的现代世界。

阿尔弗雷德·德·缪塞在拉雪兹神父公墓里的坟墓

我有的是时间，会找到他们所有人的。当我闭上眼睛，脑子里似乎有一支合唱队在歌唱。他们歌唱爱情、激情、永恒和岁月的流逝。我在国内从未听过类似的声音。难道死者真的会唱歌？

在地图上，我画了一些箭头、问号及需要注意的出生和死亡日期、共享激情和分道扬镳的日期。我给纳达尔拍过照片的人标上"N"，并且很快意识到他几乎认识他们所有人。从塞纳河畔的二手书店里,我买下一些落灰的传记和书页已经卷角的经典之作。完成了对拉雪兹神父公墓的探索后,我开始到蒙马特和蒙帕纳斯的其他藏宝之地。要找到巴黎浪漫主义潮流中的所有男男女女,可能需要好多年,而要阅读他们的作品则可能需要一辈子的时间。我渴望了解的与其说是他们的作品,不如说是他们的生活。可是我才刚刚抵达这里,何必着急呢?

DISCOVERING THE FIRST GREAT ROMANTIC CIRCLE

第二部

第一个伟大的浪漫主义圈子

在我的新后花园,即玛黑区和圣路易岛上,发现第一个伟大的浪漫主义圈子

04 /

巴士底日

亨利·缪尔热那句著名的话是怎么说的？"波希米亚式放荡不羁是艺术生活中的一个阶段；它是进入法兰西学院、医院或太平间的前奏。"费利克斯·纳达尔也看到了放荡不羁的生活中那饥寒交迫和流浪漂泊的死胡同，以及它那些"绝对、准确和毫无诗意的细节"。我该继续前进了。

到哪里去呢？一个朋友的朋友在玛黑区即将腾出一套一居室的公寓。它有室内水暖管道、窗户和一间厨房，而且在法国人住的一楼。

巴士底狱附近的圣安托万路上，有一座新教的圣母教堂，拥有四百年历史。它后面是一个有回音的空旷庭院，里面有一家灯罩商店，我登上店铺旁边一架逼仄的楼梯，然后挤进一个狭小的空间，仿佛是几个世纪之前地精居住的地方。这里似乎足够舒适安逸。那个庭院被硬塞进一座女修道院废弃的回廊里，修道院已经在法国大革命期间遭到破坏。悲剧与浪漫故事就像是从那些杂草丛生的牢房里渗漏出来一样。这似乎美好得令人难以置信。

我早已喜欢上附近的区域。大约在尤利乌斯·恺撒时期，这片塞纳河平原上就出现了季节性泛滥，僧侣们把这里的积水排干，用墙把它圈起来，又被那些暴动的劳工反复重塑。查理五世国王曾在 14 世纪中期在此修建起若干棱堡和巴士底要塞，来保护东边的入口要道。然后，他又在玛黑区略微弯曲的宽阔街道圣安托万路附近，增加了两座皇宫。自从 1365 年以来，经过几个世纪的衰退，这个地区已经成为一个艺术气息浓厚的诱人住址，有鸡爪形状的中世纪街道布局，上面点缀着从 16 世纪末以来修建的贵族府邸。

在我那个位于圣母教堂后面的院子里，我心目中的另一位英雄泰奥菲尔·戈蒂耶曾经在一个画室里学习绘画。他是芭蕾舞剧《吉赛尔》(*Gisele*) 的剧本作者，撰写了已知的首部有关浪漫主义的历史。几个街区之外，在樱桃园大街（Rue de la Cerisaie）和莱迪吉耶尔大街（Rue de Lesdiguières）的交叉路口，巴尔扎克曾经生活在那里的屋檐下，通过撰写一些粗制滥造的文学作品，来磨炼写作技巧。维克多·雨果位于孚日广场（Place des Vosges）的公寓——如今是一个故居博物馆——离我的新蜗居更近，而戈蒂耶的父母曾经就住在隔壁。实际上，我可以从我的窗户探出头去，拔掉雨果那个用于密会幽期的隐秘工作室的插销。它就在不到一个街区远的地方。玛黑区就是那样——充满隐秘的文学和艺术朝圣地。

当然，巴尔扎克、波德莱尔和纳达尔都会喜欢我的新公寓。他们全都以喜欢秘密撤离并留下欠债而闻名。我的院子有一个后门通往一条小巷，以备房东或索债者到来时偷偷溜走。更棒的是，这个院子还是个 lieu de mémoire，一个历史纪念地。据说这里经常有那些修女以及怀孕的情妇和"尴尬"的未婚女子的幽灵游荡，她们被塞到这个圣灵显现女修道院（Convent of the Visitation）来隐居，这也是圣母教堂以前的名称。在大革命之前的时代，那些非婚生的孩子就被扔到这种地方。尽管偶尔有活着的租客发出呻吟，但在夜里，这个院子就跟那些鹅卵石路或隔壁教堂那些铺路石板下的墓穴一样安静。我居住的这座摇摇欲坠的建筑，就像红杉上长出的节瘤一样，从支撑物上冒出来。

我搬到这里来的第一个夜晚安静得出奇。然后清晨降临，我有了惊人的发现：那家灯罩商店其实是个灯罩工厂。呜——嗞——嗒嗒！现在我明白为何房东太太到傍晚的时候才带我来看房了。这座两层楼的出租房在气钉枪的呼啸中摇晃。长话短说，每周有六天，这种音乐会都要持续八个小时，中间一个小时的午餐时间。裹着一个木乃伊式睡袋，戴着耳塞，我理解了十二音阶的音乐和模仿它的散文是怎么回事。我不由自主地想起格特鲁德·斯泰因

(Gertrude Stein)。

即使在这种折磨和不适中,也有一种执拗的浪漫。我还没有读过德·萨德侯爵(Marquis de Sade)的作品,或马里奥·普拉兹(Mario Praz)那部研究浪漫主义的划时代之作——《浪漫主义的剧痛》(*The Romantic Agony*)。不过,作为终生热爱犯罪与侦探小说的人,以及阿尔弗雷德·希区柯克的粉丝,我天生倾向于理解自我伤害、欢跃的痛苦以及其他黑色潜流。

它们将我那个诞生于大革命时代的房间跟那座教堂下的骷髅联系起来,然后发展到"神圣侯爵"(Divine Marquis)——这是那些追随者对德·萨德的称呼——的幻影。从1784年至1789年,他曾经身陷囹圄,被囚禁在位于这条路上的巴士底狱中。然后,那些黑色的隧道就分岔出来,通往几乎所有伟大浪漫主义作家和许多艺术家的住所,包括那位自相矛盾地反浪漫主义的浪漫主义者古斯塔夫·福楼拜。他在描述爱玛·包法利服毒而死时乐在其中,并且曾经把人心定义为"记忆的墓地"。他还因说过这样的话而闻名:当他看到婴儿床时就会想象到坟墓,看到一名可爱女性的裸体就会联想起死尸。幸好我没有福楼拜这样的想象力,不过我还是被他迷住了。

因《恶之花》而著名的夏尔·波德莱尔比福楼拜更棒,他是现代主义的先驱——如果现代主义意味着一个被剥离了多余之物与短暂人生的世界，一个没有光明的地方，在这个地方，像拐杖和辅助轮一样作为支撑的神话、迷信和宗教失去作用。

他们俩都曾经住在附近——福楼拜住在圣殿林荫大道（Boulevard du Temple），位于东北方几个街区之外；而在四分之一英里外的圣路易岛上，波德莱尔曾经栖居于至少两处公寓。

随着时间逐渐流逝，在我看来，那些光明的黑暗隧道，似乎在表面上延伸到了我来巴黎的第一年中碰到的法国男男女女，以及我读过或听说过的其他与这座城市有关的人。黑色是黑与白的一半。如果有哪座城市是一门有关黑与白的学科——不管是黑白摄影、电影或文学——那非巴黎莫属了。上述三种技艺的法国版都是在浪漫主义时代诞生的。黑色犯罪小说类型中那种铤而走险的复仇者兼反英雄概念，也同样诞生在那个时代。这种小说就是法文中所谓的"polar"，一种巴黎特产，我已经学会喜欢上它。

在拜伦和布莱克的胆汁与黑色乳汁的哺育下，巴黎那些"歌剧院的幽灵"、狼人和吸血鬼——有男有女——在一百五十年前大量出现，在我看来，他们在如今的屏幕上、在街头也有很多，而且为这座城市平添了几分罗曼蒂克的快感。他们居住在"19世纪之都"——那是悲惨的现代性理论家瓦尔特·本雅明（Walter Benjamin）对巴黎的称呼，"一个矗立在已经成熟的没有神灵的未来世界尖端的城市"。奇怪的是，虽然我的住处地下有骷髅和秘密通道，但我从未感觉到如此幸福或自在。

05 /

客人出现

就在我搬到玛黑区后不久,我被一位朋友召唤去参加一个生日派对,庆祝我进入人生的第三十个年头。那个日子跟我来巴黎后第一份日历报废的时间大致相同。其他客人都喝茶或咖啡。由于当时正值冬季,而我已经在零摄氏度以下的天气中,在一个没有暖气的房间里,睡了几个月的木乃伊睡袋,因此我啜饮苏格兰威士忌,并吃下第三块抹着厚厚糖霜的自制巧克力蛋糕。

就在派对即将结束时,几下敲门声传来。随后进来一位高挑纤瘦而且健康得令人吃惊的年轻女人,她的双颊泛着红光,有一双蓝色的大眼睛,上面是一头浓密的棕发,其中夹杂着几缕未老先衰的灰发。这可不是咪咪。她不吸烟、噘嘴或蹙眉,也不会摆出一副高高在上的姿态。她没有化妆或者抹指甲油,穿着一双朴素实用的鞋子,而不是令人怀旧的无绑带平跟鞋或靴子。她面带微笑,解释说自己是步行穿过巴黎的,并为迟到而道歉。她不可能是法国人。

我只猜对了一部分：这位神秘的客人其实出生于巴黎，并且在玛黑区度过了一生中的大部分时间。但她比我更像一个游民，在世界各地居住和旅游。她不是真正的巴黎人，在法国人看来不是：她并非某位高卢勇士如维钦托利（Vercingétorix）或查理曼的后裔，也没有其他具有传奇色彩的祖先。我们那位共同的朋友邀请她参加派对。这是一次故意安排好的见面。她已经在距离我那所新公寓几个街区远的地方住了几十年，对摄影和文学充满热情，虽然没看过电影版的《红气球》，却喜爱那本同名的图画书，会说意大利语、法语和英语，几乎不可能逃脱我的关注。不过她似乎并不需要那种关注。

受她的冷漠刺激，我展开了纳达尔、雨果、巴尔扎克和波德莱尔式的追求，更别提效仿阿尔弗雷德·德·缪塞了，他是他们中最放荡的诗人、剧作家和小说家，而他们每个人都是巴黎男性效仿的榜样——不管这些男人是否意识到这一点。经过一连串的交换书籍、浪漫晚餐，以及在一些公墓、公园里或塞纳河码头上漫步，接着是多年的同居，以及几次失败的求婚，她终于同意，在正式的法国档案中，在其父姓后面加一个连字符，与我的姓氏相连，这样的安排虽然轻率，不过到目前为止倒也算持久。

就像巴黎不变的城市风景，此后，我们的生活在表面

阿方斯·卡尔：万变之中，恒存不变

上几乎没有什么变化，除了我们都变得更加成熟，而我更是惨遭岁月蹂躏。阿方斯·卡尔（Alphonse Karr）是巴黎典型的浪漫主义作家，他在1848年经历了又一次革命和政权更迭后，说了一句俏皮话："世界变化越大，其中保持不变的也就越多。"诚哉斯言。

卡尔这句深奥的话蕴含了丰富的哲学、政治学和文学含义。不过，在某些情况下，他这个公式也适用于生活方式。如果我今天从电脑屏幕上抬起头来，就不会再看到洛吉耶路上的阁楼，也看不到圣母教堂后那座悬挂着冰柱的废弃回廊，我曾经在那里居住，并在不到两年后搬离。此刻，我注视的是东边几个街区之外，巴士底广场上那根高高的青铜柱子。而那句话正好可以总结其中的原因。换言之，在大约三十年内，我只移动了100步。我从塞纳河右岸搬到左岸然后又重新回到右岸，从玛黑区搬到圣日耳曼区，再搬到拉雪兹神父公墓边上，高栖于那些坟墓上方约二十年，这之后，我的办公室又再次搬进一个阁楼，在玛黑区的一座老建筑顶上，跟巴尔扎克、波德莱尔、戈蒂耶和雨果早期的住处只有几个街区的距离。

06 /

反叛的浪漫

巴黎是象征与寓言之城。每天,我透过天窗注视着那根柱子,它位于一个交通繁忙的环岛中间,柱子顶上镌刻着镀金的"巴士底精神"字样。柱顶的这尊优雅雕像描绘了一个雌雄同体、能引起同性情欲的年轻人,他带有翅膀,一只手握着火炬,另一只攥着被打破的专制锁链。这座雕像代表了如今已在法国写进宪法的革命和抵抗精神。在被财富驯服后,那种精神保留了颇具启发性的罗曼蒂克,并且具有离奇的当代性。不管是现在还是未来,每个法国男人、女人和孩子都将永远像大卫一般,与庞大如歌利亚的全球化战斗。

这个全球化怪物一心要将世界标准化,废黜法国语言、法国文化、法国食品、法国的国家认同和"法国模式"——至少在很多受到迫害和威胁的法国人看来是这样。除了法国,还会有哪个国家会试图通过一些法律来定义"国家认同"的含义,或者游说联合国教科文组织宣布法国美食和法国的就餐方式值得列入《世界"非物质"文化遗产名录》中加以保护呢?

巴士底柱的上上下下都刻着一些金色的字样,我从上面读出数百位在巴黎为争取自由而死去的人的名字。那些自由包括表达、观点和思想的自由,出版自由,免受国内外压迫的自由,选择是否信仰某种宗教、是拥护君主制还是共和制的自由,选择信仰上帝、存在主义或荒诞主义的自由。很多倒下的人都被埋葬在这根柱子巨大的柱基下,但它受到几条地铁线和圣马丁运河的破坏。在几次革命期间,这根柱子附近曾竖起无数街垒,骚乱行为至今仍在巴士底继续。按照传统,由左派政治群体发起的游行和示威都以这根柱子为起点和终点。巴士底日和国际劳动节是主要的官方节日庆典,不过巴黎的生活往往从官僚作风结束的地方开始。

这是这根柱子如今也代表一些非官方自由和权利的原因,如性自由、女性权利、选择自由、为爱情而非生物学因素而结婚的自由、组织工人罢工反抗那百分之一不交税的人的自由,以及形形色色的其他自由和权利。为之奋斗的有各种行会,进步政治家,领取津贴的电影制作人、演员和学生,失业的年轻人,没有一根灰白头发的退休人士,以及这座城市里由现代的浪漫中产阶级放荡不羁人士组成的方阵。他们全都期望着为创造出更大的家庭而接受育儿

巴士底广场和代表自由的巴士底精神的雕像

津贴,接受为所有人提供的日托服务,接受为一系列旨在实施或维持社会正义和崇高法国模式的人类活动而提供的资金。那种模式跟时装业的模特们毫无关系,虽然时装业也有津贴。吵闹的抗议和偶尔的暴力是合乎时宜的。在巴黎,追求幸福和表达浪漫情感往往会涉及痛苦、愤怒、争辩、焦虑、忧郁和煽情——从比喻的角度说,有很多人的脑袋被挂在了长矛上示众。

这根柱子上还用特别大的字号刻着三个日子:1830年的7月27日、28日和29日。它们指的并非1789年的第一次法国大革命,大革命推翻了路易十六和巴士底狱的统治,开启了随后的恐怖时代,引入了暴君拿破仑大帝;恰恰相反,那几个日子纪念的是另一场法国革命,在喧嚣的19世纪规模最大的革命之一,也就是1830年所谓的"光荣的三日"[1]。

这场发生在夏季的斗争短暂却血腥,推翻了波旁王朝并罢黜了法国最后一个专制主义神权统治者查理十世。不出所料地,人们盼望的民主共和政体被扼杀,结果迎来了"公民国王"路易·菲利普的统治,他一直统治到1848年遭到罢黜。革命精神随之潜入地下,进入由明亮的隧道构成的网络,直到在19世纪中叶和1871年的巴黎公社斗争中再次冒出来。每一次革命的暴力都超过了以往。

两次世界大战中,巴黎几乎毫发无损,幸免于难。但它在1848年受到重创,仅仅四天内就有两万人被杀——其中有一万具尸体被扔进塞纳河。在1870年至1871年,这座城市又在普鲁士人的炮火和后来的内战中遭到破坏,数万人死去。这两次冲突留下的伤痕至今仍历历可见。

可是这有什么要紧的?如果不是因为在更早的1830年2月发生了另一种起义,一场出人意料的文学、戏剧和艺术革命,1830年7月、1848年2月以及1870年至1871年

---

[1] 即法国七月革命。——译注

1848年的一个街垒，阿道夫·埃尔维耶（Adolphe Hervier）绘

冬春季节的政治和军事骚乱或许永远不会发生。正是这场文化起义将巴黎变成了浪漫主义之都，开启了通往光明与爱情之城、浪漫之城的漫漫征途。

07

为不可定义的浪漫主义下定义

浪漫主义到底是怎么回事?它诞生于何时?历史学家会提醒你,这场运动的根在时光的沃土中扎得更深,但这不会改变一个事实:正是在1830年,一群形形色色的法国浪漫主义者聚集在维克多·雨果及其敌友周围,将巴黎卷入浪漫得自相矛盾的现代,或者说出人意料的现代浪漫主义时代。他们在19世纪二三十年代的聚会地点就在军械库图书馆,在距巴士底广场几个街区的塞纳河畔。这个容纳了各种手稿、古代版本和书籍的宝库笼罩在不断变化的阴影中,那时就跟现在一样,它跨骑在那些拥有七百年历史并最终形成巴士底要塞堡垒的废墟上。而巴士底要塞是压迫与自由的双重象征。

我得知,巴士底狱和军械库图书馆跟21世纪的浪漫有着莫大的关系。举一个简单的例子,巴黎的诱惑力在哪里都能感觉到,但在美国,其诱惑力是最不可抗拒的。关于这个原因的细目清单包括众所周知的异性相吸,美国人对法国和法国人的爱恨交加。不过，这是从一个轮廓分明的历史事实开始的：法国和美国都是启蒙时代和革命的产物。一个重要的区别给这两个革命国家的幼年和青少年时代打下了烙印。美国拥有乔治·华盛顿和托马斯·杰斐逊，而法国拥有拿破仑·波拿巴和罗伯斯庇尔。

从1776年的美国革命中，产生了切合实际的乐观主义，民主在"新大陆"延续下来，这里有大量可供漫游的空间，也没有欧洲的历史包袱。而从1789年的法国大革命中，却产生了对持久斗争的崇拜和厌世的悲观主义、断头台和浪漫主义，这个暧昧的幽灵就像古罗马神灵坚纽斯一样拥有两张面孔，既往后看，也往前看。直至今日，他也仍然活在每个法国公民心中，完好无损。

可以理解的是，造访巴黎的游客会痴迷于这里公开展示的激情、肉欲或愤怒，它们跟盎格鲁-撒克逊、非洲或亚洲等地的截然不同。坐在咖啡馆里，他们或许会快乐地重读《流动的盛宴》（*A Moveable Feast*），或者在他们的手持设备上，重温《筋疲力尽》或比利·怀尔德（Billy Wilder）的《龙凤配》（*Sabrina*）或更晚拍的电影——《料理鼠王》（*Ratatouille*）或《午夜巴黎》（*Midnight in Paris*）——中最爱的片段。他们或许会欣喜若狂地陶醉在奥赛美术馆的印象主义绘画中。他们很少怀疑"光之城"的魅力、雅致和无忧无虑的氛围产生于且仍然依靠起义、反叛、混乱和忧郁的阴暗泉源——以及浪漫主义时代那些具有颠覆性的文学、艺术和音乐维生。

浪漫主义时代来源于德国、英国和意大利的文艺复兴或矫饰主义时代,具体取决于你更青睐哪个学术流派。它首先兴盛于法国,18世纪80年代在让-雅克·卢梭的花园里绽放出花朵。另外一些人则指向1800年前后弗朗索瓦-勒内·夏多布里昂的城堡,或者19世纪20年代或30年代维克多·雨果在巴黎的公寓。关于具体的时间跨度,各家也有不同的说法。不过他们全都认为浪漫主义于19世纪20年代至40年代在巴黎达到巅峰,然后,根据有些人的说法,在1850年前后衰落,让步于拿破仑三世和第二帝国的反浪漫主义;而根据另一些人的说法,则要到80年代才被后期浪漫主义中的颓废派取代。还有一些人说这个时期一直延续到1914年——刚好贯穿了堕落的美好年代,然后在"一战"中,随着分类专家们的另一场持续多年的"现代主义"运动到来,而烟消云散。

不过,也有一些人的目光超越了日期、标签,认为浪漫主义精神从未消亡,就像塞纳河水环绕河中小洲一样,与其他文化潮流重合然后扩散、分隔又重新汇合,化为其他的什么主义,就像纳达尔和巴尔扎克那样多次改名换姓、更换地址,就像幽灵、吸血鬼或浪漫主义时代的其他超自然创造物一样,至今仍在数亿头脑和心灵中欣欣向荣。但巴黎仍然是浪漫主义的母舰、源泉与活生生的圣殿。

08

诗歌军械库

"人人都知道军械库,那座外表阴郁的长条形建筑,跟修士码头一起,排列在莫兰路的底下,俯瞰这条河流。"大仲马在其回忆录中写道。

尽管军械库图书馆从19世纪20年代以来就没有多少改变,但或许这里已不再是尽人皆知。这座阴郁的长条形建筑用灰白色石灰岩建成,有一系列装饰着镶板的镀金沙龙。正是在那个时代,它成为早期浪漫主义者——几乎包括他们中的所有人——的研习之所。

这群人登上建筑后侧那个砖木构造的楼梯,上面带雕刻,有海盗船那样粗厚的栏杆。而领头的人往往是大仲马。当时他才二十几岁,还没有写出《三个火枪手》(The Three Musketeers),也没有变得富有、名噪一时、大腹便便。他是军械库那位折中主义的图书馆馆员夏尔·诺蒂耶的被保护人,后者也是一位著名的作家,写过一些短篇小说和长篇小说,其中最好的作品包括《吸血鬼》(Le Vampire)和

年轻时的大仲马,阿希利·德维利亚 (Achille Devéria) 作

《夜魔》(*Night Demons*),两本幻想小说集子,以及那本让巴黎放纵主义以波希米亚之名流传后世的离奇长篇小说《波希米亚国王及其七座城堡的故事》(*The Story of the King of Bohemia and his Seven Castles*)。巴黎艺术界的波希米亚式放荡不羁跟这里的浪漫主义者就算不是密不可分,至少也是密切联系的。

开放式结局、胡言乱语和幻想虚构是夏尔·诺蒂耶的专长。"对于不了解之事,他会杜撰出来。"大仲马回忆说。

夏尔·诺蒂耶在拉雪兹神父公墓里的坟墓

性格怪僻的专制主义花花公子查理十世,伊丽莎白·拉蒂默(Elizabeth Latimer)作

不过诺蒂耶的杜撰"远比真事更有可能发生,更有独创性,更罗曼蒂克……也更接近现实本身"。

对诺蒂耶来说,现实并不比虚构更怪异。虚构无疑比难以忍受且可预测的现实更令人吃惊、震撼,更令人惶恐。

现实,意味着复辟的波旁王朝的礼仪和习俗。它从1814年持续到1830年——中间有一段悲喜剧的幕间休息,时长一百天,即拿破仑皇帝在1815年重新获得权力,然后在滑铁卢一败涂地。统治这个反动政权的是路易十六那两个幸免于难的弟弟:路易十八和之后的查理十世。他们的目标是将这座老爷钟倒转到"太阳王",即君权神授的专制君主路易十四的时代。而浪漫主义者的目标之一就是击败他们。

法国复辟王朝的艺术和文学传统主义,是遵守古典主义和新古典主义有关美、对称与秩序的规则。它们是在文艺复兴到1789年大革命的那些年逐渐树立起来的。可是革命的自由精灵,那个在巴士底柱上裸舞的精灵,已经从它的瓶子里溜了出来。

正因为如此,浪漫主义从一开始就不仅是一场文学或艺术运动,并且能够持续至今;它也是政治运动——尽管有些主角是不知情或并非心甘情愿的行动者。很多浪漫主义者的作品都遭到审查。他们全都活在失去生计或锒铛入狱的威胁中。除了少数例外,他们写的都是些表面上无伤大雅的故事，或者是把故事、戏剧的背景设在过去、外国，目的是嘲笑现状以及那些霸占了法兰西学院、管理剧院、杂志和出版社的古典主义者。

奥诺雷·德·巴尔扎克是其中一个著名的例外，这个外省人不修边幅，且往往与世隔绝，看起来就像一个讽刺画中的人物，从摇篮到坟墓，他终其一生都是一个反叛和鲁莽的冒险家。他自愿承担的使命，是用自己那个时代的语言画一幅广阔而又细致入微的壁画，探索从贫民窟到镀金沙龙和坟墓的巴黎社会，囊括超过两千个人物。而他这出戏剧的真正明星则是那座极尽腐化堕落而又富丽堂皇至极的城市——巴黎。当时，《神曲》（*Divine Comedy*）刚刚翻译成法文，仿佛是演奏但丁笔下那些主题的变奏，巴尔扎克把他那个多卷本的系列小说称为"人间喜剧"（Human Comedy）。

尽管巴尔扎克和大仲马仍然是巨人，但在诺蒂耶的党羽中，最伟大且最著名的人物却是雄心勃勃的维克多·雨果。在军械库的晚宴和那个被称为"社团"（Le Cénacle）[1]的文学沙龙上，他是一名常客。"Le Cénacle"一词让人想起古代和高贵头脑的集合，但也让人想起耶稣最后的晚餐。

---

[1] 这个词有两个含义，其一是指《圣经》中耶稣吃最后一顿晚餐的餐厅，其二是指文艺社团。——译注

没有髭须的巴尔扎克和正处于壮年的巴尔扎克,阿希利·德维利亚作

在军械库，每个人都可以成为艺术和文学的使徒。

不同于如今的巴黎社交晚会，那个时代的晚餐会很快开始，并且从傍晚6点持续到8点——按照现代巴黎的标准看，早得不可思议，且带有可疑的盎格鲁-撒克逊色彩。年轻而瘦削的大仲马拥有那个尊贵的座位，在诺蒂耶夫人及其女儿玛丽之间。在享受过佳肴美酒之后，晚餐的地点转移，沙龙开始了。派头十足的钢琴家兼作曲家李斯特带来了他的情人玛丽·弗拉维尼·德·阿古（Marie Flavigny d'Agoult）。她是一位通俗小说家，用丹尼尔·斯泰因（Daniel Stein）的笔名写作，这在巴黎是尽人皆知的秘密。在此出现的还有孔雀似的诗人和未来的政治家阿方斯·德·拉马丁（Alphonse de Lamartine），崭露头角的金发诗人和追逐女性的阿尔弗雷德·德·缪塞，喜怒无常的画家欧仁·德拉克洛瓦，脾气暴躁而又豪爽的巴尔扎克，温文尔雅的泰奥菲尔·戈蒂耶，神秘的文学批评家和长篇小说家夏尔-奥古斯丁·圣伯夫（Charles-Augustin Sainte-Beuve），虚荣的剧作家德·维尼（De Vigny）和他那个贪吃的演员情妇玛丽·多瓦尔（Marie Dorval），天才的幻想小说作家和未来的法国哥特式遗产保护者普罗斯佩·梅里美（Prosper Mérimée），还有一打其他有权有势的大人物和女主角。

从8点到10点，两个小时的时间用于聊天和阅读诗歌或小说。之后，客人们跳起四对舞和华尔兹。这似乎是艺术爱好者单纯的研习会。不过，如果聪颖邪恶的查理十世国王参加这样的聚会，就会意识到自己不啻签名支持了一个恐怖主义密室，一群年轻的革命者注定要启发、帮助和煽动那些废黜他的人。

在搬到巴黎之前，我从未听说过军械库。要等到我将一打浪漫主义者连根拔起之后，我才发现他们是从这座看似寻常的建筑下成长起来的，而我从这里路过了上百次都不曾跨进其大门。

不久前，就在我顺着玛黑区那些熟悉的蜿蜒街道前往军械库时，我绕过一座宪警军营，它高耸于这座图书馆后侧那个蔚为壮观的楼梯上，其饰有雕刻的巨大栏杆差不多有四百年历史。在我之前，那些浪漫主义者就曾登上同样的楼梯。

在楼上等着我的不是夏尔·诺蒂耶，而是他目前的继任者，这座图书馆的馆长布鲁诺·布拉塞勒（Bruno Blasselle）。他态度温和，谦恭有礼，甚至他黝黑、英俊的相貌和高大瘦削的体格，都离奇地让人想起谜一般的诺蒂耶。

当我问军械库是否如传闻所说的那样闹鬼时，布拉塞勒说："你很快就会看到的。"

馆长带着我穿过那些如今只向图书馆职员开放的狭小房间，他承认自己曾经在诺蒂耶的公寓居住过若干年，不过如今已不住在里面。当我们顺着上过蜡的木条镶花地板走过时,布拉塞勒关上我们身后吱吱作响的门,停下来指着一个壁炉。它跟我卧室里的那个一模一样,是1784年安装的。

"这就是那个沙龙,"布拉塞勒说,"那就是诺蒂耶站立的地方,他靠在那个壁炉的炉台上。"

交通噪声消隐,飞逝的时光仿佛暂时停下脚步。当我细细观看诺蒂耶生活在这里时摆放的那些绘画、书籍和物件,吸入那些随着一层层记忆与尘埃沉淀的黏稠氛围时,我想起大仲马对这个沙龙里一个夜晚的著名描绘。

"灯光照亮了装饰着镶板的白色墙壁,上面有路易十五时代的装饰线条。屋里的家具极其简单,由一打椅子或安乐椅以及一张铺着红色细羊毛织物的沙发组成,帘帷也是相同颜色的。"大仲马详细描述道。当时,屋里还摆着已经成名的维克多·雨果的一尊胸像,以及亨利四世国王的一尊雕像。我没有看到雨果,也没有看到大仲马描述过的诺蒂耶画像和一幅阿尔卑斯山的风景画。不过那些镶板和装饰线条以及亨利四世的雕像还在。

我问诺蒂耶小姐的钢琴摆放在哪里。布鲁诺·布拉塞勒指给我看了,就在沙龙南侧,靠近诺蒂耶卧室的一扇门。"在当时的素描里,这间沙龙看起来宽敞得多,"布拉塞勒评论说,他或许感觉到了我的惊讶,"当时这个房间没有经过整理。"

那个时代的人也比我们现在矮小一些。

"当他靠着壁炉的炉台时,"布拉塞勒补充道,显然是针对大仲马的记述,"这意味着他就要讲故事了。"

古怪的诺蒂耶是个善于吸引听众的演说家。晚来的人会默默地鞠躬,然后坐下或靠在那些装着镶板的墙壁上,直到诺蒂耶讲完。"我们没有鼓掌,"大仲马还记得,"人们会为流水的呢喃、鸟儿的歌唱、花朵的芬芳鼓掌吗?"

其他人的朗读之后会有掌声。如今,阿方斯·普拉特·德·拉马丁的作品在法国之外已没有多少人阅读,不过在当时他已经取代夏多布里昂,确立起自己全国诗神的地位。在描写阴郁、渴望、失落的爱情方面,在为保卫国王、国家和他暂时领导过的世俗化的法兰西共和国而英勇且不可阻挡地奋战于明知无望取胜的战役中,他都是一位大师。拉马丁比夏多布里昂或维克多·雨果还要自负。当时雨果是一位冉冉升起的半人半神,有一个不自然的凸额,"高额"一词似乎就是为他而杜撰的。

不可思议的是,雨果不到二十岁就获得一项政府津贴,写下大量的抒情诗,并以莎士比亚的风格创作了煽动性的反古典主义戏剧,里面充满激情四射的爱情、谋杀、背叛和来自皇家的小丑。正是对那些早已死去的国王的嘲弄给他带来麻烦。他将很快写下那些卷帙浩繁、经久不衰的长

作为典范的拉马丁,浪漫主义诗人、政治家和无政府主义者,伊丽莎白·拉蒂默作

维克多·雨果率领着浪漫主义者,他举着一面旗帜,上面写着"丑即是美"。本杰明·鲁博(Benjamin Roubaud)所作的讽刺画

篇小说，赞美中世纪的恐怖和那些痛苦的激情，对于19世纪的狂热居民来说，稍感安慰的是那个时代看似可以预见。哥特小说风行一时，在很大程度上要归功于雨果。他很快让夏多布里昂、拉马丁和诺蒂耶相形见绌，引起了他们的愤怒。

年仅二十五岁，鲁莽的雨果就在其戏剧《克伦威尔》（*Cromwell*）的序言中写下了浪漫主义的宣言。当他大声朗读这些文字时，他的家人、朋友和威严的与会者都热血沸腾。"不管是对这个世界还是诗歌而言，另一个时代都即将开始，"他宣布道，"有一个根本的差异区分了现代与古代艺术、目前的形式与那种已经消亡的形式——或者用更流行的术语说，区分了浪漫主义文学与古典主义文学……"他怀着惊人的自信继续朗读，接着转到下面的短语："奇异与庄严"，把"现代天才"的诞生归功于这些"典型"。在雨果诚挚的大声疾呼后，是这样出人意料的转折："美只有一种典型，丑却千变万化。"

现代主义，丑的时代，反对一切的时代，我们仍然身在其中的时代，披着浪漫主义的黑衣做掩护，进入了这个世界。那一年是1827年，地点是巴黎。

跟雨果及其深爱的妻子阿黛尔一起在这个沙龙里跳华尔兹舞的，有一个偶尔光顾的客人，那就是圣伯夫。他有着圆圆的肩膀，长长的鼻子，故意装出一副不招人喜欢的样子，有一种生硬粗暴的不恭之态，堪称犹大和浮士德的混合体。

此刻，我站在这个混乱的沙龙里幻想思忖，多想握住阿黛尔的幽灵的手。可是这里没有音乐，在那些档案盒子中间，也没有空间可以跳华尔兹。

我跟着布鲁诺·布拉塞勒穿过那些 17 世纪的漂亮房间。我们顺着一道粗糙的楼梯逐级而下，走进地下室，面对地基，暂停片刻。它用巨大的石块紧密地砌成，向东延伸了 100 码，消失在黑暗中。

"14 世纪 60 年代的城墙，"布拉塞勒说，"是查理五世国王修建的，跟那些顺着塞纳河延伸的城墙是相同的，它们攀登到上面的军械库盆地，直到巴士底狱，一路绕过大林荫道下面的巴黎右岸。"

"这么说它们真的至今仍然存在！"

"的确如此。"

布拉塞勒承认，巴黎有很大一部分都隐藏在人们的视野之外。

"这是不是很有趣？"他加了半句话，却没把后半句说出来。

"什么？"我问道，"你是说，巴士底广场是大革命开始的地方，可是如今这里仍然修建着街垒？"我停下来观察他平静的表情。"那些林荫大道过去是剧院所在的地方，

阿黛尔·雨果，阿黛尔既是模范妻子，又是通奸的妇人，塞莱斯坦·南特伊（Célestin Nanteuil）绘

现在仍然如此。而那些具有颠覆性的戏剧就是在那些剧院中制作出来的。"

从军械库回家的途中，我在一阵宜人的恍惚里，绕道至圣保罗大街（Rue Saint Paul），站在那座16世纪的尖塔下，它从狮子街（Rue des Lions）的拐角处伸出来，已经有裂缝，歪歪倒倒，是玛黑区的一处地标。

"就是在这里,"我抬头张望,对自己和一个想象中的对话者说,"圣伯夫租下一个秘密的房间,在此引诱阿黛尔·雨果。据说正是这件事驱使维克多·雨果成为一代文豪——通奸与背叛带来的痛苦、悲伤和屈辱,将他从一个纯粹的自恋者变成了文学天才。"

通奸、背叛与放荡淫乱是否也属于巴黎的浪漫魔咒?

我在越来越浓的夜色中,冲着那个看似不可能的爱巢眨眨眼。这座长方形的高塔可追溯到16世纪后期,有一些很小的窗户,曾经被宗教战争中的弓箭手用来御敌。"想想看吧,"我默默思忖着,"这全都怪《克伦威尔》和《艾那尼》。"

这一点需要解释。

顺着圣安托万路向东北方行进,我花了大约七分钟,才到达萨利府邸(Hôtel de Sully)那个供马车出入的桶形拱门,这座宅子因为它的漂亮和那段背信弃义的爱情与激情的历史而闻名。

我踏着那些沉重的鹅卵石,穿过第一个雄伟的庭院——它位于车水马龙的大街和宅子朝南的几座侧翼建筑之间——欣赏那些雕像。它们代表了四大元素和秋冬两季。黑色的石灰岩上布满装饰,捕捉到几缕即将消隐的光线。那些长长的阴影投在石雕上,让颇具肉感的四大元素和那个载着葡萄、代表秋季的健壮人物露出微笑。就连代表冬季的哆哆嗦嗦的老人看起来也不像平常那么冷了。

这座宫殿修建于 17 世纪 20 年代,是巴黎最精美的巴洛克式城市住宅,曾经被富裕得令人惊愕的德·萨利公爵(Duc de Sully)占据,他是亨利四世的财政部长。萨利帮助那位国王凭空构想出孚日广场,即玛黑区的中心广场。经过几十年满腔热情的忠实修复,到 20 世纪 80 年代末,这座城市住宅成为电影《危险关系》(*Dangerous Liaisons*)的完美背景,它根据肖代洛·德·拉克洛(Laclos de Choderlos)创作于 18 世纪后期的那部诽谤小说改编。跟德·萨德侯爵的《于斯丁娜》(*Justine*)一样,这部受到狂热崇拜的书,也是从那个古老政权末期的犬儒主义和颓废中提炼出来的。可是,它真的彻底结束了吗?

现在,我回忆起 20 世纪 80 年代曾看到《危险关系》的演员们和导演在这里工作,当时还想这个地点是多么适合那部电影。萨利非常长寿,娶了一个比他年轻很多的女人,后者公然给他戴绿帽,还邀请自己的情人们来参加晚宴。这部长篇小说讲述的是欺骗与通奸,利用爱情和激情来惩罚、折磨和腐化一个令人销魂的青少年,并毁掉其他人的生活,自始至终彻彻底底地"享受"生活和肉欲。它具有典型的法国特色。

在受圣伯夫与阿黛尔·雨果绯闻启发创作的文学作品中,《危险关系》也是最明显的一部。在闹绯闻期间,圣伯夫写了一部浪漫得令人愤慨的长篇小说《情欲》(*Volupté*)。对雨果而言，这部小说似乎特别过分，它显然是根据真人真事写成的小说，人人都知道其中那些神秘人物的真实身份。

我一路北行，不时瞥一眼这座宅子上的雕塑，转过街角，我看到了充满青春活力的春和富足慷慨的夏，从宅子的后立面上俯瞰着下方，它们面对着后花园以及园内那座高高的柑橘温室，温室屋顶盖着板岩，独立于其他建筑，是巴黎同类建筑中最古老的。穿过那道平淡无奇的后门，我离开了这个花园和那些激发肉欲的装饰，出现在孚日广场的拱廊下。当我从那些经过修剪的椴树的树荫下穿过广场时，我看了一下自己的表。刚刚的行程又花掉了三分钟，加上我从尖塔前往那座宅子后门所花的七分钟，我猜阿黛尔·雨果或圣伯夫赴一次幽会总共需要步行近十分钟。

我想象中的交谈对象感到迷惑不解。我拒绝跟她说任何事情，直到我们在一张长椅上落座，它在那些绿叶婆娑、形状对称的树木下半露半隐，而且正对着雨果的公寓。如今那里已成为维克多·雨果博物馆，是雨果的故居。维克多和阿黛尔曾经在这座庄严高贵的房子里居住和相爱，直到背信弃义的圣伯夫将他们分开。

跟自己爱的人坐在这样一个地方，风险是很大的。巴黎的每个人都知道这个广场及其三十六座砖石混合结构的亭子，它们修建于 1605 年至 1612 年。他们也知道，从善良的亨利四世国王时代起，这里就是那些偷情的情侣们最爱的幽会地点。那个爱吃大蒜、痛饮葡萄酒的国王是个超级花花公子——直至今日，法国人仍然将他列为十大最受欢迎的历史人物之一。亨利四世让人修建了这个广场。亨利四世就是那个在他抵达之前一个星期就派信使命令他的情妇们停止沐浴的国王。亨利四世依然活着。

09 / 维克多、阿黛尔和圣伯夫的三角恋

维克多·雨果和阿黛尔·富歇是一对青梅竹马的恋人。他们分别出生于1802年和1803年,实际上,在此之前,他们的浪漫爱情就由双方的父亲策划好了。

回到当年,在18、19世纪之交,拿破仑先后作为第一执政和皇帝统治法国期间,约瑟夫·雷奥波德·西日斯贝·雨果(Joseph Léopold Sigisbert Hugo),即维克多的父亲,是他的高级将军之一。雷奥波德最好的朋友是某位皮埃尔·富歇(Pierre Foucher),革命政权和拿破仑政权中的一名高级官僚。雷奥波德和皮埃尔既是同僚也是邻居,他们怂恿对方生儿育女并让下一辈结婚,把他们之间的友谊一代代地延续下去。

这个彻头彻尾的浪漫计划十分荒谬,是雨果将军在浪漫主义得名之前就想出来的。诚然,著名的女学者德·斯塔尔夫人(Madame de Staël)在1800年左右首先提到浪漫主义的话题,因此这种想法当时已经在流传。大约在

同一时间，诗人、小说家和未来的政治家弗朗索瓦-勒内·德·夏多布里昂正在撰写他的第一批感伤的自传体故事，包括《勒内》(*René*)：

"宜人的清风啊，快快地吹吧，将勒内吹送进另一种生活！"夏多布里昂写道，"说着，我迈开大步匆匆而行，满面绯红，风儿嗖嗖地吹过我的头发；我不顾风暴，也不顾严寒，心醉神迷，备受折磨，仿佛被我心中的魔鬼障住了。……"

夏多布里昂塑造或扭曲了一代人的思想，就从维克多·雨果开始。雨果宣布："要么成为夏多布里昂，要么一败涂地。"雨果的浪漫主义小说家同行乔治·桑也说过类似的话："我就是勒内。"事实上，还不止于此，就连下一代的夏尔·波德莱尔，也仍然被永恒的、具有世界性的勒内影响。

在狂飙突进时代，以贝多芬和舒伯特为先驱，一股思想狂风从德国刮向南方，空气中弥漫着幸福产生于备受折磨的不幸这样的学说。歌德笔下那个自杀的少年维特保持了这种时尚，而喜欢幻想的浮士德，就像 E.T.A. 霍夫曼 (E. T. A. Hoffmann) 故事中那些鬼怪角色一样，为它增添了几分超自然的趣味。专制主义的终结，法国大革命，恐怖时期，以及随后那场没完没了、席卷整个欧洲的拿破仑战争，让这个大陆浸满鲜血。

佩戴着勋章的雨果将军获得升职,成为拿破仑统治下意大利和西班牙的行省总督。作为他的孩子,青少年时代的维克多亲眼看见了戈雅笔下描绘的绞刑和血腥屠杀,小小年纪就知道身为一个受人敬畏又招人厌恶的征服者是什么滋味。当时法国在军事上如日中天,派出数十万年轻人参与屠杀。经过多次的分分合合,维克多那对脾气反复无常的父母终于彻底分手。拿破仑倒台,法国再度臣服于波旁家族脚下。

阿黛尔·富歇黝黑的皮肤、浓密的黑发让维克多想起他在西班牙爱过的一个姑娘和他第一次未能获得圆满的激情。然而,跟维克多那位神秘的梦中女郎或歌德描述的人物不同,年轻的阿黛尔是个精力充沛的假小子,跟性感、娇艳或忧郁毫不相干。跟维克多那风狂雨骤的高山深峡相比,她的人生和想象力如同平原。她似乎是一个慈爱家庭的直接产物,并不太急于长大或结婚。他纯真的炽热爱情与表白让她受宠若惊,但她并不拥有维克多那样强烈的少年激情,事实上,她根本就不喜欢他的诗歌。阿黛尔跟他实话实说了,不过经过多年的围攻,他终于击溃了她的防御,将她拽入了教堂。

还不到二十岁,他们就在巴黎时尚的圣日耳曼德佩(Saint-Germain des Prés)那座宏伟的圣苏尔比斯教堂里喜结连理,很快就接连生下四个孩子。他们住在沃日拉尔大街（Rue de Vaugirard）附近，然后搬到几个街区之外，来到卢森堡公园南边，一所位于田园圣母大街（Rue Notre Dame des Champs）上的漂亮房子里。幸福生活似乎有了保障，但这种幸福却很短暂。

维克多的声望、财富和超级自傲就像纳达尔的热气球一样膨胀。阿黛尔却笼罩在这个伟人的阴影里，被拴在了育儿室里。随着时间的流逝，维克多变成一个阳具崇拜的野兽。他的一些传记作者把他描述成一个牛首人身的怪物弥诺陶洛斯，与他那个纵欲过度的父亲一脉相承，被难以餍足的欲望毁灭，不过在其他方面倒也谦和友善。阿黛尔疲惫不堪，需要温柔体贴。当他第一次与那些放荡不羁的艺术家模特们出游的消息传入她的耳朵，她受到伤害，但暗地里却如释重负。

这时圣伯夫闯入了他们的生活。

作为法国首要的批评家，年轻的夏尔－奥古斯丁·圣伯夫在目睹阿黛尔的容颜之前，就通过维克多的诗歌爱上了她。那些诗把她塑造成一位天使、圣母，一位皮肤白皙的黑发西班牙美女，有一双黑色的大眼睛。圣伯夫也以一种无关性欲的手足之情爱上了维克多：他不正是浪漫主义者的英勇领袖吗？

正是维克多，为圣伯夫发表在《环球报》（*Le Globe*）上的那些赞美性的评论，特意跑去感谢圣伯夫。正是维克多，坚持邀请圣伯夫到距离后者公寓仅数门之遥的家中拜访，成为维克多个人小集团的一部分，与他们同桌进餐，并成为他们家最后一个孩子的教父。维克多、阿黛尔和圣伯夫以及雨果家的四个孩子成为密不可分的一家人。当雨果一家子搬家时，圣伯夫也会搬家，租下一套距离他们仅数门之遥的公寓。

后来，当维克多忙于创作戏剧并为之选角和执导时，圣伯夫照看着雨果一家人。他和孩子们玩耍，成为阿黛尔的心腹知己、倾诉对象和贤明顾问。他关心她，他称赞她。他崇拜和尊重她，为她写下爱情诗和充满激情的书信。而她也开始对他产生热情与怜悯。他在生理上脆弱、矮小、丑陋，无人喜爱，容易受伤。然而他却有一个聪明的头脑和一颗饥渴的心，就像她一样不顾一切地渴望温柔体贴。

他们的不伦之恋用了数年时间才成熟。阿黛尔心力交瘁。凭借冷静的效率，她掌握了偷情的技艺。圣伯夫势不可当，他保持了自己跟维克多之间的友情，同时却引诱他的妻子，公开承认自己对她的爱存在感情冲突——在法国式勇武的骑士精神和所谓的"激情的权利"（*droit à la passion*）观念保护之下。这样的观念至今仍然存在。

那只癞蛤蟆，那个丑恶的驼背，后来化身为雨果最伟大的长篇小说中的卡西莫多，也逐渐赢得了阿黛尔的欢心。雨果曾经宣称"丑即是美"，不是吗？当维克多、阿黛尔和他们的孩子搬到孚日广场时,尾随而至的圣伯夫也在那所向外凸出的古老建筑里租下几个房间,它那些尖塔摇摇欲坠地耸立在圣保罗路的上方。

"然后发生了什么事呢?"我那位想象中的交谈对象问。

"然后就产生了《艾那尼》,"我不怀好意地耳语道,"产生了《吕克莱丝·波日雅》,以及1830年那场发生在文化界的伟大革命。"

10

艾那尼之战

当阿黛尔和圣伯夫之间的情节剧展现在维克多·雨果怀疑的目光前时,他正忙于创作诗歌、一部长篇小说,以及那部使他成为超级明星并真正地让巴黎燃起熊熊烈火的戏剧。

《艾那尼》(*Hernani*)是一个错综复杂的故事,涉及激情、权力、复仇和荣誉。无休无止的排练差不多有六十次,在此期间,雨果的随从中有谁注意到那种怪异的相似性:在最后一幕中,随着那对新婚夫妇自杀,这出戏剧达到了高潮?雨果的女主人公是个长得很像阿黛尔的女子——也隐秘地体现了他年轻时梦寐以求的那位西班牙姑娘。其名"Hernani"就是那个真正的巴斯克小镇"Ernani"在法语中的写法,维克多在前往他父亲位于西班牙的宫殿途中,曾经从那里路过。

作为双面人的圣伯夫,知道这些令人毛骨悚然的细节,想起自己的挚友维克多和情人阿黛尔,那个拥有四个孩子的失意母亲，他有没有为他们的未来担忧？在虚构的情节中，他们将在舞台上死于非命。

这部戏剧的开头部分如鸡尾酒般令人陶醉，展现了那种注定难以善终的堕落爱情和政治背叛，它们驱动了情节的发展，也是《艾那尼》至今仍在上演的原因，因为我能亲眼看见这样的演出。如果你错过了那出戏剧，说不定看过那部歌剧：威尔第那更流行、更浪漫，而可信度却更低的《艾那尼》。

这部过分渲染的历史悲喜剧拥有精心构筑的情节，最初需要二十五名演员，并且演出持续好几个小时，能让观众在座位上坐得身体麻木。该怎样总结这部戏剧呢？

故事发生在16世纪初的西班牙。被放逐的贵族匪盗艾那尼暗中策划为死去的父亲报仇雪恨，而下令处死他父亲的是西班牙专制君主查理五世，即将加冕为神圣罗马帝国皇帝。艾那尼和国王迷上了同一个倾城倾国的美女堂娜索尔。可是她已经被许配给自己那个好色的舅舅鲁伊·戈麦斯（Ruy Gomez），后者同样热恋着她，满脑子残酷血腥的念头。

虽然这三男一女的四角恋令人难以置信，但更加令人难以置信的是，艾那尼答应狱卒，如果能让他先杀死国王，那他就喝掉一个角杯里装着的毒药自尽。国王发现了这个阴谋，出人意料地宽恕了这些实施阴谋的人。艾那尼和堂娜索尔结婚了,然后,更令人费解的是,舞台外传来号角的声音,堂娜索尔看见自己的配偶即将服毒,便从他手中夺过那只角杯。在他阻止她之前,她饮下了杯中一半的毒药,然后死去,而艾那尼喝下剩余的毒药,倒在舞台上。

首演之夜是1830年2月25日,地点是法兰西喜剧院。这座美如珠宝盒的庄严建筑建于18世纪90年代,至今仍矗立在皇宫对面。当我为观看最近[1]排演的《艾那尼》而排队购票时,发现它也要在老鸽巢剧院(Théatre du Vieux Colombier)上演。我不明白为什么它演到2月18日就结束了。为什么不在2月25日庆祝其首演呢?接着,我想起来最初的首演充满混乱与暴力,剧院也被捣毁。过了这么多年之后,《艾那尼》肯定不会再摧毁一家剧院了吧?它是有史以来上演次数最多的法国戏剧之一,与之同列的是那部后期浪漫主义的老剧目《大鼻子情圣》(*Cyrano de Bergerac*),另一部拥有不幸结局、震撼灵魂的悲喜剧杰作。

幸运的是,导演删减了一些台词,削掉了两幕戏,并且把角色也缩减到五人。他还把观众席交叉布置在舞台的两侧。在戏演到第三场之前,几位舞台监制、一位哲学家和戏剧历史学家展开了一系列主题讨论,主题是"舞台如战场",

---

[1] 这里指的是2013年1月30日至2月17日上演的《艾那尼》复排纪念版。

之前那次讨论的主题是"忠实"(意思是不忠)和"时间"。我参加了那次有关"政治、道德与社会斗争"的讨论。

令人失望的是,人们没有互殴。不过那些谈话充满火药味,以完美的法国方式展开,神气十足而又体现出很高的教养——而且也拥有彻头彻尾的浪漫主义风格。很多巴黎人如今的话题、雄心壮志、恐惧、希望和梦想仍然跟喜欢幻想的维克多·雨果时代一样。他们证实了我构想出的"阿方斯·卡尔定律":世间万物都在变化,但又保持不变,

杜米耶笔下,剧院里一个刺激的夜晚

而为了保持不变，它们就必须在表面上有所变化。

1830年的这个首演之夜有多个版本，它在浪漫主义者向古典主义者发动的战争中打响了第一枪。那场战争蔓延到这座城市的街头，在7月底实施新闻审查后，突然爆发成了一场全面的革命。巴黎歌剧院的那个夜晚在历史上被称为"艾那尼之战"。

大仲马的记录并不令人感到兴奋——这位火枪手参与了那些吵吵嚷嚷的争锋，但对自己的角色轻描淡写：他是雨果的朋友、对手和前辈而非随从。若干年之前，大仲马就创作了一部同样具有革命性的戏剧《亨利三世》(*Henri III*)，为《艾那尼》扫清了道路。

泰奥菲尔·戈蒂耶取而代之，在这场战役中扮演了领袖角色，在雨果这支喧闹的浪漫主义大军中，他是一位中尉。他那部未完成的记录可谓浓墨重彩。悲惨的是，戈蒂耶对自己的回忆过于感动，在把它们付诸笔墨时突然倒地，一命呜呼，因此没有把它写完。在他漫长而精彩的爱情与文学生涯中，那一章是他最后一次激情四射、泼墨如雨。

"排练正在进行，"戈蒂耶回忆道，"从它已经激起的兴奋情绪来判断，不难预测最初的几次演出将会充满骚动。我最大的希望，最雄壮的野心，是参与战斗……"可是到哪里弄到戏票呢？维克多·雨果在发放戏票。戈蒂耶当时还是研习艺术的学生，十几岁的他还籍籍无名。他的第一份职业是绘画，并且因杜撰出"为艺术而艺术"的说法而闻名。

这时神童热拉尔·德·内瓦尔入场了，一个聪明的躁狂型抑郁症患者，养着一只宠物龙虾，年仅十七岁就以生花妙笔将歌德的作品翻译成法文，甚至歌德都写信向他致谢。内瓦尔是戈蒂耶以前的校友，也是雨果的朋友。顽皮的内瓦尔攥着一叠正方形的红色戏票出现，票上涂写"Hierro"一词。这是他们的秘密口令。在雨果的第二语言西班牙语中，它的意思是"铁"，但其实是一份要求人们在即将到来的战斗中表现出力量与勇气的命令。

雨果居然招募内瓦尔和其他人，将好战的现代主义浪漫主义者聚集起来，发动一场反对古典主义者的游击战争。放在今天，这样的事情近乎难以想象。古典主义者也有受雇于他们的冲锋队员——剧院雇用的喝彩者，并准备发动攻击。当时戏剧界的暴力臭名昭著。有传言说雨果的戏剧具有颠覆性，是对现代诗的丑陋献上的一曲赞歌，而且具有反对波旁王朝的危险性。

"有人说起阴谋集团，说起那些秘密策划的诡计，说起为扑杀这出戏、消灭这个新流派而设下的罗网与陷阱，"戈蒂耶写道，"文学界的仇恨远比政界的仇恨更加猛烈刻骨，触动了最敏感的自恋神经，而敌人的胜利无异于宣布对方是笨蛋。"他这些话放在今天也同样应景。

有人认为，20世纪50年代的"垮掉的一代"或60年

圣雅各塔公园（Parc de la Tour Saint-Jacques）里的内瓦尔纪念碑

代的反文化运动创造出了第一支具有颠覆性的大军，他们吸毒，留长发，身穿奇装异服，举止粗鲁如野兽，同时却攻击"建制派"。任何怀有这种看法的人或许都应该再想想。我年轻时那些偏激的运动，不过是他们那个年代的反叛以更狂暴、更危险的面貌再度流行起来而已。

"年轻人反对老年人，留着长发的脑袋反对秃头，热情反对循规蹈矩，未来反对过去，这不是很自然的事吗？"戈蒂耶怀旧地问道。我说他怀旧是因为，当撰写自己的回忆录时,他已经垂垂老矣。戈蒂耶很快招募了"一些凶猛的浪漫主义者,他们会非常乐意地将法兰西学院的一名成员生吞活剥",此外他还招募了两名年轻的诗人和一个近亲。他们用蒜味小吃和葡萄酒瓶武装自己。而他们真正的武器是嘲弄、幽默、故意装出的傲慢无礼和不再时髦的长长发卷,以及那些五颜六色的疯狂服装,让资产阶级瞠目结舌。

引领潮流的戈蒂耶穿一条浅的海绿色裤子,外面的裤

《艾那尼之战》,J.J.格朗维尔(J.J.Grandville)绘

缝里镶着黑色流苏，上身穿一件黑色的外套，带有宽宽的天鹅绒大翻领，外面再披一件厚重的灰色大衣，边缘镶着绿色的绸缎。他的脖子差不多被翻卷如浪的姜黄色头发盖住，上面总是束着一条云纹绸的带子，而不是围着领子或领带。他的头上顶着伦勃朗画中人物戴的宽边扁平帽子。惹眼的是那身红色的马甲——一件深红色的紧身衣。这是戈蒂耶找人做的。这种紧身衣已经进入浪漫主义历史，因为这位英俊的叛逆兼浪荡子惹人注目，但主要是因为，从1789年以来，红色就已成为革命的色彩。"这身打扮是为激怒和冒犯平庸俗人而设计的。"戈蒂耶得意扬扬地说。它确实达到了目的。

那家剧院的经理害怕发生口角和劫掠，于是安排雨果的大军提前八个小时进入剧院。但这并没有防止巴尔扎克被人扔白菜。内瓦尔也受到攻击。污言秽语如瓢泼大雨一般降落到这些叛逆者头上。剧院里面没有水，厕所被锁上了，观众席没有取暖和照明设备，创造出一种"皮兰德娄式的戏中戏效果"。

在刺激的幽暗光线以及奔涌的肾上腺素和葡萄酒中度过七个小时后，他们终于准备一跃而起了。当用煤气做燃料的枝形吊灯熄灭，舞台幕布升起后，魔鬼们被释放出来了。

"我的心中燃烧着熊熊烈火，渴望用我的印第安战斧剥掉这些历史蛆虫的头皮，把这些战利品悬挂在我的腰带上，"戈蒂耶回忆道，"不过，如果我真的那么做，很可能收获的是假发而非留着真头发的脑袋。"

当他们无法让那些受雇的喝彩者闭嘴时，骚乱接踵而至。其中一句导致了混乱的押韵台词涉及"*escalier dérobé*"，意思是秘密的私人楼梯，尽管在今天看来似乎无伤大雅。正是这两个词语之间的押韵受到不合语法的破坏，以及这部戏剧缺乏连贯的传统结构——包括开头、中间部分和结尾——让古典主义者恼怒不已。其实"*dérobé*"才是关键词：秘密。过着双重甚至三重生活的维克多·雨果是否感觉到自己将成为某些秘密楼梯的常客？是否知道这个夜晚将成为他和法国历史进程的一道分水岭？

为了躲避那场争吵打斗，雨果和阿黛尔在第四和第五幕之间离开剧院，走进现在的柯莱特广场，广场得名于那位充满肉欲的双性恋小说家，她曾经在 20 世纪中期居住在皇宫里。与此同时，阿黛尔·雨果是否在悄悄搜寻圣伯夫的身影？他曾跟她说他不喜欢这部戏，哪里都看不到他的踪影。当维克多为自己的妻子和那个背信弃义的朋友而困惑时，一个留着山羊胡须的著名人物迈步走上前来。他是阿尔弗雷德·马姆（Alfred Mame），一名出版商。他攥着一卷一千法郎的钞票，在当时算是一小笔财富。他想买下《艾那尼》的版权。

"在看第二幕的时候，我打算给你两千法郎，"阿黛尔在回忆录中想起马姆说的话，"到第三幕的时候，还是两千法郎，现在我打算给你五千法郎，因为在看了第五幕后我可能不得不给你一万法郎。"马姆把那卷钞票塞给他。那位剧作家犹豫了片刻，然后将那些钞票放进口袋里，甩开步子，回到剧院。

马姆猜对了。在四十五个嘈杂的夜晚里，那部戏剧场场爆满，赚得盆满钵满。如今它依然赚得盆满钵满。印刷版的《艾那尼》在几天之内重印了两次，全部售罄。当查理十世在春天恢复其君权神授的统治时，整个巴黎仍在为《艾那尼》而争斗不休。当1830年那个闷热的夏天降临时，法国陷入危险的焦躁不安中，沿着法兰西剧院乐池画过的那些线，不同的政治集团之间出现了裂隙。保守主义者支持古典主义、君权神授的国王和新闻审查。浪漫主义者以及"新流派"和现代性的支持者要求获得言论自由，建立共和制或君主立宪制。真正的战线也已划定。人们在7月27日修建起街垒，那也是镌刻在巴士底柱上的第一个日期，是自由的标志和对生活的渴望，我每天都在自己的天窗下注视着它。

这一切真的那么不可想象吗？想想《毛发》（*Hair*）、《基督的最后诱惑》（*The Last Temptation of Christ*）、麦当娜、嘎嘎小姐（Lady Gaga）或"暴动小猫"（Pussy Riot）。

扼杀出版自由

反叛是浪漫主义之子,而在 21 世纪,自由仍然是一桩冒险事业。

11 /

罗密欧追逐朱丽叶

"赶快,"我对自己想象中的交谈对象说,"让我们穿过这些花园,否则就要被他们锁在里面了。"

就在警卫吹响哨子时,我从孚日广场中央那个花园里的长椅上站起来。从圣伯夫位于圣保罗路那个尖塔耸峙的爱巢走到这个广场,我花了九分钟。我查看了一下自己的手表后出发了,从那个水花飞溅的喷泉旁经过,鸟儿喜欢在里面沐浴。从孚日广场到朱丽叶的住所需要花多长时间呢?维克多习惯走哪条路线?

一对对情侣稀稀落落地躲藏在椴树的树荫里,他们的胳膊就像头顶上的树枝一般彼此交缠。他们中有多少是在偷情?如果像那句陈词滥调所说的那样,在爱情和战争中一切都是正当的,那么巴黎的一切始终都是正当的。生活中的每一次交换都是战争、冲突或战役,不管是买香蕉,点一杯咖啡,还是获得一张结婚证明。即使是最受娇宠的法国孩子,也会到粗暴爱情的学堂里受教。在往往令人压抑、等级森严的社会体系中,这种生存斗争到他们成年之后就会转移到卧室里与壁炉边的战场上。发动战争吧,这就是爱情。

至于在大街上炫耀爱之激情,这可是有迹可循的传统。上千年的不成文法保证了那种公平和爱情之权——漫游浪荡的执照。示爱是一种可敬、愉悦、公开而卖弄的行为,一如在孚日广场拱廊下以及巴黎的大约一万家餐厅和咖啡馆里畅饮葡萄美酒、大啖美味佳肴,一如在每一个禁烟区吞云吐雾,或者漫不经心地闯红灯。数个世纪以来,巴黎一直上演着永远的性解放、懦夫博弈、交通违规、仪式性的反叛和接吻派对。那也是罗曼蒂克的一部分。

在十多年的时间里,当维克多·雨果从他的公寓出发前去看望其情妇朱丽叶时,他每天——准确地说,是每晚——都要穿过这个广场好几次,就像我们现在一样,那些雕像注视着他,那些幽灵与他一路相伴。那是永远多情的引诱者亨利四世以及他那个在性方面备受困扰的儿子路易十三的雕像。

亨利从广场南边的国王亭阁里低头注视着下面,而路易十三矗立在一个高高的石头柱基上,一尊骑着高头大马的雕像塑造出了这个暧昧的君主的形象。亨利至少有五十个情妇,还有无数的挤奶女工、佃农和其他对象来满足他那满嘴葡萄酒味和蒜味、难以餍足的欲望。路易十三热爱骏马、狩猎和男人,但他被迫娶了一个让自己无法忍受的女人，并且，为了获得一个继承者，即路易十四，他愉快地同意她给自己戴绿帽。

在抑郁的孚日广场上，围绕那些巨牛眼般的天窗和牧羊杖般的灯柱，无数偷情但却受到尊重、敬仰和崇拜的情侣、情妇、调情者和不忠的妻子轻快地掠过。从路易十八统治时代开始，那些灯柱上就挂着特别大的灯罩。

令人不解的是，在创作《艾那尼》之前，维克多·雨果还在这个广场及其通奸者的启发下，幻想出了另一部怪异的历史悲喜剧，是有关放荡随意之爱情和换妻游戏的故事。这部戏剧即《玛丽蓉·戴罗美》(Marion de Lorme)，讲述了17世纪一个真实人物的故事，据说，那个贵族阶层的著名情妇睡遍了当时居住在这个广场上的所有贵族，包括枢机主教黎塞留，以及从玛黑区之外很远的地方招来的其他人物。在开始排练制作之前，这部戏在雨果自己的私人沙龙里受到喝彩，当时这里已经逐渐取代夏尔·诺蒂耶在军械库图书馆的聚会。从一开始，大仲马就强调自己喜欢《玛丽蓉·戴罗美》甚于《艾那尼》，倒不是因为他那个从前的情人玛丽·多瓦尔被选中扮演主角。不过，《玛丽蓉·戴罗美》受到审查和查禁。雨果对其主题加以提炼，在几个星期之内连轴转地工作，写出了他那部西班牙幻想故事。

耳边伴随着玛丽蓉·戴罗美和玛丽·多瓦尔的幽灵的

低语，我们顺着雨果的脚步，经过路易十三的雕像，他那撇细如铅笔的髭须傻乎乎地竖立着，一头石雕的假发盖住了他光秃秃的头皮，正是戈蒂耶喜欢拴到自己腰带上的那种假发。我们从那些高大的黑色大门出来，顺着贝阿恩街（Rue de Béarn）——这让我再次想起亨利四世，因为他就出生在比利牛斯山中位于法国境内的贝阿恩——来到车水马龙的圣吉尔路（Rue Saint Gilles）上，向左拐，向前走一个街区，到安静而狭窄的维拉杜安路（Rue Villehardouin）向北一拐，在那些拥有四百年历史的麻风病院的建筑下，向西来了个急转弯，然后在蒂雷纳路（Rue de Turenne）的街角暂时停下脚步。

到目前为止，我一共花了七分钟。

我注视着这所房子的窗户，身有残疾但头脑聪明的滑稽诗人保罗·斯卡龙（Paul Scarron）曾跟他可爱的妻子居住于此，让人无法抗拒的弗朗索瓦丝·杜比涅（Françoise Daubigné）比他年轻好几十岁。路易十四发现她的魅力不可抗拒。他赶走了德·蒙特斯庞夫人（Madame de Montespan），把斯卡龙那位一文不名的寡妇变成了德·曼特农夫人（Madame de Maintenon），后者可能是他最难以对付的情妇，这个女人虽然社会地位低贱，暗地里却成为国王的第二任妻子。

母亲，妻子，情妇：不管是过去还是现在，数百万勇猛果断的小路易十四们，都被某个强悍的女性定义且往往也控制了自己的生活。作为典型的法国男人，数百万人心目中的英雄，维克多·雨果也概莫能外。他的母亲是一个独裁者，家里的暴君，她把一位将军斗得乖乖屈服，而维克多娶的不过是以阿黛尔之面目出现的她。

三分钟后，我来到另一条建于中世纪的街道圣阿纳斯塔斯路（Rue Sainte-Anastase）。我忘记计数自己途中经过的著名通奸者、被戴绿帽的男人、情妇和其他法国男女英雄的数量。我想象中的交谈对象开始为我这次探索的性质感到担忧。

在圣阿纳斯塔斯路12号那座朴素的建筑上，一块铭牌证实朱丽叶·德鲁埃曾经住在这里的四楼。她是艺术家的模特、女演员和职业情妇，雨果名义上的私人秘书。从雨果位于孚日广场6号的豪华大宅，悠闲漫步到朱丽叶·德鲁埃这个简朴的镀金牢笼，需要十一分钟。她住处的房间有些逼仄。而他那座宽敞的公寓，是1605年为寡头政治家族罗昂－盖梅内（Rohan-Guéménée）修建的，是一处公认的宝库，里面塞满了珍本书籍和小摆设、哥特式和文艺复兴式的家具以及珍贵的壁毯。可是雨果却不许朱丽叶到家里来拜访他。

这样的短途步行之旅，维克多·雨果做过数百次，甚至可能数千次。他跟朱丽叶之间的风流韵事虽然谨慎，却

朱丽叶·德鲁埃肖像，阿方斯-莱昂·诺埃尔（Alphonse-Léon Noël）作

是巴黎另一个尽人皆知的秘密。等这件事终于公开后，维克多和阿黛尔同意保持审慎的公开婚姻关系，就像他自己的父母做的那样，一个彻底的权宜之计。她通过那道秘密楼梯溜出去看望圣伯夫，而维克多则从前门出去与朱丽叶——以及其他人——幽会。

有关雨果的传说认为，尽管他背叛了妻子阿黛尔——

这是无疑的——当然也永远爱着她,但他却忠实于他的缪斯和真爱朱丽叶长达五十年。据说,在朱丽叶去世的那一天,他也放下了自己的鹅毛笔,在余生中不再执笔写作。真实的情况更有趣——对处于其黑暗涡流中的巴黎人来说也更有启发性:虽然维克多的灵魂有一半留在了妻子身边,另一半以及他的感情和欲望却留在了他的情妇那里。为什么只有一个情妇?多个情妇、多重生活和无所不在的多个秘密楼梯岂不是更好一些?

雨果如特艺彩色电影一样令人惊叹的人生从未出现在银幕上,因为它太活泼了。他的一生是荣耀的人生,近乎虔诚地宠溺妻子却又接二连三地通奸,充满了名望、背信弃义、令人钦佩的英雄主义,持久的淫荡行为,高及霄汉的天才、利他主义、自恋和显而易见的憔悴,与之交替的是令人头发倒竖的逃跑、逃亡、不适以及真正的危险。如果你只有一个浪漫的法国英雄,那么身形庞大、留着髭须的斯芬克斯雨果就是个不错的选择。

在知情人士中,对令人销魂的朱丽叶·德鲁埃的崇拜,几乎跟政府支持的对维克多·雨果的官方崇拜一样狂热。可怜的朱丽叶是心地善良的爱情殉道者和雨果最重要的热心拥护者。她永远不会被转移到先贤祠内的那位诗人身边——然而阿黛尔·雨果也不在那里。朱丽叶活在很多崇拜者的心里和脑海里,也以像素化的形式活在互联网上。

12 /

维克多的战利品

到1832年秋天,维克多·雨果已经从巴黎最大的霍乱流行中生存下来,在戏剧、诗歌方面都大获成功,出版于1831年的《巴黎圣母院》——又名《钟楼怪人》(*The Hunchback of Notre Dame*)——也成为超级畅销书。不得不说,他不无痛苦地让圣伯夫化身为卡西莫多。他以罕见的仁慈,通过移情的方式,把曾经尊敬的阿黛尔的阴影化为可爱的爱丝美拉达。但他仍然受到了伤害。作为工作狂的雨果很高兴让自己忙于创作另一部有关激情、背叛和权力的历史悲喜剧,标题为"吕克莱丝·波日雅"(Lucrèce Borgia)。这让他避免去想家里的烦心事。

1833年,一个无关紧要但很有背景的女演员被选中饰演内格罗尼公主,《吕克莱丝·波日雅》里的一个小角色。这造成了一些严重的后果。那个女演员就是朱丽叶·德鲁埃,大名鼎鼎的美女和巴黎艺术精英的床上伴侣。"她有两句台词,除了从舞台上穿过,她就没什么戏份了,"泰奥菲尔·戈蒂耶在对她的人物概评中顽皮地回忆道,"但她抢尽了风头。"

朱丽叶是个孤儿,从苛刻的学校教育中幸存下来,又在一所女修道院待了一段时间,通过为雅姆·普拉迪耶(James Pradier)做裸体模特,度过了这段艰难时期。普拉迪耶当时是首都主要的雕塑家,后来成为法兰西学院一个令人敬畏的成员。他在自己遍布巴黎的艺术作品中,让朱丽叶那种浪漫之美流传后世,协和广场(Place de la Concorde)东北角上,那尊代表斯特拉斯堡市的雕塑就是其中一个著名的例子。那尊雕塑色彩单一,丝毫体现不出朱丽叶黑色的头发与细腻的白皙皮肤之间的强烈对比,而她傲慢的姿态则暗示了她的坏脾气。在这尊严格保持了匀称体形的人物的雕塑柱基上,如果你看到了花环或花束,那应该是朱丽叶·德鲁埃日益增加的崇拜者留下的。

雅姆·普拉迪耶成为她第一个真正的情人,也是她的孩子克莱尔的父亲,那是她唯一的孩子,过得很不幸福,年纪不大就夭折了。为了顺应当时的习俗,普拉迪耶拒绝娶她,也不承认克莱尔或支付抚养费;他需要一个资产阶级的妻子帮助他在社会上往上爬。在刻意的冷漠中,他将年仅十几岁就颇有胆识的朱丽叶指向戏剧舞台,然后就溜之大吉了。就像大多数模特和女演员那样,她通过当交际花——妓女的委婉说法——来保持收支平衡。作为一个令

代表了斯特拉斯堡市的人物雕塑,以朱丽叶·德鲁埃为原型塑造。雅姆·普拉迪耶创作

人垂涎的战利品,朱丽叶比大多数交际花都更成功。可越是受到狂热追求,她就在债务泥潭里陷得越深。

佩戴着闪闪发光的珠宝,裹着最新最昂贵的巴黎时装,朱丽叶成为自己那种放荡的生活方式的囚徒。她的花销远远超过她的收入。甚至在维克多·雨果接替别人成为其保护者后,她也继续在闺房里接待别人,来为自己的花销提供资金。在那些经常光顾她住处的人当中,包括富有但狂暴的阿纳托尔·德米多夫（Anatole Demidoff）亲王，以及那个和蔼可亲的无赖阿方斯·卡尔，一位颇有影响力的记者和出版商，据说他有一些古怪的性癖。

朱丽叶脾气火暴而又强硬，要掩盖她作为迷人女子甚至飞扬跋扈的女狂人——不需要鞭子、锁链或手铐的那种——的隐秘力量，她还算一个不错的女演员。她诱人的魅力迷住了敏感的雨果。他抗拒了她六个月，担心自己成为又一个糊里糊涂的崇拜者，被激情压服，然后被她的生活方式毁掉。可是她对他心中有数。其他人把他抬举到奥林匹斯山诸神的高度，悄悄地用"奥林匹奥"的绰号称呼他，而朱丽叶却称他为"托托"。她像个母亲一样宠着他。考虑到这个国家具有母亲崇拜的倾向以及雨果的家庭背景，那或许是她获得成功的关键。他承认，自从她踏进剧院，他就倒在了她的魔力下。是因为她闻名于世的"普拉克西特利斯式雕塑体格"，或者她浑圆的脸蛋、那双闪烁的冷酷无情的蓝眼睛和丰满湿润的小嘴，还是因为那一头黑如墨汁的头发，在她细腻如瓷器的肩膀和胳膊上翻滚？

那未免低估了维克多·雨果和朱丽叶，尤其是朱丽叶。根据来自各种途径的说法，她在很多方面都令人敬畏，是一名有能力的女演员，也是一位天才的作家，擅长写一些简练的双关妙语，绝非一个头脑空虚的轻浮女子。她可能撰写了一些剧评，后来以阿方斯·卡尔的名义被他发表，不过这个事实从未得到证实。数十年来，她誊写了维克多·雨果的手稿，有时甚至还温和地做一些纠正，提供了未经删节且连续不断的评论。她给他写了至少两万多封信，每天写好几封，她的书法坚毅而优雅。在那些信中，与她淘气的幽默感和顽皮的戏谑相匹配的，是她的智慧、耐心和聪敏，以及她对诗人真诚而深不可测的爱。如若不然，她怎么能超过卷土重来的阿黛尔和另外数十名苛求的情人，获得比后者更长久的爱情？正是她外在的美貌和魅力与那种神秘的内在力量相结合，最终征服了优柔寡断的雨果——并且让他为之着迷了数十年之久。

雨果长相并不英俊，但朱丽叶发现维克多深奥迷人，聪明得可怕，感情丰富，罗曼蒂克，而且脆弱不堪——受到伤害的自尊心让他变得虚弱。作为雨果和圣伯夫的朋友，卡尔向朱丽叶讲述了阿黛尔背叛丈夫的故事。对于维克多·雨果这样一个自恋的人，妻子的不忠已经够糟的了。可是阿黛尔居然不可救药地爱上了那个误入歧途的侏儒，这是维克多完全无法接受的。《情欲》的出版更是加深了那种伤害。受伤的诗人需要朱丽叶的程度，丝毫不亚于她需要一个救星的程度。

不过，维克多的担忧是对的。最终，他不得不偿清她的巨额债务，并在她和她女儿在世时一直赡养这对母女。不过这位吝啬的诗人也对雅姆·普拉迪耶声色俱厉（还委托后者创作了一尊雕塑),直到普拉迪耶勉强同意吐点钱出来。雨果付清了剩余的款项。然后他就永久地让朱丽叶摆脱了娼妓状态,给了她一份终生工作。作为交换,这位白马骑士救世主也提出了苛刻的条件。他给她套上了象征性的贞操带。她将在隐居、孤独、节俭和近乎贞洁中,过一种"神秘、孤单和爱"的生活。她答应,没有他的陪同,她绝不出门。这个堕落的修道院女孩,抹大拉的玛丽亚,立誓要在维克多·雨果的狂热崇拜者中当一名高级女祭司。她至死都忠实于他,至少传说是这样的。读过她所有两万多封信的人发誓,这事千真万确!如果她真的到处鬼混,那么她肯定比他更谨小慎微。

13

圣殿骑士

重重束缚并没有阻止朱丽叶溜出去。出于体面,她没有被邀请到雨果位于孚日广场的家庭圣殿。她的信讲述了那些令人心碎的孤独夜晚,她在漆黑的玛黑区游荡,被皇家广场上那个闪烁的落地窗吸引,她是那么不顾一切地希望在那场神奇的灯光秀中扮演一个角色。

偶尔,朱丽叶会在无人注意她的时候站在广场上,望着维克多那所大型公寓里发生的事情。在温暖的夜晚,当窗户打开时,她在泰奥菲尔·戈蒂耶住过的那座亭阁的拱廊下抬头仰望。客人们欢声笑语,吃饭抽烟,端着细长的香槟酒酒杯,靠在精致的铸铁栏杆上。她想知道:"会有人认出我,欢迎我,认为我配得上这种'真实生活'吗?"

在那套公寓里,戈蒂耶正和蔼地与大仲马、巴尔扎克、热拉尔·德·内瓦尔以及这个团体中的其余人谈笑风生,他们是法国的文学之光;另外还有一些政客和工业家，这些男人——他们全是男人——推动并摇撼着这个世界，同时又被他们生活中的女人——他们的母亲、妻子和情妇——推动和摇撼着。可笑的是，圣伯夫有时也会出现在这些聚会中，就像一只蹲在窗台上的有毒的癞蛤蟆。难道那不是有失体面的事吗？显然不是：圣伯夫名气很大，又有权势，来自一个上等家庭，最重要的是，他是个男人，而不是情妇。

尽管雨果拥有进步的甚至未来主义的信念，但对他来说，体面仍然非常重要。作为一个理想的父亲，一个不可救药地深爱着儿时恋人的诗人丈夫，他已经确立起自己的好名声，绝不能宣扬那些玷污嘉誉的事情。他不会扮演那个被戴上绿帽的男人并要求跟对方决斗。雨果已经超越这些，比那种人更进化也更宽宏大量。他有一个不太隐秘的野心，希望进入法兰西学院。一旦进去，终身都是其成员。在那里，他有更好的机会实现自己的艺术和政治抱负。从青少年时代，"要么成为夏多布里昂，要么一败涂地"就是他的座右铭。如今，光是成为法国首要的剧作家、诗人和作家还不够。他想要的，是在政府高层谋得一个位置——担任部长或国王的特别顾问。如若不然，他怎样才能发挥其影响力，大力推动免费教育、普遍的投票权和女性权利，或消除贫困、奴隶制和死刑——更别提创造一个欧洲合众国了，他认为那是避免重蹈欧洲战争覆辙的唯一途径。

维克多·雨果在孚日广场的住宅和沙龙

雨果的社会议程吓坏了很多人，尤其是保皇党和民族主义者。他们问道，作为一个将军的儿子，他从波旁王朝的几位国王那里领取了津贴，还是路易·菲利普国王的宠儿，这个神童怎么会成为只手独力掀起革命的人？可是雨果至少比那个时代领先了一个世纪。那也是他在今天如此重要的原因。

朱丽叶待在黑暗中，从广场上抬头凝视，当时她还不知道这一切。不过，等到阿黛尔出城去和圣伯夫相会时，她也会进入雨果位于孚日广场的房子。后来，阿黛尔和圣伯夫都去世了，她也名正言顺地进入其中。

在朱丽叶首次偷偷摸摸地造访这里时，她是从前门还是那些秘密的仆人楼梯进入他卧室的，现在已经不得而知。那个供仆人出入的大门如今仍然通往地面层，还有一道后门通往庭院。现在，那个院子是一所公立小学的操场。雨果或阿黛尔曾经有多少次使用那个楼梯和后门呢？

在二楼，左边有一道没有标记的门，通往一个阴暗的小屋。里面摆满了家具，是在位于维克多·雨果大道的维克多卧室里找到的，1885年，八十三岁的他就在那里离开了人世。那张床用沉重而结实的暗色木头做成，是哥特式风格。那是一张单人床。阿黛尔和朱丽叶都比他先死，他的大多数孩子也是同样。在那张床旁边，靠着那堵离楼梯最近的墙壁，放着一张与众不同的书桌，是雨果用过的。

他在这张桌子上写出了《悲惨世界》(Les Misérables)、诗歌、戏剧和其他长篇小说。桌子由他自己设计,是那位给他做了大量家具的木匠做的,其中包括各式餐桌、书桌、椅子、橱子,甚至还有现在这套公寓里的木头镶板。就像几十年后的海明威一样,雨果在写作时喜欢面墙而立,至少有时是这样的,而且他使用一套独特的鹅毛笔,如今被这家博物馆珍藏起来,很少拿出来展览。我见过它们一次。雨果把它们放到一个画框里,六支短短的鹅毛笔,被磨损得很厉害,用一根绳子串起来,绑到一张皱皱巴巴的纸上,上面写着"《悲惨世界》之羽"。笔上的墨水已经干了,染在了那些羽毛上。

作为雨果四十多年的秘书,朱丽叶·德鲁埃的工作是准确地誊抄他的手稿。在抄写之前、期间和之后,她会给他写信——它们全都被保存了下来,这标志着雨果对她与众不同的爱慕。

现在,除非遇到紧急情况,任何人都不得使用雨果博物馆后部那些楼梯。不过,如果天气炎热,一名警卫有时会打开那些门,偶尔,在8月里一个令人昏昏欲睡的日子,如果游客很少,在松弛懒散的气氛中,假如你恰好站在附近,又像我一样好奇而又着魔,你或许会迈过那道门槛,踏上那个楼梯平台,上上下下地张望,然后花数月或数年时间思索:这就是那道"秘密楼梯"(escalier dérobé)?

如今，博物馆里有一个狭窄的小房间，用来展出雨果书中的插图或绘图作品，以及罗丹在19世纪80年代初为他创作的一尊青铜胸像。那尊胸像以典型的轻描淡写，致献给那位"杰出的大师"。显然，不论年迈的雨果走到哪里，罗丹都不得不跟着，手里抱着一本素描本，因为那位好动的杰出大师不愿坐下来再画一幅肖像，那是上百幅肖像中的一幅。罗丹创作的那尊胸像与众不同，这是一件特别精美的作品。他不但把雨果描绘得惟妙惟肖，而且还抓住了雨果的精髓，抓住了那些痛苦的精华，以及这个灵魂的高贵。雨果深深凹陷的眼睛目光锐利，他浓密的头发就像破碎的白色海浪，覆盖着他宽大的额头。

如今的餐室里摆满了更多奇奇怪怪的东西，以及黑色的仿哥特式或仿文艺复兴式家具，是雨果从他跟朱丽叶买的那些古物里收集的。他不会跟阿黛尔一起逛街买古物，只跟朱丽叶一起去。在那间主要的沙龙里，有两道落地窗俯瞰孚日广场。仿中式风格的镶板，以及在这里展出的那些俗气的碗、盘子和大浅盘，也是雨果在朱丽叶的帮助下制作的。如果仔细看，你会发现他的姓名首字母"V. H."被巧妙地隐藏起来，伪装成例如一个中国杂耍演员的影子和一把椅子。这位大师是非常自负的。

如果你像我一样，得知这些房间里和博物馆储藏室里的很多东西都是为朱丽叶做的，那么你会意识到她到底

罗丹及其为维克多·雨果创造的雕塑,爱德华·斯泰肯(Edward Steichen)作于1903年

还是获得了胜利,赶走了阿黛尔和其他人。当雨果从路易·拿破仑·波拿巴即未来的拿破仑三世手下那些警察手中逃脱时,正是她救了雨果,并跟着他流亡了二十年。最终,当阿黛尔去世之后,进入晚年的她公开地搬进雨果的公寓,也就是他后来与世长辞的地方。

当你夏季游览位于孚日广场的雨果故居,那些电扇朝你吹来一股股热风,它们的抚摸让你浑身起鸡皮疙瘩,这时,你会感觉抚摸你的是朱丽叶的手指,朱丽叶呼出的气息。

第二个沙龙证实了朱丽叶的大获全胜，但也暗示了另一个谜团。这个房间里挂着朱丽叶·德鲁埃绘于1827年的一幅肖像画，那是维克多遇到她之前的六年。她看起来年轻，富于魅力，容光焕发，似乎头发上缠着一条围巾，或者戴着一顶貂皮帽子，也有可能那只是她乌黑、浓密的头发。她的脸庞泛着红晕，就仿佛她刚刚跟这幅肖像的画家尚马丹做过爱，他也是朱丽叶的众多崇拜者之一。她那色如玫瑰的丰满嘴唇上露出顽皮的微笑，并不像蒙娜丽莎一般令人迷惑不解。可是那双眼睛，那是跟杏仁形状差不多的黑色大眼睛，却仿佛是从达·芬奇收藏于卢浮宫那幅代表作上搬下来的。你几乎可以听见这幅肖像画发出低语："我将从交际花变成本世纪最伟大的文学天才的缪斯。"

尽管这幅画很小，而且挂在一个角落里，但所有目光都会立刻被它吸引过去，通常掠过威严庄重的阿黛尔那幅等身肖像画，这幅巨大的肖像画拥有一个荣耀的位置，放在雨果年轻时的一尊雕像以及他和他们那些孩子的画旁边，其中包括不幸的莱奥波尔迪娜，她刚刚结婚不久就悲惨地死去了。

这里存在着一个谜团，大多数有关雨果生平的故事都会漏掉这一章。这里少了一幅肖像画，一幅重要的肖像画。在为此困惑了多年之后，我得弄清其中的原因。于是有一天，我约了个时间，爬到这座房子的顶层，来到那些牛眼般的天窗所在的楼层，也是雨果的私人办公室所在的地方，然后摁了一下门铃。博物馆的图书管理员将我迎进屋里，她是一位身材矮小、彬彬有礼且细心周到的女人，已经潜心整理有关维克多·雨果生平的档案几十年。

在倾斜的屋顶下，我们坐到一张长长的木桌旁，周围都是书架和档案柜，然后聊起浪漫和浪漫主义，聊起当时和现在的巴黎，聊起阿黛尔和圣伯夫、维克多和朱丽叶，我问她，作为一个女人而非历史学家，她私下里对维克多暴风雨般的生活，他的性生活，尤其是他接二连三的玩弄感情，有什么看法？我评论说，这位公众眼中的英雄过着充满谎言的私人生活。然而他却是法国男人的一个楷模，在他去世一百三十年后，他的名字每天都会出现在报纸杂志、电视和互联网上好几次，他的形象在巴黎无所不在，世界各地有几十处街道、广场、公园、礼堂和学校都以他的名字命名，他的戏剧仍在制作上演，他的长篇小说、诗歌和为剧院创作的作品定期复苏，被改编成舞台剧、影视剧、广播剧，他的素描和版画仍在展出，为了向他崇拜的作曲家致敬，还以他的名义举办了一些音乐节，等等等等。他很可能是有史以来最受尊敬且最有影响力的法国男人。他似乎是那么多法国男人无可争议的典范，如果是这样，那么阿黛尔虽然并非楷模，她是否至少是个能够生活在今天的典型的法国女人呢?

这位图书管理员平静地说,雨果或阿黛尔的生活没有任何方面让她感到困扰。确实,他过去和现在都无所不在,由于这个国家的教育体系,很可能在很多地方,尤其是法国,他或许都是很多人心目中的楷模,很可能是在潜意识里。他比阿黛尔更典型,不过,对于今天的法国女人,似乎雨果的母亲索菲·特雷比谢(Sophie Trébuchet)才是可资效仿的典范。她是个强悍的女人,直言不讳,甚至有些专横,无拘无束,敢于挑战她的丈夫——那位伟大的将军,并且把她真正爱的男人当作情人,而且独立养大了孩子们。在令人压抑的男性世界里,索菲追求并且找到了自由。在法国和其他地方,她的奋斗仍在继续。

这位图书管理员也赞成我很久以来就猜测到的那种现象:尽管这个国家表面上拥有一个父权制的统治集团,但秘密统治着国家的却是女人。女人管理家务,在家庭问题、商业和政治方面影响男人。而且,至少从墨洛温王朝那些中世纪的国王开始,一连串以无能著称的"长发"野蛮弗兰克人,就由一些特别强悍的王后和太后辅佐,在幕后统治国家。那是一千多年前的事了。不过,在这个古老的文明中,传统很难改变。那位图书管理员对此非常赞成。

"一个世纪之前的事就仿佛发生在昨天,"她思忖着说,

"浪漫主义并不遥远,它至今仍然生机勃勃。"

"那么雨果的第二位伟大情人是怎么回事呢?"我终于提出了这个问题,"那个没人提到的神秘女人,她差点取代了朱丽叶·德鲁埃的位置,为什么这里没有她的肖像?"

"你说的是莱奥妮·多内(Léonie d'Aunet),"图书管理员微笑着说,"比亚尔夫人。"

图书馆馆员指的是一个戴着头巾的美丽女子,她比朱丽叶小十岁,有着栗色的头发和聪敏的眼睛,跟朱丽叶不同,这个女人来自一个贵族家庭,是一个彻头彻尾的浪漫主义者和天才作家。我很快得知,莱奥妮·多内就像朱丽叶或雨果一样无所畏惧、坚定不移、满腔激情,他们之间秘密的情人关系维持了整整七年,虽然当时雨果仍然是已婚男人,而朱丽叶是他正式的情妇。

她是谁?在莱奥妮·多内还很年轻的时候,她嫁给了一个画历史风景画的学院派画家弗朗索瓦-奥古斯特·比亚尔(François-Auguste Biard),比她大二十岁。他很成功,喜欢冒险,但显然无法满足她。在19世纪30年代中期,他被派到斯匹兹卑尔根半岛去记录一次科学探险的功绩。让其他船员备感惊讶和愤怒的是,莱奥妮居然跟着去了。别想阻止她。她不仅在探险中幸存下来,而且朝气蓬勃,回来后写了一些旅行随笔、短篇小说、戏剧和长篇小说。若干年之后,在由大名鼎鼎的美女福蒂内·阿默兰

(Fortunée Hamelin)——巴黎最有名的交际花之一——主办的著名沙龙里,她吸引了维克多·雨果游移不定的目光。

当阿黛尔得知维克多新的恋爱兴趣之后,她感到了同等程度的嫉妒和激动:在与朱丽叶·德鲁埃的战斗中,她找到了一个盟友。阿黛尔没有回避莱奥妮,而是邀请她到自己位于孚日广场的家中来,甚至还雇用她。雨果夫妇俩在她的写作计划中提供帮助。除了幽居一隅的朱丽叶,巴黎的所有人似乎都知道这桩绯闻,包括莱奥妮的丈夫。他可不觉得这事好笑,也不像当时大多数被戴了绿帽的男人那样,对私通视而不见或要求决斗。他揭发了他们之间的关系。

比亚尔先生叫来了道德警察。当这对通奸的情人在尴尬与屈辱中被当场抓获后,甚至朱丽叶也知道了这件事——但并非全部真相。雨果对这件绯闻轻描淡写,朱丽叶相信了他。莱奥妮进了监狱,然后去了一所女修道院。维克多作为一名法国贵族,运用了自己的豁免权,得以免遭逮捕和迫害。他被释放了。这对情人的暧昧关系保持了下去,维克多对朱丽叶撒谎,耍花招避免了她的最后通牒。莱奥妮也要求他选择一名正式的情妇,赶走朱丽叶。于是他也对莱奥妮撒谎。阿黛尔把莱奥妮视为自己敌人的敌人,因此是她的朋友。她帮助和教唆莱奥妮。事实证明,莱奥妮工于心计且残酷无情。为了打破僵局,她拿出一束维克多的情书,用一条缎带将它们扎起来,然后寄给朱丽叶。

"是的,"图书馆馆员露出一副心知肚明的微笑说,"换做今天的法国女人,她们绝对会做同样的事情。"

这种关系中最突出的一点,是维克多在给朱丽叶和莱奥妮的情书和诗歌中反复使用相同的措辞,以及这两桩截然不同但同样充满激情的风流韵事让他振作起来、摆脱沮丧的方式。在跟朱丽叶的关系中,悲痛的根源是阿黛尔的不忠;在与莱奥妮的关系中,则是他钟爱的女儿莱奥波尔迪娜的早逝。

"莱奥妮那幅失踪的肖像画是怎么回事呢?"我问道。

图书馆馆员摇摇头。这算不上真正的难解之谜。在已知的莱奥妮肖像画中,只有一幅画得不错。那是她丈夫为她画的,跟比亚尔为路易·菲利普国王画的风景画一起,挂在凡尔赛城堡里。维克多·雨果博物馆确实根据一幅版画制作了一幅她的肖像画,不过由于它很容易受到损坏,因此从未展出。

至于掩盖雨果与莱奥妮之间情事的努力,这位图书馆馆员向我保证说,那种假装正经、道貌岸然的审查已经不在议事日程上——至少现在是不在了。一个世纪之前,雨果家族试图将莱奥妮排除在他的传记之外,但那种为尊者讳的徒劳做法已经是陈年旧事。学校会组织学生来这里参观,所有法国学校都会学习雨果的作品,法国学生了解有关雨果生活、作品和爱情的所有事情，没有任何细节因为不够体面而在分析中被排除掉，不过有关莱奥妮的故事仍然罕有人知。

我也惊讶地得知，从法律的角度说，通奸是一种能够被接受的正常行为。19世纪的很多资产阶级或贵族婚约都只强制要求双方在有限的时间里保持忠诚，通常是五年。从理论上说，这段时间足以让他们生出一名在遗传基因上可靠的继承人了，至少人们是这么认为的。为爱情而结婚在当时很罕见。一旦完成繁殖后代的任务，夫妻双方就可以逍遥自在了——不过也得谨小慎微，对女人来说尤其如此，她们必须小心翼翼。如今，在上层资产阶级和拥有爵位的贵族的世界里，事情并没有多少改变。偷情是法国的全民娱乐活动。

我继续说出自己的疑惑，在这家博物馆、法国国家档案馆或国家图书馆里，是否有人——某位学者、传记作家或记者——计算过雨果的情人数量。对于亨利四世和大仲马的情人们，人们就确定了她们的身份，并为她们编写了目录，对他们的私生子也是同样，不管他们是否获得承认。雨果有一些仔细而详尽的笔记，即他所谓的"私人笔记"（*carnets intimes*）。尽管是用西班牙文写的，但他的情人数量应该就记录在那里面。为了保密，他用西班牙文记录其性爱绯闻。

"据我所知,没人统计过他的感情俘虏并制成表格。"图书馆馆员说。"不过既然你提到那些笔记本,我们的存档里确实有个令人迷惑的案例,"她补充道,"一本笔记本,它的用意仍然是个谜。"

从 1873 年开始,雨果在一个笔记本里写满了账目、个人笔记和观察、名片以及肖像照片。那些照片和名片正是纳达尔和其他摄影师当时拍摄的那种。它们是否记录了雨果追求并赢得芳心的女人?我问。这会不会是一个唐乔瓦尼式法国花花公子的"目录咏叹调"(Catalogue Aria)?图书馆馆员说她不知道。除了逐行通读那本笔记本,并与他生活中发生的各种事情的日期相对照,似乎没有别的办法弄清这个问题。"这种事情的魅力就在于此。"她说。

一等那本笔记本被取出来,我就回到那家图书馆,我获得授权来参考它,而且见到了雨果那些著名的鹅毛笔。我充满渴望地看着那位图书馆馆员一页页地慢慢翻动那本笔记本,不时停下来,留出足够长的时间让我阅读那些摘录或片段,或者看看那些照片和名片,巴士和有轨电车的车票票根,重新流行的《吕布拉斯》(*Ruy Blas*)——雨果最成功的戏剧之一——的首演戏票,讣告和没完没了的小笔开销的记录,以及一些朋友——当然也有很多女士——的名字和地址。她们是否全都是他的感情俘虏?也许是吧,但也不一定。

这个笔记本跟一册小开本书籍差不多大,用染成深红褐色的厚巴萨尼皮革装订起来。我很快意识到,这是一本英国或美国式的剪贴簿,而非典型的法式笔记本,可能是雨果在海峡群岛(Channel Islands)流亡期间受到的启发,他应该会在那个地方见过这种东西。那里面并不是他那些情人的简单记录。其迷人之处在于他选择那些剪贴大杂烩的谜团,它们由一些用墨水画的小草图、压制的干花,姓名、地址、名片上的肖像,以及那些整洁且小得令人惊讶的蝇头小字组成。有些页面上点缀着一些墨水的污迹和少数被划掉的词语或句子,不过通常而言,虽然维克多·雨果使用的是那些原始的鹅毛笔,但他堪称精确的典范。每一页从上到下都写得满满登登,我忽然意识到,这是极度吝啬的表现。

在其中一页上,雨果写道:"我举杯祝愿共和制健康长寿,也举杯祝愿君主制病入膏肓。"下面画了一条线加以强调。那肯定是写于19世纪70年代,当时羽翼未丰的第三共和国几乎遭到毁灭,而最后一个波拿巴或冒充波旁家族的人差点登上王位。

住在圣殿泉大街(Rue Fontaines du Temple)的欧仁妮·吉诺(Eugénie Guinault)是谁呢?我想知道。

"一位小说家和民主斗士,她写了一部《乡村共和主义者》(*Un républicain au village*)。"图书馆馆员说。原来她也是一位乔治·桑那样的女权主义者。她的另一部著名作品是《法兰西女共和主义者和女性》(*La France républicaine et les femmes*)。雨果也跟她睡过吗？要弄清这一点，需要做大量调查，然后呢？

这个住在米罗梅斯尼尔大街（Rue Miromesnil）86号的让娜·艾斯勒（Jane Essler）又是谁呢？

"一名演员，也是个'*demi-horizontale*'。"她说。那个词的意思是交际花。让娜被安排扮演《吕布拉斯》里那位王后，她差点儿击败年轻的萨拉·伯纳德（Sarah Bernhardt）并赢得这个角色。然后发生了什么事？伯纳德厌恶地回忆起艾斯勒是个"粗鄙小人"，要赢得这个角色，她比没有名气的伯纳德更有优势。为什么？那个显而易见的谜底连我也猜得出来。

后来，雨果重新考虑了一下，要求伯纳德到他的私人公寓做一次"试角"。受到知情者的警告，这个迷人的年轻女子拒绝前往，就像其他人那样在剧院里试角。那时，他寻找战利品的欲望已经臭名昭著。最终她还是被老家伙雨果令人不可抵抗的魅力卷走，向她所说的这个"怪物"屈服了。她比雨果的年纪小了差不多四十岁。

"那个怪物很迷人，"她在自传中写道，"那么幽默又优雅，那么喜欢对女性大献殷勤，这种殷勤是敬意而非羞辱。他对地位卑微的人也非常好，而且总是那么快乐。"

萨拉·伯纳德摆出一个令人熟悉的姿势

　　图书馆馆员继续向前翻动那本笔记本，然后，仿佛变戏法一般，萨拉·伯纳德的名片出现了。

14 /

历史的馈赠

在位于玛黑区中央的塞维涅街（Rue de Sévigné），我有多少次在维克多·雨果中学附近停下脚步，欣赏卡纳瓦雷府邸（Hôtel Carnavalet）那道供马车出入的木雕大门呢？这座17世纪的宅子及其旁边的建筑是巴黎历史博物馆所在的地方，是浪漫主义的一处宝库，就像拉雪兹神父公墓一样珍贵。它是由朱尔·库辛（Jules Cousin）创办的，库辛接替夏尔·诺蒂耶担任军械库图书馆馆长，也是巴黎历史图书馆的创立者。就像他那些图书馆一样，库辛的博物馆也是完全浪漫主义的：是为活生生的历史建立的丰碑，是当前这几代人的保姆，也是未来的守护者。这座图书馆的布局同样是浪漫主义的，而且就像雨果的《艾那尼》一样难以理解或仿效。

卡纳瓦雷府邸庞大而辉煌，德·塞维尼夫人（Madame de Sévigné）曾经在此居住几十年。她是一位支持浪漫主义的大人物，于1626年出生在孚日广场，出生地就在那座国王亭阁的隔壁，维克多·雨果故居西边的第九道门。塞维尼家族的肖像悬挂在她位于二楼的私人公寓里。塞维尼夫人的丈夫是一位侯爵，年纪轻轻就为了维护玛黑区一位女士的声誉而在一次决斗中死去。他被埋葬在那个带有拱顶的小教堂的铺路石下，就位于我在那家灯罩厂顶上租住的没有暖气的公寓旁，距离博物馆有四分之一英里。侯爵安然长眠于那些修女、地位尴尬的女士、私生子和其他因难产而死的人旁边，据我估计，他举止温厚，甚至和蔼可亲。

虽然寿命不长，但他仍然给妻子留下两个孩子：一个一事无成的儿子和一个聪明伶俐的女儿，后者深得她喜爱。母女俩经常通信，有时每天都有书信往来。孀居的塞维尼侯爵夫人强悍、独断而俊俏，双唇弯曲如丘比特之弓，还有一头金色的鬈发，失去丈夫后，她很快从悲痛中恢复过来，活得快快乐乐。她比路易十四年长十几岁，但也曾与这位国王同床共枕，不过，享受这个荣耀的也有可能是她那位更加美貌、年轻的女儿弗朗索瓦丝·玛格丽特（Françoise-Marguerite），后来的德·格里尼昂伯爵夫人（Comtesse de Grignan）。侯爵夫人与伯爵夫人之间往来的书信被其继承人编辑，有一些信"遗失"了。体面的真相或许永远都不得而知了。不过，正如她那些幸存下来的数百封书信揭示的那样，在侯爵夫人漫长的一生中，她从内心深处遵从法国专制主义黄金时代——19世纪的几个复辟王朝试图重现那种辉煌——的私通与偷情习俗。

只需一点点想象力，你仿佛就能看见塞维尼侯爵夫人大大的淡蓝色眼睛从画框里注视着下方，透过厚厚的石墙，望着卡纳瓦雷博物馆入口处铺着鹅卵石的庭院。那里矗立着一尊精美的等身青铜雕像，属于她的情人，年轻且充满阳刚气的路易十四，这是从1789年大革命中幸存下来的他唯一原有的雕像。路易十四戴着假发，留着髭须，穿着一位古代英雄赫拉克勒斯式的服装，手执棍棒，身披狮皮。雕像没有描绘他忙着完成赫拉克勒斯的七项丰功伟绩。当时，他正在对付那些给天主教会以及他的王位构成巨大威胁的势力：新教。在16、17和18世纪，让法国恼怒的头号大敌是马丁·路德和他那些行家里手。在19世纪和20世纪则是犹太人。如今，伊斯兰和全球化让法国人的心里充满恐惧，对这个民族和这个世俗共和国的崇拜者构成显而易见的最新威胁。

在这里花一天、一周或一生的时间来享受巴黎前四千六百年的历史，是一件很吸引人的事情。从那些新石器时代的独木舟和古罗马废墟开始，它们在一个以前的温室里展出。从那里，沿着数个世纪的时光之河顺流而下，来到美好年代，时光在装饰艺术周围停滞下来。其他博物馆的展品来自更晚近的时代。这家博物馆里到处点缀着历任国王——例如好色的亨利四世——骑在马背上的浅浮雕雕塑，还有西岱岛和其他被拿破仑三世和奥斯曼男爵破坏掉的地区的三维模型。这里有咖啡馆的内部装饰、弧形楼梯、带有雕刻镶板的套间、举办沙龙的房间及其家具、供马车出入的宏伟大门和彩绘玻璃窗户等等。马塞尔·普鲁斯特的卧室也在这里，里面摆放着他临死前躺过的床。这里还有一整间在 1925 年粉刷的装饰艺术风格的舞厅，与之竞争的是一个完整的新艺术风格珠宝店，由阿方斯·穆夏（Alphonse Mucha）设计。所有这些珍贵的物品都被保留下来，硬塞进这家博物馆的展厅里，这种行为表现了对历史的重要性的信仰。

如果你忍痛离开这里，迈步穿过这些展览，爬上那些楼梯，来到二楼，再向东行，你会最终进入 19 世纪和浪漫主义时代，巴黎成为世界主要城市的时期。

如果这座城市的街道、建筑、店铺和其他博物馆尚未让你悟出法国人为何患有"新奇恐惧症"——对新事物的恐惧，以及美国人炫耀的"他从不回望……"为何让他们充满恐惧，那么卡纳瓦雷博物馆会让你明白过来。它会把浪漫主义的神秘性教给你，让你成为坚纽斯，一个在向前移动之前不断回头张望的呆笨旁观者。如果你不知道构成巴黎浪漫主义精华的人物、地点和事物都是何等模样——虽然如今那一切都已经逝去，或者难以辨认出来，但它们仍然在这里，就像军械库图书馆的地基一样，隐藏在看不到的地方——那么，从实用的角度说，卡纳瓦雷也会填补这些视觉空白。

就像外面那个真实的城市一样，没有按年代排列的顺序或强制性的路线带领你穿过卡纳瓦雷博物馆。这里没有路标为你指引方向，现代的博物馆惯例在这里也不适用。令人畏缩吗？根本不会！它那两座具有历史意义的城市住宅带有多个侧翼建筑，环绕五个长着苔藓的古老庭院，由一些楼梯和走廊通道连接起来，其中一条就像中国式拱桥一样跨越维克多·雨果高中，在这些建筑的三个楼层里，有六十万件展品在一百四十六个展厅里展出，穿梭其间，就像一场饶有趣味的障碍赛。这个博物馆以不止一种方式，反映了巴黎不变的本性，多年来，这个城市由众多居住区和村庄组合、碰撞、堆叠在一起而成，就像浪漫主义文学或这本书一样，拒绝与城市规划者合作，拒绝按照年代顺序提供开头、中间部分和结尾。

我最喜欢的方式是倒退着进入杂乱无章的 19 世纪，那是为巴黎提供动力也充斥着拙著书页的怀旧与浪漫之情的源头。我从大门向东款款而行，越过那所高中，横跨那间舞厅，穿过那家珠宝店，突然向左一拐，进入那个由一些狭小的房间和楼梯构成的套间，它们在地图上用深蓝色标了出来，也就是第 136 号至第 128 号展厅——我是按照递减顺序参观的。

你周围都是大约一个世纪之前的巴黎都市风景，那是一些描绘塞纳河、圣马丁运河、别墅、庄园、市政建筑、人物、公园和花园的绘画，还有一个系列生动表现了1871年巴黎公社暴动后，杜乐丽宫（Tuileries Palace）和市政厅（Hôtel de Ville）遭到焚毁后的废墟。在你左侧的第130号展厅，有几幅从地板直抵天花板的油画描绘了1870年普法战争和巴黎包围战中的几段著名插曲。坐在这个展厅中间的长椅上，面朝西墙，这面墙大部分都被一幅巨大的油画覆盖着，由雅克·吉奥（Jacques Guiaud）和朱尔·迪代（Jules Didier）的二人团队绘制。

这幅画的主题是政治家莱昂·甘必大（Léon Gambetta）乘坐气球离开蒙马特的圣皮埃尔宫，当时蒙马特还是一片尘土飞扬的土地，如今已是世界上最庄严的旅游景点之一。甘必大是摇摇欲坠的第三共和国临时政府首脑，那是在第二帝国崩溃后不久刚刚宣布成立的。他即将冒着失去生命和胳膊、腿的危险，离开巴黎，前往政府位于普鲁士战线外的临时驻地。那些等待着他的巨大棕色气球看起来摇摇晃晃，如同一对圣诞树饰品上下颠倒地落入发网里。一些士兵拉着绳子，把气球往下拽。几个驾驶气球的人漫不经心，对这样的高度或天气毫无准备，穿着平时上街的衣服，其中一个还戴着一顶大礼帽。普鲁士人将用步枪与大炮朝着他们开火。如果他们被抓住,将被当作间谍就地处决。

这幅画漏掉了一个关键人物——至少我没找到他——那就是费利克斯·纳达尔。这些气球是纳达尔帮助军队弄到并装备起来用于飞行的。邮局的官员在上面释放出一些载有首批单片缩微胶片的信鸽。它们记录下的每一幅轻如羽毛的影像,都是敌军战线外的法军需要的数百份档案之一。

那些鸽子和甘必大突出了重围。纳达尔和另外一百万人——包括维克多·雨果和泰奥菲尔·戈蒂耶——却被困在了重重包围之中的巴黎城里,在普鲁士人长达四个月的围困中,在几乎没有食物或燃料的情况下,设法生存了下来。那是巴黎五十年来最寒冷的秋季和冬季。随着包围结束,法国最暴力的革命之一巴黎公社爆发了。在"血腥之周"的一个星期内,就有一万七千名公社社员和数百名平民及政府士兵在挨家挨户展开的战斗中死去。具体的尸体数量从未得到证实。就像在1848年一样,数千具尸体被扔进塞纳河,那条最最浪漫的河流。它的河床上必定铺满了累累白骨。

巴黎被普鲁士的大炮炸得支离破碎。到了春天,凡尔赛的第三共和国政府中一些反动分子派出士兵,让巴黎遭到炮轰与蹂躏。然后,指挥巴黎公社的少数狂热的无政府

1871年巴黎公社暴乱中的一处街垒,图勒·德·图尔斯特鲁普（Thure de Thulstrup）作

主义者又在这里纵火焚烧。他们试图通过暴力斗争恢复第二帝国期间膨胀起来的寡头政府。它从那些寡头手中接过了路易·菲利普那个古老的政权和统治。一些大亨通过乔装改扮，顺应时代潮流，大发横财。巴黎公社失败了，正如阿方斯·卡尔在1848年说过的那样，世界变化越大，其中那些保持不变的就越多。

在第128号展厅，你可以从最右边的一面墙上欣赏到1860年的一幅画，画中描绘了拿破仑三世签署"市镇合并计划"的情景。这使得巴黎合并了周围那些偏僻的居住区和村庄。它们成为现代巴黎外围的一些区,包括我曾经在洛吉耶路住过的第17区。那个可憎的小独裁者被雨果称为"小拿破仑",他看起来一副皇帝的派头,戴着红色的绶带,穿着红色的裤子,领子、肩膀、腰上和袖口上满是黄金装饰,右手握着一支鹅毛笔。他下巴上垂着几缕尖尖的胡须,还有一个显眼的鼻子,把人们的注意力从他那双毫无活力、小如黑豆、紧紧挨在一起的眼睛上吸引开,那是一双善于变形、颇有几分狡黠的骗子的眼睛。他左手举着那份声明,递给奥斯曼,那个冷酷无情、野心勃勃的"塞纳省省长",而后者穿着银光闪闪的衣服,恭顺地向前俯过身来。

对于一个汲汲于启示录般毁灭性破坏的人来说,奥斯曼年轻得令人吃惊。他的面颊和下巴上没有面须,但脖子上却有一些剪得短短的奇怪胡须。这两个人身上都流溢着自负。对于经过净化、重建的巴黎,也就是我们现在通常所说的"光之城",他们是它的两个父亲。他们破坏了那些古老而危险的城区,摧毁了那些恶臭难闻的中世纪街区,里面住满了搞颠覆阴谋的无产者,而那些地方的魔力正是雨果在《向破坏者宣战》(War on the Demolition Men)、《巴黎圣母院》和《悲惨世界》中歌颂过的。雨果对拿破仑三世的憎恶丝毫不亚于拿破仑三世对雨果的憎恶。我想知道,

作为"破坏艺术家"的奥斯曼(承蒙布朗大学图书馆惠允使用本图)

奥斯曼在琢磨如何有利可图地驱逐三十万个家庭

志得意满的拿破仑三世,长着一双猪眼睛,留着髭须,戴着勋章

当那个独裁者通过碾碎雨果热爱的城市风景来碾碎那位流亡中的诗人时,他是否感到沾沾自喜。

在第二帝国时期,大约两万五千座拥有数世纪历史的房屋、几十条街道和整个的居住区都从巴黎的地图上抹去了,超过三十万个家庭流离失所,而那些新的林荫大道和宽敞大街,新的雄伟建筑、火车站、教堂和交通环岛,以及数千座供新兴资产阶级居住的房屋取代了它们的位置。他们彻底改变了巴黎,在表面上让阿方斯·卡尔那句话成为谎言。不过,对卡尔那个复杂的定律来说,这不过是字面上的肤浅阐释,因为最终,"世界变化越大,其中保持不变的也就越多"。

如果这就是其推动者所说的现代化,那它为何没有让那些进步论者和现代主义者振作起来?拿破仑三世激进的城市更新计划不过是一件光鲜的外衣,下面隐藏的真正意图是控制群众,驱逐那些不受欢迎的人。

"现代性短命、无常而具有偶然性,"夏尔·波德莱尔写道,"它的一半是艺术,另一半是那些永恒的、一成不变之物。"

看似永恒、一成不变的巴黎所遭到的破坏让波德莱尔获得灵感,把他最动人、忧伤的一首诗歌《天鹅》献给雨果:

> 古老的巴黎已经逝去。
> 人心固然多变,却不及这座城市面容变化速度之半。
>
> 一个寒冷的早晨,
> 我曾在一座禽类市场过去所在的地方,
> 看见一只天鹅逃离牢笼。
> 它缠绕着网子的双脚

> 在鹅卵石上笨拙地踩过，
> 白色的羽毛在布满尘土的崎岖车辙中拖过，
> 它的喙在水沟中漫无目标地啄寻食物……
>
> 巴黎或许会变化……但我的忧伤依旧，
> 崭新的建筑，古老的街区化为传说，
> 记忆比石头还要沉重

有一个比石头更沉重的客观对应物，矗立在卡纳瓦雷博物馆的同一个展厅中央：那位从未登上皇位的皇太子华丽的婴儿床，他是拿破仑三世和欧仁妮皇后的儿子。他在第三共和国处于婴儿期时早早死去，使得拿破仑王朝再次篡权的可能性化为乌有。

一道宽宽的石砌楼梯通往下面的各展厅，里面挂满了那些伟大的浪漫主义者的肖像画，就像一个陈列嫌犯肖像的房间，虽然不如费利克斯·纳达尔的那个纯粹，却也同样引人入胜。在下楼之前，先在楼梯间停下脚步，看看这里挂的那些绘制的巨大全景图，它们显然启发了纳达尔，使得他开始乘坐气球探索。这些全景图是从俯瞰的视角画的，仿佛那位画家也待在一只热气球的筐子里——其中确实有一只气球。它们描绘了1852年和1853年的巴黎，在拿破仑三世重建这座城市之前。从画中可以看到高耸的巴黎圣母院及其新建的高高尖塔,还能看到艺术桥,如今这座供人步行的著名桥梁上缀满挂锁。在画家所在地点的下方,是塞纳河的码头,而混乱的玛黑区从市政厅向东延伸,直抵远处的巴士底柱。玛黑区和圣路易岛属于少数幸免"被奥斯曼化"的巴黎居住区。那是不是它们如此迷人、备受追捧的原因?它们或许是巴黎最受热爱、最罗曼蒂克的地区了。

在这个楼梯间以及下面的八个展厅中,你会在无意中

在绝境中幸免于难的桑氏府邸(Hôtel de Sens),J. 加万(J.Gavin)作

染上临床心理学家所谓的"司汤达综合征",过多的文化、美和历史,会让敏感的人陷入情感的深渊中。卡纳瓦雷府邸没有司汤达的画像——它悬挂在凡尔赛城堡里,距离莱奥妮·多内的画像不远。

当你朝着东北方步行穿过这座博物馆时,你会邂逅那位令人惊艳的女演员拉谢尔,她看起来就像一只暹罗猫,曾经获得维克多·雨果短暂的喜爱,纳达尔还给她拍过照片。社会名流德尔菲娜·盖伊·德·吉拉尔丹(Delphine Gay de Girardin)也在不远处,她也是包括雨果在内的很多人的情妇;然后是文学缪斯厄涅丝塔·格里西(Ernesta Grisi),泰奥菲尔·戈蒂耶的终身伴侣,美丽的朱迪丝·戈蒂耶的母亲,朱迪丝是维克多最后热爱的女人之一。

你会看到军械库图书馆沙龙里那些熟悉的面孔注视着你。他们当中包括阿尔弗雷德·德·缪塞,画中是他年轻时候的样子,看起来更像个女孩而非男人,然而他注定会成为跟奥林匹斯山诸神相当的多情种;另外还有欧仁·德拉克洛瓦,一如既往地阴沉、严厉和忧郁。在德拉克洛瓦旁边望着你的,是像小鹿一样羸弱的爱丽丝·奥兹(Alice Ozy),著名的交际花,也是雨果的另一个俘虏;然后是充满热情的玛丽·德·阿古,弗朗茨·李斯特的女友,化名为丹尼尔·斯泰因的小说家,手里拿着一本书。在她身边,从墙上跃跃欲出的是她英俊的情郎——李斯特很英俊——由亨利·勒曼创作的那幅著名肖像画。这位钢琴家的热情几乎让人无法忍受,他苍白的面庞和那向后披散的浓密黑发似乎将猫头鹰和吸血鬼融为一体。

不过也别忽视热拉尔·德·内瓦尔,他不幸福,也没人爱,歪着脑袋和眼睛,被一种愉快的忧郁衬托得栩栩如生。要理解当时的浪漫主义和今天的浪漫,他都是关键人物之一。一幅可爱的小型城市风景画展示了内瓦尔居住的雾堡(Chateau des Brouillards),它至今仍矗立在蒙马特高地的山坡上。

阿默兰夫人的画像尤其被收入我的"私人笔记",里面记录了我最爱的艺术品。这位美艳的名妓一头鬈发,骄奢淫逸,就是她把维克多·雨果介绍给了莱奥妮·多内——不过那也是在她自己与他共享鱼水之欢后。

在抵达那座经过再次改建、塞满古董的温室之前,19世纪的最后一个展厅里挂着更古老的绘画。它们在帝国和浪漫主义之间架起一座桥梁。年轻的雷卡米耶夫人(Madame de Récamier)优雅得令人销魂,以她应有的姿势斜躺在画布上,她因为跟每个进入她房间的男人——包括夏多布里昂——睡觉而闻名,而且至少还跟一位著名的女人睡过,那就是斯塔尔夫人。长得像个男人的斯塔尔夫人是拿破仑一世的灾星,这位令人惊叹的女学者可能是第一个使用"浪漫主义"一词的人。

作为最后的致敬,抬起你的目光,看看号称"拿破仑大帝"的拿破仑一世皇帝的肖像,这个身材矮小的科西嘉人利用自己的军事才能,将欧洲的旧秩序整个颠倒,无意中将法国变成浪漫主义的核心地带。他的旁边悬挂着塔列朗(Talleyrand)的画像,他就不用介绍了。作为有史以来最著名的政治变色龙之一,据说他也是欧仁·德拉克洛瓦秘密的生父。在你下到地面楼层时再看看那位画家,他们的模样相似得令人惊讶。

在你离开卡纳瓦雷博物馆之前——如果你能找到出去的路——不妨再次停留片刻,找找巴尔扎克的肖像画和漫画。其中有一幅朦胧而直率的油画挂在一个圆形的画框里,描绘了这位长篇小说家年轻时的模样,精力旺盛,一如往常地穿着黑衣。另一幅是在巴尔扎克拍下他已知唯一的银版照片——他害怕照相机摄去自己的灵魂——之后画的。这幅画描绘了他已经变得臃肿、衣冠不整的样子。保存在浪漫主义时期各展厅里的几幅漫画更好地捕捉到了他的精髓。

其中一幅漫画把巴尔扎克、大仲马和雨果描绘成乞丐,祈求法兰西学院准许他们加入。而最著名的那幅漫画则描绘埃米尔·左拉(Émile Zola)向巴尔扎克的一尊胸像敬礼,后者也向他还礼。好斗的左拉写过《巴黎的胃口》

(*Belly of Paris*）和《我控诉》(*J'accuse*)，是巴尔扎克的精神后裔，不过他那种语气强势、富于鼓动性的写作方法或许并不能取悦他那位大师。

15 /

巴尔扎克的玛黑区

奥诺雷·巴尔扎克虽然出生在外省,是一个野心勃勃、自恋而冷酷的暴发户的儿子,但在成长期间,他曾到几所单调乏味的寄宿学校和玛黑区的查理曼中学(Lycée Charlemagne)学习,后来又在莱迪吉耶尔大街9号一所漏雨的房子里勉强维持生存,那个地方距巴士底广场仅几个街区。

在我搬进自己的新办公室后,有一年或更多的时间,我都会在等待电梯时花上几分钟的时间幻想,注视着下方,想知道是谁在巴尔扎克的房间里居住或工作。那个房间的天窗是哪个呢?右边更靠近圣安托万路的那个吗?年轻的女士接二连三地从那些房间里飞快地进进出出,更是增加了其神秘感。经过一年的蛰伏之后,我恢复了对巴尔扎克的兴趣。有一天,在我经常光顾的那家位于塞纳河畔玛丽桥(Pont Marie)附近的书摊上,我窥见并抢到一本旧书,是那位作家的传记。它上面积满灰尘和霉斑,那些容易剥落的橘黄色书页尚未裁开。我匆忙回到自己的办公室,切开封面,开始裁开更多的书页。不过那本书散架了,巴尔扎克的一生在我手指间化为齑粉。

然后,我在一本有关巴黎街道的权威历史著作中偶然看到一个词条。它结束了我的猜测,明确指出莱迪吉耶尔大街上的门牌号在19、20世纪之交前后变动过。巴尔扎克住过的房子远比我以为的那个地方更靠南,靠近塞纳河,而且,为了给那条将塞纳河畔与巴士底连接起来、笔直而宽阔的亨利四世大道腾出空间,它已经被拆毁。

我感觉仿佛有人朝我头上泼了一桶冰冷的塞纳河水。我打了个冷噤,在等电梯时转过身,背对那扇窗户,就像我经常感觉到的那样,为房地产开发商的暴力而悲伤,他们以进步、卫生,或者现代的名义,阶段性地毁掉古老巴黎的一部分。这是浪漫主义时代的一个传统,至今仍保持活跃。

另外有一天的傍晚,当我到圣路易岛上去做锻炼时,我从巴尔扎克曾经就读的学校路过,它位于孚日广场以东一个街区的杜纳雷路(Rue des Tournelles)上,靠近这座城市最大的犹太会堂。在亨利四世大道和军械库图书馆附近一个枝繁叶茂的码头上,我忍不住想起,在我发现巴尔扎克的阁楼已经消失这一讨厌的事实后,那所图书馆的馆长布鲁诺·布拉塞勒说过的一句话。

"有时候,"他评论道,"有些事还是不知道为好。"

他温和而忧伤地说出那句话,但也带着暧昧的微笑。他说"不知道为好"是什么意思?他的意思是知识乃不幸与失望的根源吗?也许他的意思是我的追寻将在泪水中结束,而拉开窗帘,露出那位浪漫主义的巫师、巴黎的巫师,就会破坏那种魔力,打碎那些支撑生活的神话。

显然他只是开玩笑。按照定义,无知从来就不是什么天赐之福,至少在这种文化中不是,因为在这里,聪明才性感,"知识分子"是一种职别,而哲学家管理政府各部门、制作电影或撰写畅销书。按照受到鄙视的级别来说,只有盲目信仰比无知或乐观主义级别更低,后者是法国人的致命伤,一种让有思想的巴黎人无法忍受、疯狂的积极世界观。在这个好战的世俗和怀疑主义社会中,盲目的宗教信仰是为极少数处于边缘的信徒保留的,受到尊崇的神灵是无情的理性主义和阴暗的悲观主义。它们之所以成为英勇的神灵,是因为它们已成为存在主义的精神构想和抽象基础,而且它们完全是人造的,就像一种文明或一座城市那样。知识摧毁了天赐之福,造就了忧伤。不过,在巴黎,忧伤很久以来就受到珍视。这是有智慧、有思想的表现,而且存在于浪漫主义和浪漫的根源中。

当我朝圣路易岛走去时,我满意地微笑起来。旧式的街灯投下它们特有的朦胧光线,营造出古色古香的氛围,这种令人怀旧的浪漫情绪,是巴黎的大师级灯光设计师们为了让人想起旧日时光而精心制造出来的。这不是明亮的乐观之光,而是忧郁之情的客观对应物,是永远的蓝色或忧郁时光(*heure bleue*),也就是法国人所说的薄暮或黄昏。

就像我在夜幕降临时的散步途中经常做的那样,我望着那些像舞台布景一样被照亮的店铺、餐厅以及顶楼公寓思索着。不,在巴黎没有什么是偶然产生的。无知不会带来天赐之福,在法国是不会的。

我在无知、天赐之福和忧郁上思考得越多,我的脑子就越是围着巴尔扎克转到军械库图书馆,然后回想起自己在2013年首次读到的一项有关法国人的研究。它在世界各地掀起一阵阵热潮,当然只有巴黎除外,在这里,人们只是对它耸耸肩而已。一位名叫克劳迪娅·塞尼克(Claudia Senik)的科学研究者炮制出"法国特色的忧愁"一词,长久以来,我都把它当作"巴尔扎克-波德莱尔综合征"。

就像很多法国人一样,巴尔扎克和波德莱尔不害怕追求幸福,却害怕获得幸福:福兮,祸之所伏也。在写到巴尔扎克不相信任何一帆风顺的事情时,戈蒂耶说,"美好得令人难以置信"。但是,正如其他人曾经指出的那样,这个绰号也同样适用于备受痛苦折磨的波德莱尔,那位描写阴暗的恶之花的诗人。

简言之，塞尼克的研究暗示，法国人在不幸福的时候是最幸福的。其中的原因有很多，多得在一本书里都容纳不下。正如塞尼克告诉《纽约时报》记者莫琳·多德（Maureen Dowd）的那样，"我们的幸福功能有点缺陷，它真的存在于法国人的基因组里"。

我在办公室里重读那份研究，一边标出重点和做笔记，一边点头、惊呼。根据塞尼克的研究，移居法国的人——包括笔者——并不会拥有本土法国人的忧愁。因此，就像众多并非无法归纳——反而需要归纳——的事物一样，这个忧愁问题是本土法国人所特有的、与众不同的现象。心理和文化因素比经济因素更重要——在那项研究中，"幸福"是无法用GDP来衡量的。显然，这种法国独有的病无关乎经济衰退或失业率长期居高不下，无关乎最近二十年从北非和东欧涌入法国并激怒民族主义者的大规模移民。

"法国人对生活的满意度低并不是最近才有的现象，"塞尼克指出，"自从有连续统计数据存在以来，就一直如此。"

我怀疑它比连续统计数据存在的时间要久远得多。当我在20世纪70年代中期第一次来巴黎时，它无疑已经显而易见，如今，它就像猛烈的酸雨一样刺痛着那些敏感者的皮肤。

"这是一个与过去截然不同的巴黎，"1922年4月15

日,初来乍到的厄内斯特·海明威在发表于《多伦多星报周刊》(*The Toronto Star Weekly*)上的文章《巴黎的粗鲁》("Parisian Boorishness")中写道,"曾经,法国人因其令人愉快的绅士风度、和蔼亲切和出自本能的殷勤好客而闻名于世。"

那个"过去"是什么时候?反正不是福楼拜、巴尔扎克、波德莱尔或雨果的时代。很可能它从未存在过。

即便是最熟练的悲观主义者所做的最糟糕的预测,放在法国人身上也会失效。在对未来的期望值方面,法国通常比伊拉克或阿富汗的得分都要低。按照欧洲标准看,精神疾病、抑郁以及抗抑郁药的使用在法国都"高得出奇"。自杀在现实生活中就像在巴尔扎克的小说中一样普遍。

政府和很多类似研究的统计数据显示,法国的离婚率超过50%;在年轻人尤其是女性中,吸烟的人都比以前更多。狂欢酗酒、大剂量的吸毒以及在公共场所妨害治安的行为也在上升。

对此无须惊慌。当我思考这种研究时,我认为它似乎只意味着一件事情:虽然按照其他国家甚至法国自己的标准,法国人是不幸福的,但这种独具法国特色的忧愁是永久性的,而且为一种隐秘的快乐和满足提供了源泉。例如,这种挖苦式的忧愁并没有阻止巴黎人保持浪漫或追求爱情,而作为世界上最迷人的城市之一,他们脾气恶劣的服务必定也成了这个令人困惑的地方令人着魔的原因之一。

"我想象不出一种不包含忧郁的美。"波德莱尔写道。

巴尔扎克更甚。"你的忧郁是一种魅力,你的忧愁是一种吸引力。"他吟诵道。

每个法国男人、女人和孩子都会背诵纪尧姆·阿波里奈尔的《米拉波桥》(Le Pont Mirabeau),它歌唱"La joie venait toujours après la peine"——悲伤之后总是跟着快乐。

你好,忧愁!难怪弗朗索瓦·萨冈(Françoise Sagan)的《你好,忧愁》(Bonjour Tristesse)成为一部现代经典之作,而畅销长篇小说家阿梅丽·诺冬(Amélie Nothomb)最近出版的《幸福的怀旧》(La Nostalgie heureuse)也是研究忧郁的。在法国最受欢迎的广播电台"France-Inter"上,最流行的夏季节目是"疗治忧郁"(Remède à la mélancolie)。需要好多页的篇幅才能列出那些围绕"幸福的忧愁"这一主题的长篇小说、戏剧、电影、电视剧、广播节目、新闻或博客文章,它是狂飙突进运动的直系后裔。

除非往饮水中添加维生素D和选择性地抑制5-羟色胺吸收的物质,或者实施基因疗法,否则那种时代精神就不可能改变,是吧?

黑暗的忧郁并非法国人所独有:不管在什么地方,这都是那些具有创造性的天才——尤其是天才诗人——的珍馐。忧郁和怀旧密不可分。但很少有其他文化如此深情地盘踞在黑暗与消极之中,并如此崇拜恶之花——不管怎么解释那种"恶"。古代高卢人崇拜消极、死亡和黑暗之神冥王,而且,当今巴黎人这些前罗马时代的祖先是用夜晚而非白昼来计算时间的,我不知道联想起这些事情是否扯得太远。

要说服自己,你无须上溯到两千年前。在按照法国标准相对晚近的启蒙时代,宗教和神话就遭到攻击,损失惨重。而对理性的崇拜就在启蒙时代产生,也给1789年大革命提供了动力,到了19世纪和所谓的现代,如果说浪漫主义是阳,那么它就是阴,在20世纪中叶,它也成为存在主义的精华。同为巴黎产物的存在主义,是在丹麦哲学家瑟伦·克尔恺郭尔(Søren Kierkegaard)的启发下产生的,并被受过良好教育的法国人采用。而克尔恺郭尔就是一位彻底的忧郁浪漫主义者。

一方面,浪漫主义的精华、精髓和产物是对不再坚信的信仰和君权神授的渴望,另一方面,又是对没有上帝、国王或确定性的理性英雄主义的渴望。对波德莱尔所说的"现代英雄主义"亦即个人英雄主义的信仰,不单在浪漫主义时代是一种主要成分。在二元的法国精神中,英雄崇拜取代了宗教,类似的对立力量无所不在,而且在严阵以待中时刻保持平衡。在当代社会,那种对立力量体现在法国具有对抗性和惩罚性的残酷教育系统中,这个系统要求孩子们从学龄前就开始挑战自我、彼此竞争；它也体现在这个国家那些彼此针锋相对、势不两立的政党中，它们反映了几个世纪之前就已存在的裂痕。制造不和的茶党致力于故意阻碍法案获得通过，对美国来说是一个新事物，但其对应物在法国一直存在。

你以为意识形态时代已经死去。或许在其他地方是这样。但法国的各种派系覆盖了整个政治光谱，从信奉新法西斯主义的国民阵线，到信奉放任主义、中间偏右的社会党人，乃至换汤不换药、态度强硬的共产主义者和左翼的极端主义者，后二者在戴高乐阵线的旗帜下联合起来。绿党和一大堆其他小政党很高兴躲藏在这个国家的指甲下。基于妥协与合作的两党制在美国因为极端的右翼激进分子而土崩瓦解，它也绝不可能在法国生效，原因很简单，不同的观点差异太大，而且人们过于热情地投入到那种强烈的争执中。一个由包罗甚广的不同政党构成的系统就算能够勉强形成，也会在几天之内彻底翻转，烟消云散。

还记得那个"法国悖论"吗？它过去的意思，是指本地人虽然无节制地狂吃鹅肝、畅饮红酒，但这种饮食习惯却带来了长寿、瘦削的身材、强烈的性欲和完美的健康。这是一个神话。真正的法国悖论是精神上，而非生理上的。这里的很多人虽然对其他文明中的信仰和神话旁观者清，但似乎对自己的那些东西却当局者迷。别人所说的美国梦被法国人称为美国神话。然而外人不用费多大的劲儿就认识到,法国那种由自由、平等和博爱构成的世俗三位一体,至少也与据说是产生于错觉的可悲的乐观主义美国神话一样,是梦幻、神话,而且也已经破产。

事实上,大多数主流的法国人虽然非常清楚他们的理想无法实现,却有意识地决定按照这种无法实现的理想来生活。他们在深奥难懂的操作系统层次上,以两害相权取其轻的方式,对待自己的世俗三位一体,并对它们加以珍爱。尽管在交谈中会不可避免地对其加以取笑和冷嘲热讽,以显示自己久经世故,不过,当法国人用法语说出这三个词时,它们就不仅仅是空洞的口号了,正如很多相信美国梦能够实现的美国人,不管面对什么挑战,都对那种美国梦及其无数化身抱以乐观主义的态度。

随着我逐渐靠近玛丽大桥,闻到翻滚的塞纳河水的气味,我意识到有一连串的事情,引导我从巴尔扎克那座已经消失的阁楼向前穿过这座城市铺着石块的人行道,又向后通往浪漫主义之痛的核心——通往巴黎浪漫身份的核心秘密之一。

我想到的并非德·萨德侯爵或马里奥·普拉(Mario Praz)笔下的"痛苦",而是法国人作为一个整体的内在精神圣殿之苦。那座圣殿建立在令人苦恼的悖论原则之上。简单地说,那种原则就是:如果没有那些必不可少的复杂性、模糊性和显而易见的矛盾性,那么多人觉得如千层饼般美味可口的巴黎可能今天就不会存在。

如果继承巴黎的民族信奉实用主义和乐观主义,认为变化是可能的、能够做到的,而且向前看,崇尚阳光、健康与漂白的牙齿,那些老得已经发霉但又迷人的历史又怎么会幸存下来?因为它既不实用,也无利可图,而且阴暗、臭气熏天。

在我脑海里,有关巴尔扎克的想法就像从塞纳河上漂过的残渣一样浮到表面上来。巴尔扎克笔下的人物有好几十个生活在中产化之前干劲儿十足的玛黑区,以及阴郁、潮湿的圣路易岛上。而在现实生活中,这位作家不仅在军械库与维克多·雨果或夏尔·诺蒂耶之间有过几次至关重要的邂逅,而且也遇到过戈蒂耶以及那位聪明又古怪的局外人波德莱尔。

圣路易岛北端的安茹码头(Quai d'Anjou)29号至今仍矗立着一座宅子,巴尔扎克和戈蒂耶与夏尔·波德莱尔在此度过了一些时间,开阔了自己的视野。在宅子的一扇嵌在板岩屋顶上的小小天窗后面,波德莱尔度过了自己最狂热而且在知识和艺术方面最多产的岁月。那座宅子就是洛赞公馆(Hôtel de Lauzun)。在巴尔扎克和波德莱尔的时代,它叫匹莫丹公馆(Hôtel Pimodan),是一个"医学"圈子——印度大麻俱乐部(Club des Haschichins)的总部,它那些吞云吐雾、大吃大喝的老主顾是巴黎艺术界和文学界的先锋，包括大仲马、德拉克洛瓦、热拉尔·德·内瓦尔、杜米耶、阿方斯·卡尔、画家托尼·若阿诺、福楼拜、雕塑家雅姆·普拉迪耶和其他很多人。一架秘密楼梯将俱乐部的聚会室与波德莱尔和其他人位于顶层的公寓连接起来。就像波德莱尔位于蒙帕纳斯的坟墓和那块令人毛骨悚然的纪念碑一样，这座宅子如今也成为一些人的世俗朝圣地。

为什么？因为没有哪个法国作家、艺术家或知识分子——不管是巴尔扎克、雨果、普鲁斯特、萨特、热内还是加缪、福柯、博德里亚，更别提保罗·魏尔伦（Paul Verlaine）、兰波、克洛岱尔或马拉美——像夏尔·波德莱尔那样，用自己的个性给巴黎的精神打下了这么深的烙印。记住他的座右铭："我想象不出一种不包含忧郁的美。"

BAUDELAIRE'S ISLAND

第三部

波德莱尔的岛屿

在那些被烈焰风潮点燃的夜晚

16 /

忧愁中的浪漫

我是在20世纪60年代和70年代的美国,伴随着"从一个热带港口登上一艘小船开始一次致命旅程的故事"而成长起来的,对于我这代华而不实、笑声千篇一律的人,"吉利根岛"[1](Gilligan's Island)和夏尔·波德莱尔那座与世隔绝、高耸于山巅上的城堡之间,似乎有着难以逾越的文化鸿沟。但事实并非如此。

波德莱尔以自己独具个性的方式成为一个流浪者。在被继父逐出巴黎后,他也曾出发探索热带,踏上一艘开往加尔各答的船。暗地里,他很高兴逃离那个残缺家庭及其令人窒息的资产阶级圈子,逃离那种没有爱的生活。但由于他在旅途中境况悲惨,因此也渴望回国,渴望获得拯救和关心。结果他却流落到塞纳河中的一个岛屿上,当时那是一个贫民窟,就像一个黑洞,跟旺多姆广场(Place

---

[1]《吉利根岛》是美国著名的情景喜剧,1964年首播。——译注

Vendôme),跟他那位富有、圣徒般的母亲冰冷的怀抱,有着霄壤之别。后来,他把自己流放到一个想象中的僻远之地,那是一个怪异的花园装饰建筑,位于一个隐喻的群岛上,是一个存在于头脑中的堪察加半岛。它被阿黛尔·雨果那位心怀敬慕的朋友、野心勃勃且无处不在的文学批评家圣伯夫称为"波德莱尔的装饰建筑"。

凭借自己超级智慧的复杂性,波德莱尔将情景喜剧与肥皂剧的整套人物的主要特征结合起来。他同时兼具天真、厌世、学者派头十足、傲慢、任性和戏谑的矛盾和做作——却绝不会演得过火,因为他痛恨夸张。就像百万富翁瑟斯顿·豪威尔三世(Thurston Howell Ⅲ)一样,他也是一个富有的花花公子。

如今,一个在政治上偏右、毫不留情的批评家,如果像波德莱尔那个时代的批评家一样,发现他执拗而放荡,或许会情不自禁地把他描述成叛逆的富家子弟,有态度的乖乖男孩。

没有什么是无中生有的。艺术源自艺术而非生活。金钱与机遇也以差不多同样的方式运转。波德莱尔拥有很多优势。他年迈的父亲富有而博学,在夏尔还是个孩子时就去世了,死后留下一大笔财产。他年轻的寡母改嫁给了一个职业军人,一个野心勃勃、冷血、纪律严明的中校,名叫雅克·奥皮克(Jacques Aupick),跟她保持亲密关系已经有一段日子了。这个颇有闯劲儿的反动分子很快爬到陆军元帅、全权公使、大使和上议院议员的位置上，就像塔列朗、雷奥波德·雨果和其他身段柔韧的机会主义者一样，在多次改朝换代中幸存下来。

在当时，奥皮克因其残酷镇压叛乱者与无情地强制实施殖民统治而闻名。有些人认为他是个英雄。对波德莱尔来说，奥皮克代表了从拿破仑一世到拿破仑三世，法国社会中所有暴力、丑陋、残酷、压抑和可恶的东西，是从第一帝国到第三帝国的害群之马。更糟糕的是，奥皮克偷走了波德莱尔母亲卡罗琳娜的热情，这是一个不可原谅的行为。

堪称悲剧结尾的是，波德莱尔比他深爱的母亲更早去世，被埋葬在蒙帕纳斯那个直立的奥皮克家族墓地里，被永远夹在她和他那个强硬对手之间，这是一个值得埃德加·爱伦·坡大书特书的结局。

等波德莱尔于19世纪40年代搬到圣路易岛时，他才二十一岁，已经写下了很多诗歌，它们后来被收入其代表作《恶之花》。他曾经四处游历，跟他的继父最后大吵一架，过着完全放荡不羁的生活，换了几十次地址，染上了最终夺去他生命的性病，跟同样放纵的费利克斯·纳达尔、亨利·缪尔热、巴尔扎克和其他艺术家交朋友，挥霍了自己继承的那笔可观遗产中的大部分。在他那短暂而多产的

位于蒙帕纳斯公墓的波德莱尔坟墓与墓碑

余生——他死于 1867 年，年仅四十六岁——都不得不向其信托财产的管理者、他那位永远左右为难的母亲以及一小群朋友乞求资助。

波德莱尔挥霍无度，且商业意识很差，但跟通常认为的相反，他其实是个吃苦耐劳的人，有令人惊讶的毅力。当他没有反复重写自己的韵文诗歌、散文诗、随笔和文章时，他会忙着翻译埃德加·爱伦·坡的全部作品，与此同时又涉足一些危险物品，滥饮无度，并试图取悦他那些难以餍足的女友，尤其是让娜·杜瓦尔（Jeanne Duval）。

来认识一下让娜，著名的"黑肤维纳斯"，某位富家子弟的野孩子，二十多年的女施虐狂，一位威风凛凛、强势的阿芙洛狄忒，拥有强有力的女低音。有些人认为她有卡津人（Cajun）的血统，不过仍然是白种人；另外一些人认为她来自海地或圣多明各，拥有深棕色的头发，会玩巫毒巫术；还有一些人说她来自安的列斯群岛，是一名女同性恋者，只是为了维持生活才和男人睡觉。在还没有出租自己的肉体时，她是一个微不足道的女演员和舞蹈演员，而她强健的身体迷住并俘虏了波德莱尔。有些人，例如泰奥多尔·德·邦维尔（Théodore de Banville）和纳达尔，认识她，还带她到他们位于匹莫丹公馆的房间去，信誓旦旦地说她是非洲黑人或黑白混血儿。她在体格和气质方面与已经化为幽灵的咪咪截然相反，尽管她俩都赢得了前卫艺术家的爱情。让娜拥有一头浓密的鬘发，身材高大，婀娜多姿，是一个骄奢淫逸的女巫。纳达尔说，她是一条"骚动不安的环带游蛇"，黑色的眼睛"就像茶托一样大"。

由于费利克斯·纳达尔跟那位诗人是非常亲密的朋友，而且又非常担心会伤害自己妻子的感情，因此，即便在波德莱尔和让娜·杜瓦尔都已去世后，他也不愿直截了当地承认"黑肤维纳斯"也是自己的情妇。不过，他对她熟悉到知道其体味强烈而独特的程度，如此私密的细节，说明他们之间的关系不可能清白。他承认自己在遇到波德莱尔之前就认识她。纳达尔在其回忆录《私密波德莱尔》（*Baudelaire intime*）中写道，让娜幸运地拥有令人惊艳的外表和过度发育的胸部，使得她柔软的体格看起来像一根果实累累的树枝。

让娜曾经使用不同的名字——可能没有一个是真名。没人知道她出生于何处、谁是她的父母或者她的年龄有多大。后来，似乎也没人知道她死于何时、何地或什么原因，不过人们通常认为梅毒是其死因。不管她是谁，也不管她的肤色为何，反正她对波德莱尔的了解甚于别人，教他明白了痛苦中的愉悦，控制他的激情，为他的一些最令人惊叹、不安的诗歌带来了灵感。除了在《恶之花》中多次出现，她也是《尸体》（"The Carcass"）中那个消极的观察者，这首让人联想起死亡的诗歌提醒读者：我们全都是等

待死亡降临的"活死尸":

> 我的爱,你是否记得,
> 一个美好、晴朗的夏日清晨,
> 我们看见的东西?
> 在小路拐弯处,一具腐烂的尸体
> 躺在铺着石子的眠床上,
> 它的双腿伸向空中,就像一个欲火如炽的女人
> 在毒素中燃烧、爆裂,
> 恬不知耻而又随意地炫耀
> 它的肚子,因充满气体而膨胀。
> 在灿烂阳光的照耀下腐烂,
> 仿佛是为了把它烤得均匀透彻,
> 百倍偿还给大自然母亲
> 为她将众多元素结合于一体;
> 而上苍注视着这庄严僵硬的尸体
> 像花朵一样绽放。

就像腐烂的花朵一样绽放,毫无疑问,那是一朵恶之花。当这首诗歌发表后,纳达尔给波德莱尔起了个绰号,叫"腐尸王子",那位诗人对这个绰号并不欣赏。它很可能也是催生了所谓的"腥臭文学"(*littérature faisandée*)流

派——其字面意思是,被绞死或发出恶臭,就像让雉鸡或被捕获的野生动物温和地分解并软化——病态而堕落的后浪漫主义颓废时代的标志。

让娜也是《阳台》("The Balcony")中那位"记忆之母,情妇之母":

> 那些被烈焰风潮点燃的夜晚,
> 揭去面纱的隐匿者的阴影,
> 你的酥胸、心脏及其全部激情多么甜美!
> 我们经常说起那些不会腐烂的怪异事物,
> 在那些被烈焰风潮点燃的夜晚。

那些夜晚和那些闻起来有股硫黄味儿的激情,发出地狱般的火光,正如亚瑟·西姆斯(Arthur Symons)在其1900年的经典译文中,用那句令人难忘的"地狱幻觉的气味与热量"所暗示的那样。

据说,波德莱尔是撒旦的追随者,痴迷于埃德加·爱伦·坡——对于一个年轻的巴黎贵族,这是一个奇怪的效仿对象——而且他的人生逐渐与那位美国作家及其笔下那些备受折磨的人物变得相似。夏尔·阿瑟利诺(Charles Asselineau)是波德莱尔的众多充满同情心的传记作者之一,根据其说法,坡在《乌鸦》中详细描述了自己是如何创造出惊恐之感的,而波德莱尔对此做了研究,然后把坡的惊恐战栗原则运用到自己的写作中。潮湿的匹莫丹公馆仿佛游荡着鬼魂,波德莱尔在这里生活时,进一步完善了那种技巧。抬头看看这家公馆的正立面,你会发现,它看起来跟另一位美国作家纳撒尼尔·霍桑(Nathaniel Hawthorne)那篇经典之作《带七个尖角阁的房子》(*The House of the Seven Gables*)中的建筑惊人地相似。

"波德莱尔对自己的榜样亦步亦趋,"阿瑟利诺说,"他甚至热爱坡的朋友,痛恨坡的敌人,就仿佛他们都是大活人。"

那位深奥难懂的美国人坡是否想到过,自己的躁狂以及对奇异风格和阿拉伯式花饰的热爱,最终将被一个最卓越的巴黎人,一个被阅读、引用得最多且最受尊敬的法国诗人,加以提炼并融入其作品。

17 /

性、毒品与惊人辞章

"我们第一次见到波德莱尔是在1849年年中的匹莫丹公馆。"戈蒂耶在他为这个叛逆撰写的传记中写道。这个叛逆有一个目标：崇拜艺术甚于其他一切。波德莱尔将《恶之花》献给戈蒂耶，一位"敏锐的诗人"，一位穿着红色马甲、从"艾那尼"战役中归来的叛教者。

戈蒂耶也曾生活于那所著名的府邸里，住在"一套奇怪的公寓内，通过一道隐藏在厚实墙壁中的私人楼梯，跟波德莱尔的公寓相连。在那个楼梯上，游荡着自洛赞以来的漫长岁月中被人爱过的美丽女人的鬼魂"。

巴黎从来就不缺秘密楼梯、鬼魂或美丽的女人，戈蒂耶对此心知肚明。波德莱尔选择住在17世纪后期一文不名的花花公子德·洛赞公爵（Duc de Lauzun）的住所，似乎颇为合适。那位公爵固执地将他那个被视为禁脔的战利品带回家，她就是不屈不挠、富得令人惊愕的安妮·玛丽·路易斯·德·奥尔良（Anne Marie Louise d'Orléans），也是蒙庞西耶女公爵——她有个更著名的称呼是"大郡主"（*la Grande Mademoiselle*）。在经历了诸多波折后，她成为洛赞的情人而非妻子。就像通常的情形那样，这些波折产生于她的家族，不过阻止这桩婚姻的障碍是路易十四亲自制造的。他也对自己这位关系密切的近亲充满热情。就像阔绰版的阿伯拉尔和埃洛伊丝或罗密欧与朱丽叶，在前浪漫主义时代，洛赞和"大郡主"之间的暧昧关系就是人们津津乐道的浪漫故事了。

这也是破旧的匹莫丹公馆成为波德莱尔完美栖所的一个原因。尽管他在文学上做出未来主义的创新，而且经常使用"现代"一词，其实他在内心深处浪漫得不可救药。

波德莱尔没有爵位，不过，就像德·洛赞公爵一样，他骨子里是个贵族，是更宽泛意义上的"贵族"。他的举止风度和颇有分寸的高傲，是他如今成为行为典范的又一个原因，他是理想的英勇的现代主义者。后现代的法国世俗年轻人在圣路易岛的那些码头上喷下涂鸦，在他位于蒙帕纳斯公墓的坟墓顶上留下各种记号和象征符号，希望在自己的生活、性关系和工作中遇到麻烦时能获得他的佑护。

关于波德莱尔其人及其所处的时代和我们自己的时代，戈蒂耶对其外表与服装的描述透露了大量信息，也说明世人对波德莱尔真正的个性与性别存在多重解读。

"他气宇轩昂，"戈蒂耶评论道，"有一头剪得短短的浓密黑发,垂落到白得出奇的额头上,让他的脑袋看起来就像撒拉逊人的帽子。他的眼睛呈现出西班牙烟草的色彩,显得幽深且很有灵性,并且拥有一种或许稍微有点过于敏锐的洞察力。他洁白的牙齿堪称完美,一圈柔滑如丝绸的浅色髭须勾勒出嘴唇轮廓,下面露出他的嘴巴。那多变的曲线仿佛出自列奥纳多·达·芬奇画笔下的面孔,性感又带有几分嘲讽。他的鼻子优雅而细腻,不知何故有点弯曲,鼻孔微微颤动,似乎总在嗅闻那些似有若无的香水味。一个大大的凹陷突出了他的下巴,就像一位雕塑家的凿子在一尊雕像上所做的最后修整。他的面颊经过精心修刮,颧骨部位微微泛红。而他的脖子几乎如女性一般优雅而白皙,完全露了出来,因为他衬衫的领子向下翻折,上面系着一条马德拉斯丝绸领巾。"

"性感又带有几分嘲讽",列奥纳多画笔下的一张面孔,"几乎如女性一般优雅"……波德莱尔是否雌雄同体?纳达尔有个更不同寻常的理论,认为波德莱尔其实没有性别,是个处子。"处子诗人",也是纳达尔的回忆录《私密波德莱尔》的副标题,原文是:*le poète vierge*。纳达尔就像其他人一样了解波德莱尔,他相信那些有关波德莱尔性关系的故事都是骗人的,认为波德莱尔从未按照《圣经》的要求了解女人,只是以其他方式爱他的情妇们,纳达尔没有具体说明是哪些方式,但他经常提到痛苦与折磨。波德莱尔在有生之年真正狂热爱恋的是其母亲。

感到震惊？这种说法并不像表面上那么不可思议。维克多·雨果在与阿黛尔结婚前就是一个好战的处子诗人，巴尔扎克和福楼拜声称自己曾为了提高性能力而守贞（但他们俩都远远算不上处子）。这三位作家都崇拜自己的母亲——事实上，福楼拜的生活就受他母亲控制。波德莱尔也崇拜自己的妈妈。不止如此，他在小时候还对他母亲产生过欲念之爱。"在童年时代，"他在给她的信里写道，"我曾经有一个时期狂热地爱恋着你。"

他无须柔弱如女性就具有十足的女性气质，对自己修剪过指甲的双手及其洁净度挑剔到极点，经常洗手，而且大多数时候都戴着手套——据纳达尔说是淡粉色的。不过在他那个时代，很多男人和女人都很挑剔且戴着手套。波德莱尔是个唯美主义者，一个安静而冷静的观察者，并非那种不管对方是男是女、见了谁都上前拥抱的人，也很少表露自己的感情。一个处子，波德莱尔？这位被法国年轻人当作世俗神灵来崇拜的摇滚明星的原型？

"毫无疑问，在方方面面都奇奇怪怪仍然是波德莱尔的主要特征，"纳达尔解释说，"就像其他很多固执地挖掘其灵魂之复杂性与矛盾性、搜索其大脑的人一样，我们也在试着解读这个不可解读的人。"

波德莱尔，颓废派的原型，成为 J. K. 于斯曼和普鲁斯特的精神导师，更别提一代代诗人和哲学家同行了。他的浪漫主义是夕阳余晖中的浪漫主义，是如今用精心设计的 19 世纪式光线照亮圣路易岛的薄暮，一种潮湿的、受到削弱的橘黄色光芒，闻起来有股病态的气味。那股腐烂的臭气让波德莱尔的鼻孔愉快地微微翕动。

甚至波德莱尔那种大名鼎鼎的标志性的花花公子派头也难以解读。这是虚荣、挑衅或者二者兼而有之？"他穿一件用闪亮的黑色布料做的大衣，栗色的裤子，白色的长袜，以及一双高品质的皮鞋，"戈蒂耶告诉我们，"所有的一切都非常合身，一丝不苟，有一种接近于英国式简朴的特征，他故意采用这种风格，为的是把自己与艺术界的那些典型区别开来，他们戴着软呢帽，穿着天鹅绒马甲和红色外套，留着未曾修剪的浓密胡须。"在这里，戈蒂耶是在拿自己取乐。"在他身上，没有什么是过于新奇或过于夸张的。夏尔·波德莱尔完全沉溺于这种纨绔主义的派头，甚至会不遗余力地避免让自己看起来像是穿上了'礼拜天的最好衣服'，这种着装模式对那些大俗人来说如此珍贵而又重要，但却与真正的绅士风度格格不入。"

波德莱尔在后期超越了爱伦·坡，会孜孜不倦地把脸刮得干干净净。他发现胡须是"旧式独特个性的残留，留着它显得既幼稚又布尔乔亚"。戈蒂耶像往常那样友好地使了个眼色，评论道：波德莱尔在刮掉了"多余的毛发"后，他优雅的脑袋"让人想起劳伦斯·斯泰因,而他习惯于用食指撑着自己的太阳穴,更是突出了这种相似性,众所周知,这正是那位英国幽默作家在其著作扉页上那些肖像画中摆出的姿势"。

波德莱尔养成了这个意味深长的反庸俗姿态,这对他的精神后裔至为关键。同样经常光顾圣路易岛的罗丹后来对这个姿势加以改进,在《思想者》中把它塑造得更有男子气概,也更有感染力。你会在咖啡馆或公园长椅上看到很多年轻的法国男人——以及如今的法国女人——一边吞云吐雾、对着手机咕哝或戳着那小小的屏幕,一边故意摆出这种姿势。法语中的"*poseur*"(装腔作势)一词并非来自德语、意大利语或英语,也无须翻译。这个词来源于波德莱尔。

当代那些矫揉造作者言简意赅而又委婉的说话方式,也令人愉悦地想起这位"被诅咒的诗人"(*le poète maudit*):"他过分的谦恭有礼经常显得虚伪,"忠诚的戈蒂耶评论道,"他对自己说的话字斟句酌,只使用经过精心挑选的词语,并以特别的方式发某些词语的音,就仿佛他希望强调它们,赋予它们一种神秘的含义。他的声音里似乎标出了斜体字和大写字母。"

当然,在巴黎,波德莱尔那样的体态和他矫揉造作的说话方式,不仅可以在现实生活中经常遇到,而且也可以在舞台或屏幕上看到。它们是无数节奏缓慢、独具特色的法国电影必不可少且与众不同的特征，这些电影不会受情节之类庸俗的东西束缚，而是通过类似于掏除肚脐眼污垢的忧伤方式来驱动故事发展。

有天傍晚，当我像往常那样顺着安茹码头溜达时，我停止锻炼，跳到那道长着苔藓的胸墙顶上坐下来，透过头顶上的杨树叶注视着那些镀金的铁艺栏杆，那个海豚形状的水落管，以及那座铺着板岩的大楼的陡斜屋顶，上面点缀着一些闪着微光的半圆形天窗。

从2011年至2013年，洛赞公馆已经进行了接近两年的修复。只有建筑工人和工程师允许进入，等到修复工程完成，它"原来"的装饰几乎没有任何东西保留下来，而且它在19世纪已经经过多次"修复"和改建。幸运的是，我有幸两度造访大楼里那些天花板高高的镀金房间，一次是在差不多二十五年前，另一次是在那十年之后。在我第二次参观期间，当和我一起的其他游客向前挪动时，我流连忘返，停下脚步，顺着那道狭窄的仆佣楼梯爬到最顶层，开始试着打开一道道门，摸索着前往诗人位于马车出入口上方的那些房间，它们就在大楼东端位于河边的侧翼建筑上。

虽然夏尔·阿瑟利诺年轻时是个放荡不羁、喜欢狂欢作乐的小伙子和花花公子，但却经常光顾那些房间，在其传记里描绘波德莱尔那套拥有三个卧室的狭窄公寓，说它的墙壁和天花板上贴着红色与黑色的壁纸。主要房间里有一个壁龛、一个壁炉炉台和一张堆满书籍的躺椅，还有埃米莉·德鲁瓦（Émile Deroy）原创的两幅油画，其中一幅如今已成为诗人生活于此期间的著名肖像画。目光疯狂的纳达尔目睹了德鲁瓦画那幅肖像画的过程。关于那个房间，纳达尔还增添了三个细节。它的整个地板上铺着一张厚厚的地毯，痴迷于香味的波德莱尔每天都要往地毯上喷两次刺鼻的香水，是让娜·杜瓦尔使用的那种廉价品牌，而屋里值得注意，也是真正受到尊崇的，是波德莱尔那位年轻漂亮的母亲卡罗琳娜的微型人像。

不过，在对波德莱尔那些散发着霉味的阴暗房间的描述中，有一个奇怪的细节很久以来就令我着迷，它涉及那道半圆形的天窗以及透过它看到的风景。这仅有的窗户能够俯瞰塞纳河，波德莱尔特意把它最底下和中间的玻璃封上，只让顶上的几块玻璃保持透明，这样，当诗人抬起头时，他"看到的就只有天空"了。

波德莱尔在如今位于维克多·雨果大道的那所疗养院去世，纳达尔是在这里目睹他最后时光的人之一。在纳达尔的叙述中，这位处于梅毒晚期的诗人已经无法正常说话，不过其大脑仍保持活跃。他们打着手势，谈论宗教、死亡和永恒。波德莱尔站在自己房间的窗户边上，注视着巴黎不断变化的天空,摇晃着拳头,咕哝着,咒骂上帝。作为自由思想者的纳达尔说:"那么你真的相信上帝?"波德莱尔朝着广阔而美丽的苍穹挥挥手,挣扎着想说话。纳达尔知道他想说:"看看上面,上帝怎么可能不存在?"

我站在波德莱尔的窗户边,望着下面的河流,陷入沉思。这时,一艘游船从河上驶过,它的有线广播系统传来一小段有关洛赞和波德莱尔的故事,先是法语,然后是英语。一辆小汽车不断按着喇叭。"你是怎么来到这上面的?"一个听起来很威严的声音厉声说道,让我大吃一惊,"这层楼不向公众开放。"

我红着脸,扭过身回答说,我在寻找卫生间——水火之急——并且迷路了。在那个满腹疑问的雇员进一步盘问之前,我迈开大步从他身边走过,顺着那道秘密楼梯下去,在二楼西侧翼楼的沙龙里加入那群游客,这个著名的沙龙正是印度大麻俱乐部聚会的地方。

在这里,以及河畔东侧翼楼的其他房间里,一名诚挚的导游正用法语介绍波德莱尔怎样从墙壁和天花板上的装饰中,为他的诗歌寻找灵感,而让人产生幻觉的印度大麻和鸦片怎样扭曲和扩展他的视野。总是那么活泼快乐的戈蒂耶一度占据波德莱尔隔壁的一个房间,有几次还跟他一起体验那种"奇幻的"过程。根据自己的经验,戈蒂耶指出,"那些林芙、女神、优雅的幽灵,不管模样是滑稽的还是可怕的",怎样"从那些绘画、壁毯中,从那些展示其神话裸体雕像的壁龛里,或者从架子上那些露出怪相的瓷器人物中,一个个地钻出来"。唉!可惜的是,在这座大楼里,那些可以移动的装饰元素已经不复存在,波德莱尔的房间也已经被彻底地重新装修过,不过天花板上的壁画仍然能让游客扭着酸痛的脖子一饱眼福,对这所房子产生一种坦塔罗斯式的渴望。

就在拆掉脚手架后不久,巴黎进步研究学会(The Institute for Advance Studies of Paris)于 2013 年年底搬到洛赞公馆之前,我注意到这座大楼供马车出入的大门敞开着,于是便偷偷窥看里面,当一群工人从里面出来时,我穿过车道末端那道高高的铸铁大门溜进院子里。几秒钟后,这座建筑的管理人就站在了我旁边。我微笑着向他装傻,用夸张的口音对他提出一连串有关洛赞和波德莱尔的问题。他彬彬有礼地护送我出去,但也情不自禁地向我炫耀他对这个地方的历史比我了解得多。

他透过厚厚的眼镜盯着我,告诉我说,在他之前,是他父亲负责照管这所房子,他在洛赞府邸内的一套公寓里居住了四十三年。显然,他痴迷于那位公爵和诗人,以一种独特的方式,显示他知识渊博。他对我们的邂逅产生了好感,带我去看了那道秘密楼梯,把南侧翼楼地面层的房间指给我看,还跟我说,在波德莱尔时代,有个木匠在院子里开了个铺子。

"波德莱尔的床就是在那里做的,"他说,"你听说过那张床吗?"我摇摇头,装傻。"它是按照棺材的形状做的,你知道吧……"他欢快地补充道。"他睡在一张棺材床上,就像萨拉·伯纳德一样,不过她是模仿波德莱尔的。就是在那上面,"他热情地指着一个地方挥挥手,"他试图自杀。"为了等待自己的话产生戏剧效果,他停顿片刻,然后露出顽皮的微笑,"当然那只是装装样子。他把自己割伤是为了吸引他母亲的注意力"。

波德莱尔《脾脏》("Spleen")中的几行诗句涌入我的脑海:"他那张豪华的床铺是一口淹没在关切中的棺材,/ 诸王梦寐以求的宫廷贵妇们 / 都希望那具年轻的骷髅对自己一展笑颜。"

波德莱尔真的睡在一张棺材形状的床上吗?对波德莱尔笔下有关棺材、床铺和死亡的诗意形象,戈蒂耶的描述令人难忘:"他描绘了一个死人令人恐惧的厌倦,那死者将豪华的床换成棺材,从每一滴透过棺材盖渗漏进来的冰冷雨滴开始,他在孤独中做着梦……我们看见那个怯懦的求爱者的房间……冷嘲热讽的自杀者幽灵来了,因为就连死神也无法消灭欲望之火。"

波德莱尔的病态臭名昭著,但我不得不怀疑这位和蔼可亲的房屋管理人是否在耍我。不过萨拉·伯纳德有一张棺材形状的床却是一个得到证实的事实,她的病态倾向也被很多人记录下来。

传说和夸张的故事模糊了那位"被诅咒的诗人",那个被社会和上帝诅咒、憎恶和抛弃的人的生与死。戈蒂耶比波德莱尔多活了五年,决心揭穿一个涉及他那位灵敏如猫的优雅朋友的传说——这个传说把波德莱尔描绘成吸毒鬼或吸毒上瘾者。据说波德莱尔仅仅试着吸食过几次鸦片和印度大麻,以此作为试验,但对它们非常厌恶,就跟戈蒂耶在经历了十次"尝试"后的反应一样。这两个人都无法忍受诗人需要人为刺激才能创作的想法。"他把毒品产生的狂喜比作疯人的狂喜,"戈蒂耶写道,"他们用涂着颜料的布和粗糙的人造装饰品,取代了真正的家具和开满鲜活花朵的花园。他很少来这里,而且就算来了,也只是匹莫丹公馆那些聚会的旁观者。"

可是旁观者什么时候变成偷窥者的呢?

至今,波德莱尔那部著名的随笔《人造天堂》(*Artificial Paradises*)仍被有些人——通常是那些没读过该文的人——当作恶魔般的指导小册子;可是,按照戈蒂耶的逻辑,事实恰恰相反,那其实是一部谴责之作。有多少赶时髦的电影和硬核摇滚歌曲受到它尖锐的标题启发?显然有很多,其中有些还是最近创作的。留着长发、身材瘦长的吉姆·莫里森明显没有明白它要传达的真正含义。巧合的是，莫里森歌唱巫毒和"黑夜之城"，把巴黎置换成洛杉矶。莫里森在一家夜店里吸毒过量，后来被人发现死在他位于玛黑区的住处的浴缸里，就在那条狭窄而古老的波特伊路（Rue Beautreillis）上，就在那位拥有女低音并由波德莱尔资助的巫毒女祭司让娜·杜瓦尔住过的那些房间的正对面。

那些房间是波德莱尔在他们俩的关系发展到后期时为"黑肤维纳斯"租下的，在这里，他以最原始和糟糕的方式——作为一个处子，如果纳达尔的说法是对的——跟她做爱。让娜那座被雾霾侵蚀的赭色石头建筑拥有四百年历史，至今上面还有一块雕刻着女性头部的拱心石。眯着眼睛看看，那个脑袋看起来很像让娜·杜瓦尔在画中的形象。更奇怪的是，如果你相信这样一些事情的话，莫里森那座往往扔着一些垃圾和瓶子且常常喷着酒神涂鸦的坟墓，跟纳达尔那座在拉雪兹神父公墓同样受到崇拜的坟墓之间，只有几分钟的步行路程。

大腹便便的巴尔扎克过分活跃，有着不可抑制的好奇心，他是另一位造访圣路易岛上那所房子的著名人物。尽管肚子很大，他并不会蹒跚而行。你得想象他顺着那个码头昂首阔步，确保后面没有跟着收债人，用他那根能致人殒命的著名手杖敲打着人行道，然后一闪身，钻进匹莫丹公馆那道供马车出入的宽敞大门。巴尔扎克比波德莱尔更不愿意吸食毒品，尽管他是声名狼藉的咖啡上瘾者，用一口专门设计的锅成天煮咖啡，他当然也很享受自己的葡萄酒。怀着一种逗人发笑的敬意，波德莱尔写到巴尔扎克第一次光临印度大麻俱乐部的情形。

"巴尔扎克无疑认为，再没有什么比放弃意志更令人羞耻和痛苦的了。"波德莱尔一边用鹅毛笔涂写着，一边回忆道。作为"黑肤维纳斯"的奴隶，如果还有谁了解"放弃"的含义，那就是波德莱尔了。"我在那个俱乐部的聚会上见过巴尔扎克一次，当时他正在思索印度大麻的惊人效果。"波德莱尔继续写道。"他以令人愉悦的活泼，亲切地询问人们并倾听其讲述。那些认识他的人以为他肯定会产生兴趣。这个想法不知不觉地让他感到惊骇。有人向他呈上北非大麻果酱（*dawamesk*）。"——也就是印度大麻加上阿月浑子粉末、黄油和蜂蜜的混合体，俱乐部的成员在医生的监督下食用这种东西。"他审视着它，闻了闻，然后就把它还回去了，既没摸它，也没有品尝它。他既有一种近乎孩子气的好奇心，又对摒弃自己的意志深恶痛绝，二者之间的矛盾冲突在他那张表情丰富的脸上展露无遗。他对尊严的热爱占据了上风。实际上，很难想象这位'意志'论的理论家，他笔下人物路易·朗贝尔在精神上的孪生兄弟，会同意失去哪怕一点点这种宝贵的物质。"

那种"物质"不是印度大麻，而是巴尔扎克的自我控制力,他那不屈不挠的意志。

那天晚上,戈蒂耶也在场,躺在印度大麻俱乐部的躺椅上,凝视着那些壁画和小摆设。他证实了波德莱尔的描述:"只是,我们还要加上这个有力的细节,在把那勺提供给他的印度大麻制剂还回去时,巴尔扎克只说这种尝试(用它来改变自己的头脑)徒劳无益。他确信,印度大麻制剂对自己的大脑不会产生效果。在这个威力强大的大脑中,意志力高居于宝座之上,并有实践加以守卫,这个大脑浸透了咖啡因,以及摩卡咖啡的微妙香气,即使在痛饮了几瓶沃莱阿蒙蒂亚多雪利酒之后,也绝不会变得稀里糊涂。这颗大脑很可能有能力抵抗印度大麻带来的兴奋诱惑。"

于是巴尔扎克强装硬汉。在那次事件之后,他在写作中宣称自己尝试过那种毒品,它仅仅与他展开短暂的角力,但似乎无伤大雅,没什么可恐惧的——对他来说是这样。他炫耀说印度大麻并没有持久的效力,他用自己全神贯注的能力战胜了它。

不难想象,当巴尔扎克在那次神秘事件后思考并写下这个赤裸裸的谎言时,他脸上带着怎样的表情。他噘着自己厚厚的嘴唇,脖子僵直,向后甩甩自己的长发,匆忙写下那些词语,然后带着满足的微笑,攥着他那身标志性的颇有流动感的黑色长袍上的大翻领,来回踱步。他会摆出一副英勇无畏、目中无人的姿态,就像罗丹为他塑造的巨型青铜肖像那样。这尊一眼就能认出来的雕像,如今矗立在巴黎蒙帕纳斯地区的拉斯帕伊林荫大道(Boulevard Raspail)和默东(Meudon)的罗丹博物馆里,至于美国史密森学会、纽约大都会美术馆、现代美术馆和世界各地的其他机构内的雕像,就更别提了。

我经常想象巴尔扎克、戈蒂耶和波德莱尔——他们三个都养成了散步的习惯——在圣路易岛一带一起昂首阔步,

拉斯帕伊林荫大道上由罗丹创作的
巴尔扎克雕像

三个身穿浪漫主义服装的火枪手,陪伴着活泼漂亮、身材高挑、衣着单薄的让娜·杜瓦尔,在参加了洛赞公馆的一次"幻想聚会"后,向南穿过这个岛屿,返回西边几个街区之外她那个位于大楼高处、喷过香水的居所。她住在"无头女大街"(Rue de la Femme Sans Teste)6号,如今被称为"小贩街"(Rue Regrattier)。就像雨果对朱丽叶的安排一样,波德莱尔也把自己的缪斯安置在附近,要么在这个岛上,要么像后来那样,安置在塞纳河对岸的波特伊路上。

对波德莱尔来说,她在圣路易岛上的住处尤其方便,因为他也曾住在这个岛屿南边的另一座历史建筑里。它仍然矗立在宁静的普莱蒂耶大街(Rue Poulletier)和绿树婆娑的贝蒂纳码头(Quai de Béthune)之间的街角上,绝不会错过。里面充满了回忆,比石头更加厚重,是波德莱尔的第二处完美住所。就像让娜·杜瓦尔在波特伊路上住过的那幢古色古香的大楼一样,这座建筑在码头边临街的大门顶上也有一块雕刻成女性头部的拱顶石。不过在这里,那个脑袋拥有一对令人毛骨悚然的蝙蝠翅膀,翅膀上还伸出鸟身女怪般的爪子,而非胳膊和手。这个如同噩梦一般的鸟身女怪看起来和让娜根本就不像,一丁点儿都不像。

不管那块拱顶石是以谁做模特雕刻的,将波德莱尔和让娜·杜瓦尔结合起来的那种互相占有的扭曲爱情,以

波德莱尔故居大门上的鸟身女首拱顶石

及他为她租下的住处所在的那座令人不寒而栗的建筑，都给后来的一位浪漫主义者带来了灵感，那就是记者兼长篇小说家加斯顿·勒鲁（Gaston Leroux）。他的名字听起来很陌生？勒鲁在20世纪初写了一本畅销的谋杀神秘小说 *La Poupée Sanglante*，也就是《致命的亲吻》（*The Kiss that Killed*）。它主要描写一个诗人兼窥阴癖者爬上一架梯子，透过那道狭窄的天窗，向外窥视一个美丽的女仆，后者住在隔壁大名鼎鼎的埃塞兰公馆（Hôtel de Hesselin）。这个女仆卷入了一桩声名狼藉的风流韵事和科学实验——某种类似于弗兰肯斯坦的身体重塑，制造出一个吸血鬼,一场乱糟糟的大屠杀。而它对颓废且破破烂烂、污秽不堪的圣路易岛的精彩描写,是我见过的最容易勾起回忆的。

勒鲁还有一本更著名的书,即《歌剧院的幽灵》(*The Phantom of the Opera*),这部作品从银幕上一跃而出,披上朗·钱尼(Lon Chaney)的伪装,笼罩着我青少年时代敏感的头脑,把它鸟身女怪的尖利爪子扎进我心里,吸引我来到巴黎。它就像《红气球》的一部恐怖续集。勒鲁堪称法国的埃德加·爱伦·坡,怪异的是,他几乎恰好在波德莱尔去世九个月后出生。他们俩都相信灵魂转世吗?

朗·钱尼主演的《歌剧院的幽灵》

18 /

梦中的岛屿

从被夺去爱人的洛赞、纨绔子波德莱尔和巴尔扎克，到自我崇拜的罗丹，如同船儿一般的圣路易岛载着它那些由浪漫航海者组成的船员，由那位戴着眼镜、胖乎乎的加斯顿·勒鲁及其歌剧院的幽灵们掌舵，冒着蒸汽，驶入了20世纪。它很快成为那些移居国外的美国人的象征，比尔·博德（Bill Bird）的三山出版社（Three Mountains Press），以及福特·马多克斯·福特（Ford Maddox Ford）的《跨大西洋评论》（*Transatlantic Review*），都安家于岛上的水滨，把总部设在安茹码头29号的同一所建筑里。

在20世纪20年代和30年代，对那些移居国外的美国人而言，这里成为一个移动的聚居区。虽然他们中很多人都自我标榜为现代主义者，但他们显然是浪漫主义者，其中包括厄内斯特·海明威。这些人都围绕这两座文学灯塔转动，经常出没于那家与他们仅仅隔着几道门的廉价河船船夫餐厅，即所谓的"船夫之家"（Le rendez-vous des mariniers）。

此刻，我站在从前的"船夫之家"外沉思默想，一队雪铁龙 2CV 老爷车浩浩荡荡地从我身边驶过，驾车的是一些戴着贝雷帽、饶舌的导游，透过车顶遮阳篷，传来无线电上伊迪丝·比阿夫的歌声。一群 21 世纪的游客穿着随意的服装，组成一个临时旅游团，舔着圆锥状的冰淇淋，推推挤挤地从这里经过，快快乐乐的，可能根本不了解这座岛屿的文学史。在喧嚣的 20 年代，以及 30 年代的大萧条时期，常住该岛的外国百万富翁们来到"船夫之家"和那些类似的低级酒馆，在酒酣耳熟的气氛中安然地寻开心。哈里和卡雷丝·克罗斯比（Harry and Caresse Crosby）、南希·丘纳德（Nancy Cunard）以及海伦娜·鲁宾斯坦（Helena Rubenstein）分别在点缀于奥尔良码头（Quai d'Orléans）、小贩街的宅子里——就在让娜·杜瓦尔住处以南的第三道门——以及波德莱尔故居对面的贝蒂纳码头，设立了他们的私人沙龙。

作为后来者的鲁宾斯坦是 1929 年股灾的难民，她因为推倒埃塞兰公馆并用一栋时髦的新艺术城市住宅取而代之闻名。那座 20 世纪 30 年代的建筑仍然赖在那里，就像在一堆真正的珍珠中混进了一颗暴发户的红榴石。而在那之前大约十年，加斯顿·勒鲁恰好把他那部小说《致命的亲吻》的背景设在被她毁掉的那座历史建筑里。这本书的续集应该叫"乔装打扮的百万富翁破坏地标建筑"，而非"杀人机器"（*La machine à assassiner*）。

当我顺着圣路易岛时髦光鲜的边缘漫步时，经常会对几个问题感到困惑：海明威的法语是否好到让他能够阅读波德莱尔、巴尔扎克或勒鲁的原著？他是否意识到，从那一长串由人行道通往河边的陡斜单调的台阶，顺着码头往下走过几道门，就到了那些印度大麻吸食者的俱乐部？他喜欢在那个地方工作，在天气晴好的日子里，这位来自伊利诺伊州的校对员兼记者兼长篇小说家很中意这个安静的都市室外就餐处。

在海明威职业生涯的这个早期阶段，他和哈德利过着抒情诗般"贫穷但幸福"的生活。海明威会穿上自己的网球鞋，就像他那位虚构的主人公、曾经是个运动员的杰克·巴恩斯（Jake Barnes）一样，前脚掌着地一路小跑下山，把自己位于拉丁区的那套寒冷、逼仄的公寓和被冻得瑟瑟发抖的妻子及孩子抛在身后，这样他就能坐下来写写他那些小伙子了。他会蹦蹦跳跳地从塞纳河左岸跨过一座临时搭建的木桥来到岛上，飞快地横穿岛屿，挥舞着拳头，踏过几十年前波德莱尔和让娜·杜瓦尔每天走过的那些已经磨损的鹅卵石街巷。

海明威从未陷入真正的贫困——实际上，他每年都能从自己的报社领取一笔丰厚的津贴，哈德利也有一笔信托资金——而且他的第一次婚姻从一开始就充满焦虑，并在他与波利娜·法伊弗（Pauline Pfeiffer）间那场沉闷无趣又内疚的婚外恋之后土崩瓦解。因此，我们或许可以得出结论，他根本就不幸福，就算幸福也肯定并不长久。那种反复发作的持久忧愁假扮成人生乐事（*joie de vivre*），而海明威的四次婚姻，以及他悲惨晚年中那种不可救药的忧郁和怀旧，或许才是把他绑缚到巴黎来的原因。转瞬即逝的快乐躲避着他，但点燃了那些有趣的回忆，比石头更沉重的回忆。

如果海明威效仿维克多·雨果，留着原配，同时不断更换情妇，或者只是在其情妇花名册上增加新的成员，他本来会节省一些时间、精力和金钱。谁知道呢？说不定他还会找到真正的幸福。海明威大肆挥霍自己的资源，用于玩弄感情、分手、离婚和再婚。这肯定减少了他的创作量和他宝贵的收入。显然，他脑子里分不清欲望与爱情，不得不用其中一个来证明另一个的正当性，而婚姻则让二者之间那条阴暗的通道变得圣洁起来。

这显得特别怪异，因为海明威在很多方面都和雨果极其相似。很可能他在潜意识里追随雨果的脚步，但在前面那位法国人匆匆掠过的地方步履蹒跚。他们俩都沉迷于金钱，他们俩都在写作时面墙而立，他们俩都是不断追逐女性的登徒子，他们俩都在圣苏尔比斯教堂里度过了人生中一个至关重要的时刻：维克多在那里结婚，海明威在那里祈祷自己跟法伊弗在一起时获得性能力。他们俩都出身于殷实但被抑郁和自杀破坏的中产阶级家庭。他们俩都对大海着迷,并且都写过有关老人与大海的小说。他们俩都无所畏惧,拥有自我牺牲和英雄主义精神,而且才华横溢,这些抵消了他们的自恋。他们俩都留着胡须,长相相似,而且到了晚年都功成名就,拥有可观的财产。最后,他们俩都曾经生活在离圣苏尔比斯不远的地方。如果他们生活在同一个时代的话,他们会说些什么?也许,当海明威到先贤祠去造访雨果的地下墓穴时,这位活着的美国人与那位逝去的法国人之间真的交谈过一番。

当海明威居住在拉丁区并到圣路易岛工作时,不管他在巴黎到底有什么感受、经历和想法,这座城市肯定比《太阳照样升起》(*The Sun also Rises*)或《流动的盛宴》中那个经过漂白的形象更有趣。当时的它和现在一样,就像20世纪20年代和30年代的纽约、洛杉矶或芝加哥那样冷酷而真实,很多美国作家怀着自己特有的怀旧和浪漫之情,以一种直面现实的勇气,描述过这些城市。

奇怪的是,像海明威这样一个人,虽然曾经冒着生命危险参加残酷的战争、拳击、狩猎、捕鱼,并在其中尽情地狂欢作乐,但却选择给巴黎粗粝的现实染上一层色彩,更喜欢把它刻画成一个幻想之地。他在20世纪20年代撰写的新闻稿更诚实一些,揭示了很多有关"怀旧化"过程的真相。对那个被错误命名的"迷惘的一代"而言,"光之城"当然比一座游乐园更阴暗也更有趣。每一代人都从迷惘之中开始跌跌撞撞地向前迈进,即使有 GPS 也是如此,不是吗?生活在比海明威早一个世纪的浪漫主义者也是如此。

"在(法兰西)帝国参加的历次战争中,当丈夫和兄弟们身在德国时,焦虑的母亲们产下了一代热心、苍白和神经质的孩子,"阿尔弗雷德·德·缪塞在 1836 年写道,"在他们身后是已经遭到摧毁的过去,带着数世纪专制主义的残余,仍然在其废墟上挣扎,在他们的前方是地平线上方即将降临的黎明,未来的第一缕曙光。而位于这两个世界之间的——就像那片将旧大陆与新大陆隔开的海洋——是某种模糊、漂浮的东西,一片满是残骸、波涛汹涌的大海,仅偶尔有些来自远方的帆船或在身后留下滚滚浓烟的汽船穿过。那就是当下……存留下来的只有当下,以及这个时代的精神和非昼亦非夜的黎明天使。"

包括缪塞和其他浪漫主义者的"迷惘的一代",是现代再度流行的叛逆者们的前辈,缪塞们留下的只有酒瓶、水烟筒和妓院,以及随之而来的疗养院、疯人院和太平间。

巴黎对海明威的阴暗影响显然是不可避免的。这可能是一种系统性的致命影响,虽然基因和家族史也在其中产生了一定作用:海明威家族有好几代人备受抑郁症之苦，有时还伴随着自杀倾向。海明威就像一位真正英勇的巴黎现代主义者一样结束了自己的生命——一如热拉尔·德·内瓦尔和伊西多尔·迪卡塞（Isidore Ducasse）以及其他人，包括波德莱尔、巴尔扎克和缪塞。那些没有用武器、绳索或毒品杀死自己的人，会一直工作，直至英年早逝。海明威用酒把自己灌到酩酊大醉，然后在梦回巴黎时崩掉自己的脑袋。这是他那些圣徒传作者很少唤起的黑暗天使。很可能是因为这种行为对文学之神海明威来说属于亵渎之举。海明威之于美国，正如雨果、巴尔扎克和波德莱尔之于法国。而他崇拜一种特别的巴黎幻境：受过净化，如深褐色照片一般。

崇拜这些文学偶像的不同方式反映了国民个性，突出了美国与法国之间的浪漫关系为何复杂而矛盾，根植于传说和一厢情愿的自欺。在我看来，二者之间最明显的区别在于，不管天才出现在哪里，法国一直都有胸怀为其不完美之处和缺点而自豪，并且骄傲地谈论或写到通奸、同性恋、吸毒、酗酒和自杀，把它们当作生活的一部分，可能还认为它们对许多艺术家——不管他们是否是文学之神——的创作过程至关重要。对法国人来说，拥有天赋就可一白遮百丑，拥有天才则可一白遮全丑，只有粗鲁无礼不可原谅。巴黎人尤其喜爱自己的英雄们，他们那些"*bien faisandé*"（非常腐朽的）游戏，他们熟醇且未经消毒的奶酪，以及——如果亨利四世的传记作者是对的——他们赤身裸体的床上伴侣。

这两个国家之间的另一个不同之处与巴黎直接相关。法国人似乎知道"光之城"那些丑恶、猥亵、危险、令人绝望而疯狂的侧面，那些被巴尔扎克、雨果、波德莱尔、左拉、缪塞和其他人揭露的侧面，也就是加斯顿·勒鲁及其以那座歌剧院和圣路易岛为背景的阴暗惊悚小说的世界。如今，狂躁不安的巴黎主要但并非只存在于那条环线之外。很多日常生活中的法国英雄曾经并且有一些仍然在努力保持"光之城"的真实性，以避免其历史悠久的核心区变成矫揉造作的主题公园，"迷惘的一代"曾经喜欢那样的巴黎，这座城市的其他当代爱好者也推动它朝那个方向发展——外加供疲惫旅客使用的迪士尼风格的大象形状游乐列车，以及由戴着贝雷帽的导游驾驶的老爷车。

如果海明威真的在巴黎领悟到一些深刻的东西，不管那是在性方面或其他方面，或者，如果他真的抓住了这个地方除外国人聚居区之外的什么粗粝而迷人的现实，那么这种启示在他的笔下是看不到的。"《流动的盛宴》达到了双重怀旧的目的，"当这部小说在2009年再版时，克里斯托弗·希钦斯（Christopher Hitchens）在发表于《大西洋月刊》（*The Atlantic*）上的一篇书评里写道，"当我们凝视着如今已变成平庸旅游区的塞纳河左岸，而巴黎严酷的平民区已经消失,被外围那些沸腾不息的穆斯林郊区住宅取而代之,这时它让我们怀旧。当海明威在那段忧心如焚的时期末尾再次看到'光之城',而余生的光阴还在他前面而非远远落在后面,这时它也让他怀旧。"

希钦斯说对了一部分。对有些人来说,海明威这部风靡一时的回忆录的魅力显然就在于怀旧,在于它描绘的人造梦幻之城的图景。但对希钦斯的其他说法,我就要加以反驳了。巴黎的郊区大部分由世俗的白人占据,而且只有一部分法国穆斯林沸腾不息,有时还是出于正当的理由。一个世纪之前,巴黎的郊区取代了市中心的工人阶级居住区——如圣安托万郊区(Faubourg Saint Antoine)和梅尼蒙当地区(Ménilmontant)——成为沮丧和渴望的存放地。"但严酷的平民区"依然存在,只是它们并不在游客的视野之中。说拉丁区成了旅游区也纯粹是多此一举。就像蒙马特一样,它简直就是对旅游区的精确定义。它们的部分地区已经在商业的侵蚀下失去自己的灵魂。巴黎的其他地区也同样如此。

但早在海明威和希钦斯之前,巴黎就已经彻底变成旅游区。最近这一个半世纪的文学,执拗地抱怨着那些令人厌恶的游客群及其造成的破坏。太阳照样升起,但在巴黎的日光之下并无新事。像海明威或希钦斯那样怀念一个传说中的往昔,这种事自古有之。伊斯兰恐惧症和潜在

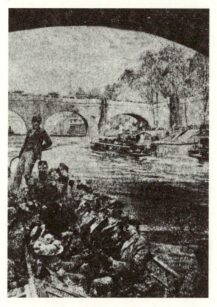

现代游客群的原型，安德雷·卡斯泰涅（André Castaigne）作

的种族主义也同样如此，它们二者同样令人不安又无可否认。

THE CULT OF LES GRANDS HOMMES ET LES FEMMES

第四部

对大人物（及女人）的崇拜

及万神殿怎样降临巴黎的拉丁区，变成先贤祠

19

浪漫的建筑

在圣路易岛向阳的南侧,奥尔良码头上有个地方,靠近哈里和卡雷丝·克罗斯比及南希·丘纳德曾经住过的宅子,在此分叉的塞纳河河面达到最宽,有一堵风景如画的胸墙适合小坐片刻。从这里抬高视线,掠过那些杨树上方,你能一眼瞥见西岱岛(Ile de la Cité)上巴黎圣母院的飞扶壁,以及先贤祠上面那个模仿布拉曼特建筑风格的笨拙穹顶。巴黎圣母院高耸于塞纳河左岸,位于一片由乱七八糟的铁皮、瓷砖和板岩屋顶构成的小丘顶上。

这一幕囊括两座著名建筑的景色中洋溢着浪漫格调,打上了维克多·雨果的印记:当那座世俗的"万神殿"亦即先贤祠在1885年重新开放时,他是第一位被正式埋葬于此的"先贤",并且至今仍然是这里最伟大的"先贤"。而巴黎圣母院正立面上的高塔则构成一个巨大的"H",代表了雨果姓氏的首字母;那个缺掉的"V"抽象一些,代表着"维克多"和"胜利"(Victory)。正是 V. H. 最终使得这座大教堂，这首"石头的诗篇"，免遭毁灭。

那个怪诞而巨大的"H"，并非有些诽谤者所说的那样，是雨果将圣伯夫变成卡西莫多、将阿黛尔变成爱丝美拉达又想方设法让教堂得以修复的原因。但它显然提供了一个滑稽的钩子，将这位小说家漫画化的自负悬挂于其上。

这两座圣所都被视为教堂。但它们在很多方面截然相反。它们是浪漫主义的孪生子：一个属于教会，一个体现了异教色彩；一个世俗，一个具有象征性；一为阴，一为阳。

从这个高耸于塞纳河畔的地方，看得最清楚的是巴黎圣母院的扶壁，如同一群高高跃起的石头骏马。这些形如骏马的石头排成层次分明的队伍，支撑着教堂的墙壁，使得光线能够透过高处的彩窗玻璃，几乎可以照到那道受到侵蚀的陡斜屋顶的屋檐。它的顶上是一座高大的铸铁尖塔，这对那些怀着世俗浪漫精神而非宗教精神的人很有启发性。

就跟巴黎经常出现的情形一样，肉体会胜过或融入人的精神甚或圣灵，某种程度上是因为这座象征着中世纪文化精神的哥特式教堂在法国大革命期间遭到残酷破坏，接着在 19 世纪中期，又被欧仁·维奥莱－勒杜克（Eugène Viollet-le-Duc）那些非宗教的奇异"修复"活活埋葬。维奥莱－勒杜克是个进步论者，非凡的革命建筑师，尊奉折中主义，反学院派，反教会，有时还带有古怪的热情。他让巴黎圣母院重获新生，用石灰岩创造出一座神圣的弗兰

巴黎圣母院的正立面

肯斯坦式建筑,却披着圣母的衣装。

与其说维奥莱-勒杜克修复了法国数十座教堂、历史建筑和要塞,不如说他完成了它们的修建或重建。自诩为纯粹主义者的约翰·拉斯金(John Ruskin)谴责这种稀奇古怪的方法是不负责任且不可逆的破坏。按照今天的标准看,拉斯金是对的。不过对维奥莱-勒杜克而言,技巧就是一切。他的再创造构成了今日巴黎魔力的一个重要部分:那些怪兽滴水嘴、尖塔、奇形怪状的装饰、女像柱和柱身凹槽,那些从露台、高塔、尖塔和巨大的石墙上窥视着下方的食尸鬼。它们是浪漫主义想象的精髓,完全是虚假的,但又如此合适,具有非常典型的巴黎特色,如果把它们移除掉,就算纯粹主义者也会潸然泪下。

维奥莱-勒杜克这些仿中世纪的石雕元素,跟维克多·雨果在《钟楼怪人》和其他作品中运用的那种同样精致的长篇小说手法遥相呼应。

这位杰出的语言大师并不满足于撰写一部准确的历史小说,不过,就像维奥莱-勒杜克一样,他相信一定程度的逼真对叙事至关重要,因此为自己的作品做过彻底的调查。对他们俩来说,有一样东西都不可或缺,那就是抓住事物的精华、寓意或隐藏的火花,让建筑或书页上蠕动着诡计多端、令人厌恶、孤注一掷、半疯狂的人,以及肮脏、危险、废弃的地方,让它们变得栩栩如生。雨果小说中很多令人难忘的场景都发生在这里,在西岱岛上,不过,就像这个岛上95%的中世纪布局一样,它那四十个供人崇拜瞻仰的地方、浪漫主义遗产和昔日那些半木结构的残余,《钟楼怪人》的背景已不复存在,被拿破仑三世和奥斯曼男爵一扫而空。

巴黎所特有的哥特复兴运动以雨果和维奥莱-勒杜克为先锋,这种所谓的法国"本土风格"体现了独具特色的法国哲学中的诡计和理性之外的虚构。从那以后,与之对立的规划者和建筑师阵营就一直为此争论不休。

从圣路易岛漫步跨过那座建于20世纪60年代、将两

吸血鬼,夏尔·梅里翁(Charles Meryon)作

钟楼怪人,吕克-奥利维耶·梅尔松(Luc-Olivier Merson)作

西岱岛位于下游方向的末端,巴黎最浪漫的地方? , J.加万作

个岛屿连接起来的平庸的人行天桥,推开那两扇摇摇晃晃的铸铁大门,走进巴黎圣母院后面的花园。在带有尖顶的圣母喷泉前,如果你能从那些拍照留念的混乱人群中挤过,那就从这里向南而行,从那些修剪过的椴树下走过,在塞纳河最狭窄处上方的那个柏油停车场驻足片刻。如果你抬头仰望,就会在教堂耳堂与正殿接合处,看到一些跟真人一般大小的青铜雕像顺着屋顶排列。在那座尖塔下,你会注意到有个人物冲着与其他雕像相反的方向,他正仰望上方,这是维奥莱-勒杜克的雕像,以一种戏谑的、厚着脸皮的神情向贝尼尼在罗马的纳沃纳广场(Piazza Navona)

上塑造的"四河"喷泉示意。

如果没有双筒望远镜,你可能无法看清这尊雕像的面容,不过,你很可能已经在纳达尔为他拍摄的那张著名照片上见过他,那是一位相貌堂堂、身材瘦削的老绅士,留着浓密的白色胡须,头顶上没有头发。维奥莱-勒杜克比雨果小十岁,其人生轨迹曾在多个重要关头与那位诗人的相交叉。他们拥有共同的朋友和对手,从圣伯夫到司汤达,以及谜一样的普罗斯佩·梅里美。在1830年和1848

以维奥莱-勒杜克为模特塑造的使徒(照片版权归阿莫尼亚·阿曼达所有)

年的街垒战中,维奥莱-勒杜克和雨果处于同一阵营。在路易·拿破仑·波拿巴于1851年发动的那场血腥政变后,他们的人生道路出现分歧。雨果抵抗这次政变并踏上流亡之路,直至1870年。这期间他在泽西岛和格恩西岛上继续"艾那尼"之战,反抗拿破仑三世。而维奥莱-勒杜克留在了法国,跟普罗斯佩·梅里美一起在第二帝国的宫廷里飞黄腾达。

梅里美是军械库图书馆的常客,写过一些短篇小说和幻想故事,其中一篇著名的小说后来改编成了歌剧《卡门》(Carmen),却在路易·菲利普国王统治时期摇身一变成了历史建筑总督察官。因此,梅里美不经意间成了古怪的维奥莱-勒杜克的一位更加古怪的上司。他们俩都是欧仁妮·德·蒙蒂霍(Eugénie de Montijo)的朋友。当她嫁给拿破仑三世并成为欧仁妮皇后之后,梅里美和维奥莱-勒杜克能够影响那个性情多变的皇帝,很可能还阻止了他的一些最恶劣的放肆之举。

浪漫主义留下一个奇怪的残迹,即跟其他建筑风格相比,仿哥特风格至今仍占据上风。民意调查和公民表决都清楚表明了这个事实。巴黎的很多人以为埃菲尔铁塔和卢浮宫才是这座城市访客最多的景点,但他们惊讶地发现,要进入巴黎圣母院或攀登其高塔,需要排上半英里长的队。这座经过多次修复的庄严教堂拥有八百五十年的历史,却仍然击败了所有后来者：每年有一千三百五十万人次的游客造访这里，比造访埃菲尔铁塔的人多了将近一倍，是造访先贤祠的游客数量的二十倍。不管纯粹主义者怎样理解维奥莱－勒杜克那些富有想象力的修复工作，也不管有多少本地人或居民抱怨到巴黎圣母院做灵性反思和祈祷如何艰难，这座建筑仍然大获成功。

诡计、幸福的无知和自欺是关键。巴黎圣母院那些雕塑是复制品，建筑中使用的石头大部分是新的，那些彩窗玻璃大部分是重新制作的，而这座拥有漫长历史的哥特式教堂看起来并没有多少哥特风格，但有谁知道或在乎这些事实呢？很可能没有。这个地方的魔力从一些看不见的隐蔽之源中散发出来，产生于各种观念、希望、梦想、信仰、误解，谁知道呢？很可能也产生于那些古老的地基和地下墓地。这个地方从远古时代起就是圣所。它覆盖着被反复重写的文明，让敏感的人激动不已。如果你能在严冬时节的旅游淡季造访这里，那就鼓起勇气进去逛逛，让自己被它吞没。光线透过彩窗玻璃照进教堂，与一颗颗细小的尘埃翩翩起舞，管风琴和祈祷的声音盖住了沉重的脚步声、聊天声、百叶窗的咔嗒声或手机铃声。阵阵寒意袭来，并非全然出自潮湿或寒冷。在那一刻，就算不信神的自由思想者也会为之感动。

20 / 反浪漫主义者

已经奥斯曼化的西岱岛平淡无味，如果像玩"跳房子"游戏一样从这里前往先贤祠，不妨从巴黎圣母院后面开始，穿过短短的大主教桥（Pont de l'Archêveché）。在这里，你会邂逅那个如今在巴黎大名鼎鼎且未经策划的当代艺术装置兼浪漫表达场所——艺术桥，数千套成对的挂锁和密码锁挂在桥上，场面蔚为壮观。这是公共管理部门官员的眼中钉肉中刺。但它也有一个好处：塞纳河畔那些树木上情侣表达爱意的乱刻乱画被抹除了。那些挂锁也会在阳光或月光下闪烁着诱人的光芒，在黎明或黄昏时，或者在路灯突然打开时，闪着怪异的微光。如今，很多挂锁上像行李一般绑着缎带，徒劳地想让自己显得与众不同。

那些来自亚洲、美洲和非洲的情侣和新婚夫妇（以及少数不合群的法国乐观主义者）以这种方式被捆扎在一起，在那些锁前面表演，每当一把锁在一声"咔嗒"中锁上，转动密码环或将钥匙扔进塞纳河，他们都会摆出姿势拍照。

我曾经听见这些新浪漫主义者乞灵于天长地久的爱情和奉献之神或天使，另外一些人则带着几分讥讽的愉悦，询问市政当局要过多久才会把这些锁或格栅剪掉。在未来几十年里，当那些在此挂锁的情侣离婚时，他们的律师会在离婚协议中要求找人剪掉他们的锁或者要求提供密码锁的密码吗？一名法国小伙子在这座桥上喷下"戴着锁链的爱情并非真爱"的涂鸦，但几乎没人注意，那些字是法文。

当你在左岸顺着罗马帝国时代规划的弯曲小巷向西折返，你会注意到那趟旅游列车静悄悄地偷偷驶过。然后，你可以缓步进入维维亚娜广场，一个小型公园，在那里能看到巴黎圣母院的优美景色。在公园靠近那座罗曼式教堂的角落里，生长着巴黎树龄最老的树。那是一棵从新大陆挖来的洋槐树，运回旧大陆后于1602年种下。当时还是亨利四世当国王，英国清教徒尚未扬帆远航美洲，而美利坚合众国要到一百七十四年后才发布《独立宣言》。这棵摇摇晃晃的"见证树"曾经被一根混凝土支撑物架起来，达半个世纪之久。对那些像我一样崇拜适应性和坚韧性的人来说，这是一个值得尊崇的对象。围绕这棵树，巴黎就像一个蜘蛛网或蜗牛壳一样向往扩张，人口已经达到1602年的二十倍以上。想起曾经有成千上万的人坐在它的树荫里，凝视着巴黎圣母院，思索人生的奥秘或永恒性的潜在含义，我不禁感到有些眩晕。

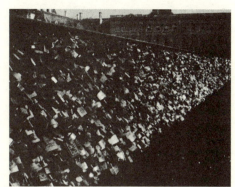

艺术桥上的爱情锁

与这棵树毗邻的，是向外凸起、并不出众且建筑风格混乱的穷人的圣朱利安（Saint Julien-le-Pauvre）教堂。与之相称，这座教堂可见的部分拥有九百年历史；而看不见的地基和地下室的历史可追溯到公元 6 世纪或更早。

从这棵树和这座教堂西行 100 码，就来到了另一座始建于 6 世纪的圣所，圣塞维林（Saint Séverin）教堂，它蹲伏在那个现代十字路口较远的一端。这里曾经是两条罗马大道交叉的地方。在 9 世纪，其中一条成为南北向的主要朝圣路线，通往圣徒雅各布在西班牙的圣地，即著名的"圣地亚哥朝圣之路"（El Camino de Santiago）。就像巴黎所有那些产生于古代末期的圣所一样，这座教堂也在中世纪经过重建，接着在文艺复兴时期再次重建，然后被维奥莱－勒杜克或他的助手和后裔加以扩建和"修复"。在拥有六百年历史的钟楼上，那口鸣响的钟是巴黎最古老的，于 1412 年在一家铸造厂铸成，非常罕见地逃脱了战时的征用和法国大革命的破坏。

那么这两座教堂周围那些狭窄得出人意料的混乱巷弄是怎么回事呢？这两座锯齿状建筑缺乏对称性，高度的比例相当随意，这是它们与那些宽阔大街和小街的区别所在吗？是什么让这里以及拉丁区其他部分显得富于人情味、脆弱、友好且招人喜爱呢？

我猜魔力并非来自那些以这里为总部、栉比鳞次的仿

圣塞维林教堂，在维奥莱-勒杜克
加上那些滴水嘴怪兽之前的模样。
J. 加万作

希腊式酒馆，服务员会在食客就餐完毕后，把餐盘堆到地板上；可能也并非来自这些酒馆的邻居，即那些发霉的爵士乐夜总会——曾经有约翰·克尔特林那样的巨星在此主唱。那魔力是来自那些模仿法国地方特色的小酒馆、那家土耳其烤肉店和那些北非粉蒸肉餐馆吗？我怀疑这里的浪漫气氛也并非产生于飘浮在空中的羊羔脂肪味和那些弥漫着有毒油脂气味的油炸什锦面油锅，或者那些出售纪念品的小摊、不受欢迎的咖啡馆以及那些地毯上沾着污物的三级旅馆。那么这里的魔力到底来自何处呢？

或许，拉丁区的一切都是按照人的标准创造的。它的比例符合人体尺寸，宽度和高度都合乎情理。它都市风景的形状，街道和建筑物的曲线，它的坎坷不平，那些不同的质地和材料，包括石头、砖头、木头、锡皮、瓦片，都是有机的，并非悦目而已。它们令人感到舒适，给人自然的感觉，就像一片生长了数百年的树林或森林，被选择性地砍掉一些，又一再地重新生长出来，其间穿插着一片片林间空地和草地。这里没有直线，没有对称。或许最重要的是，这里没有死气沉沉且不带门窗的墙壁。这里的每一寸都是活的，被门窗和那些诱惑和娱乐人的展览占据了，易于接近。这里跟那些商业街道、那些四四方方的庞大商店和购物广场、摩天大楼、具有现代效能的方格状街区相反。它显得卑微，弥漫着本土气息，独立、混乱又不可预测，但却拥有彻头彻尾的巴黎特色。

一旦穿过那条笔直、宽阔的小桥街（Rue du Petit Pont），闯入那些巷弄之中，你不妨在此抬起头来，看看圣塞维林教堂的正立面：映入你眼帘的是那些庄严的怪兽滴水嘴、尖塔和其他装饰构成的奇观。它们并非像某些旅游指南上错误宣传的浮华的哥特风格，而是浪漫主义时代的迷人发明，而这要归功于不可救药的维奥莱－勒杜克、普罗斯佩·梅里美、维克多·雨果和过去两个世纪中的其他人。正是这些人，从拿破仑三世手中，以及他在 20 世纪 60 年代和 70 年代的现代化同伴乔治·蓬皮杜手中，重新创造出或奋力保存了巴黎老城区。蓬皮杜由银行家改行当政客，一门心思想把巴黎变成纽约或芝加哥。

拿破仑三世和蓬皮杜遭到挫败的原因很简单：你能够将巴黎现代化，却无法将巴黎人现代化。

在圣塞维林教堂后面，矗立着巴黎最后一家停尸房的残存建筑，一个带有拱顶的尸骨存放处，里面曾经装满骨头。如今它很少开放，是一个漂亮花园里的主要建筑特色，有些虔诚的人会在花园里祈祷，还有其他人在这里匆匆忙忙地吃东西或者野餐。

从这里往西边走一条街，竖琴路（Rue de la Harpe）标出了一条边界。这里仍然耸立着几十座 16 世纪和 17 世纪的建筑，但其他古老的建筑都已消失，那些中世纪的小道也消失了，包括竖琴路弯曲的那部分，它从前顺着山坡通往先贤祠和卢森堡公园。那段路上曾经矗立着一所摇摇欲坠的房子，费利克斯·纳达尔一度与其他波希米亚式放荡不羁之徒在此共用一间艺术工作室，这些人曾主演《波希米亚人》，那所房子是现实生活中咪咪摆好姿势让人作画的地方，也是缪尔热写下他那部著名的《波希米亚生活场

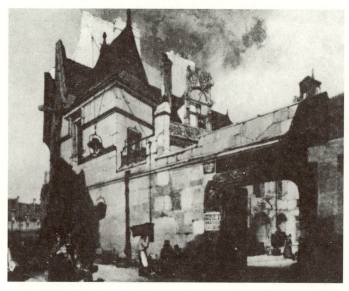

克吕尼府邸被挽救下来，没有进行改建。托马斯·绍特·博伊斯 (Thomas Shotter Boys) 作

景》的地方。

这里的街巷曾经通往克吕尼（Cluny）那座古罗马浴场的废墟顶上，它仍然是这座城市现存最古老的遗址。克吕尼是浪漫和浪漫主义的精髓。那里有哥特或文艺复兴风格的山形墙，用巨型木材修建的宽敞沙龙和巨大的壁炉，螺旋形或弧形的石头楼梯，带有竖框的窗户、彩窗玻璃、隐藏的过道；克吕尼女修道院的巴黎避难所就是这样的。那个修道院被硬塞进3世纪那些罗马浴场建筑群，塞进那些

带有热水、温水和凉水浴池的房间，公元 360 年，背教者朱利安皇帝就是在这里加冕的。这个神奇的大杂烩在 19 世纪 40 年代的绝境中被挽救下来，变成一个国立中世纪博物馆。就算对那个超级破坏者拿破仑三世而言，这个地方也重要得不容破坏。

我喜欢在黎明时分造访这些古代的孤岛，那时吸血鬼和猫头鹰们仍在酣睡，那些旅游陷阱尚未开门营业，旅游巴士尚未吐出成群结队到此一游的游客，空气中尚未充斥含有反式脂肪的气味和小贩的叫卖声。你或许也开始感觉到那些随意、古老但又充满活力之物的力量，明白了为何浪漫思想就像希望、信念、苔藓或那些拥有四百年树龄的洋槐树一样，在有害的都市环境中幸存下来，孕育出新一代敏感的梦想家，对保存历史建筑充满激情。

如同在巴黎波波族天堂的玛黑区那样，在干劲十足的拉丁区，那些艰苦的后院和顶层房间里，有来自巴黎大学或医药大学的学生，还有教授、艺术家、滑稽演员、管家、小店主，以及在这里变成中产化城区之前就早已居住于此并陷入重重包围的其他居民。他们戴着耳塞，生活在那些装着双层玻璃的房间内，有些加入了纵酒狂欢的人群，有些与人合住在壁橱大小、只有冷自来水的房间里，努力变成主流之内或之外的杰出人士。浪漫主义仍在。

当我在圣塞维林教堂和附近的圣日耳曼德佩教堂周边

的这些街道和其他残存的街道中漫步时,有时候——尽管这样的时刻非常罕见——我会在脑子里回想起威廉·布莱克的那些诗句。为了适应波德莱尔、纳达尔和吉姆·莫里森的世界以及今日巴黎,这些句子有所改动:"老虎,老虎,火一样辉煌,在黑夜之城,什么样永恒的手和眼睛,能塑造出你一身惊人的匀称?"

对称性与规则性是反浪漫主义的拿破仑三世和奥斯曼的"现代"巴黎的核心,也是他们重新塑造的城市投合某种游客趣味的原因。

对称性和规则性意味着光线、开放、洁净与安全,意味着经过改善的现代性,军事般的精确性,以及可预测性,这跟拿破仑与奥斯曼二人组合拆毁的旧巴黎恰恰相反,后者体现了显而易见的压抑性和明暗对比的过时风格。每个人都有资格在建筑和城市规划方面拥有自己的偏好。还记得维克多·雨果对古典主义的对称、秩序与比例观念的拒斥吗?"美只有一种典型,丑却千变万化。"丑即是美;美却平淡无聊、蠢笨徒劳,是货真价实的丑。

在带着朋友或客人闲逛一圈后,我有时会邀请他们玩一个游戏。在脑子里把你最爱的巴黎景点列出来,也就是那些对你耳语、歌唱或叫喊出"巴黎"这个词的地方。把那个名单复述出来,我会告诉你一些与它们有关的时间、人物、事件和地点。或者,如果你觉得更方便,也可以在谷歌上搜索那些关键词。你没必要按照年代顺序或地区对它们加以分类。

比如说，你的名单里，是否包括埃菲尔铁塔？那是在拿破仑三世和奥斯曼之后修建的。圣礼拜教堂（Sainte-Chapelle）呢？它可是老早之前建的，并由维奥莱－勒杜克等人重建和"改建"过，增加了那座蔚为壮观的巨大尖塔。巴黎圣母院呢？同前。卢浮宫？圣心教堂？卢森堡公园？植物园？先贤祠？圣苏尔比斯教堂？荣军院？香榭丽舍？巴黎古监狱（Conciergerie）？皇太子广场？大林荫道？凯旋门？那些地下墓穴？圣路易岛上的那些住宅？克吕尼博物馆或桑氏府邸？玛黑区的住宅、街道和广场或者孚日广场？圣马丁运河？塞纳河及其两岸？新桥？大宫和小宫？艺术桥？特罗卡迪罗（Trocadéro）？

请继续。

圣奥诺雷郊区、旺多姆广场、协和广场、马德莱娜和杜乐丽宫？皇宫、罗丹美术馆、众多咖啡馆、带有玻璃屋顶的通道和购物廊、百货商店、莱昂车站、奥赛车站？里沃利大街（Rue de Rivoli）？继续。

注意到什么没有？这些景点全都产生于那场震撼世界的城市改造之前或之后。它们中跟奥斯曼和拿破仑三世有关的很少，超越了那些带有独裁主义不死阴魂的标志，往往是鲁莽的重塑、扩充或扩建。奥斯曼并非建筑师或城市规划师。他是个警察，一个完美主义者，被那个皇帝授权的生铁铁腕，并以此镇压那些反对巴黎总体规划的人。那个规划是拿破仑三世的：他的办公室里挂着这个城市的一幅巨型地图，上面有一些红色的林荫大道路线，将那些代表历史建筑的蓝点连接起来，是一场将蜗牛壳或蜘蛛网转变成一系列如星爆般向外四射的练习。那幅地图看起来跟战地地图惊人地相似，或许更像一个专门用于血腥狩猎的法国皇家森林猎场，供那些全副武装、骑着马的男人和成群的猎狗去大肆杀戮。

全世界都热爱巴黎，这种爱中有一个令人迷惑之处：几乎没有人喜欢第二帝国时代那个对称的巴黎，尽管他们被说服去喜欢它。

让我们回到那份名单上来。大林荫道肯定出自拿破仑三世的构思吧？你会这样问道。恐怕并非如此。人人喜欢的那一圈林荫大道是在路易十四的命令之下于17世纪后期修建的，就建在查理五世那道14世纪的城墙上。倒不是"太阳王"打算把一条绿树成荫的散步道送给他的臣民做礼物。他真正的目的是摧毁这座城市的城墙，如此一来，那些在投石党叛乱中试图刺杀他的反叛贵族就再也无法靠城墙来保卫巴黎了。

好斗会在不经意间演变成诗歌，正如巴尔扎克所说的那样，"每个首都的城市风景都自有其诗意，将城市的精神

一条正宗的大林荫道——跟奥斯曼毫无关系。安德雷·卡斯泰涅作

表达并总结出来,对它自己来说尤其真实"。他在奥斯曼出现前十年写给巴黎的情歌《致巴黎》(à Paris!)中,谈到那些经过重新改造的城墙时说,"今日的林荫大道之于巴黎,正如大运河之于威尼斯……科尔索大道之于罗马"。

在从前和现在,最初在路易十四时代修建的林荫道,都跟第二帝国修建的那些形成鲜明对比——前者相对来说比较狭窄,也更短,两侧排列着一些参差不齐、不对称的建筑，产生于不同的年代，拥有不同的高度，其人行道高低起伏。甚至像编年史学家埃德蒙·德·龚古尔（Edmond de Goncourt）这样一个狡猾的反革命者和资产阶级分子，也厌恶地指出，他对后奥斯曼时代的巴黎感到有些疏离，因为"新林荫大道没有一点弯曲，没有丝毫透视感，而那些笔直的大路直得毫不留情，感觉它们并非来自巴尔扎克的世界，却让我想起了某个未来的美洲巴比伦"。

有一种超越趣味问题的科学原因可以解释这种感觉。从火炮设计师、房地产投机商、建筑师和城市规划师高高在上的目光看，奥斯曼式的对称在纸上看起来还不错。但文艺复兴式的透视技巧尽管在皇家森林狩猎场或勒·诺特（Le Nôtre）设计的花园——如杜乐丽宫——显得如此美妙，却不能转变成在心理上令人满意的城市风景。那些技巧让远处的建筑和物体显得很大，当观看者在各不相同的地形特征和街面上向前移动并从中穿过时，它们看起来就像是逐步打开的画卷。

要全身心地体验这种移步换景的感觉，你可以步行穿过杜乐丽宫，前往协和广场，再顺着香榭丽舍款款而行。这真的很美妙。一路上，你时而看到斜坡，时而看到树木，时而看到高矮不一、不同布局的建筑。

把这跟拿破仑三世修建的新城区做一下对比，其中轴线拥有标准化的长度、宽度和平坦度，大多数都没有行道树,两侧排列着盒子似的单调建筑,大小和高度相同,全都一丝不苟地排列成直线。这样的设计形成了一些死胡同。每一条中轴线都拥有显然没有尽头的透视,逐渐变得狭窄,直到将自己封闭起来。每一条笔直如加农炮射程的林荫大道看起来都像死胡同。

那么里沃利大街呢?这条大街上以协和广场为起点,带有漂亮拱廊的那一长段,是拿破仑一世修建的,并在复辟时期和路易·菲利普统治时期经过扩建。它的东端通往巴士底广场,是奥斯曼下令修建的,堪称完美的美洲巴比

里沃利大街的拱廊,上行,由拿破仑一世(而非他的侄子)签字批准兴建

伦。这一段普遍不招人喜欢——嘈杂、交通拥堵,千篇一律而给人一种压抑感。

那么人行道上的那些咖啡馆呢?它们肯定是第二帝国的产物吧?它们是在17世纪开始修建的,在19世纪上半叶臻于极致。

那些带有玻璃屋顶的购物廊,例如全景拱廊(Passage des Panoramas),是在18世纪90年代至19世纪40年代修建的。

而从蓬马歇(Bon Marché)开始的那些百货商店,则是在拿破仑自封为皇帝并雇用奥斯曼之前的19世纪50年代兴起的。在他们任期内修建的那些也跟一个独裁者的命令毫无关系,而是在路易·菲利普时代发起的私人建筑项目。

有多少造访巴黎的人是为了欣赏塞瓦斯托波尔林荫大道(Boulevard de Sébastopol)、沙特莱广场(Place du Chatelet)和塞纳河右岸几个火车站周围的笔直大道?或者圣米谢尔广场(Place Saint Michel)及其漫画书般的喷泉、环线内那些林荫大道或警察局(Prefecture of Police)和西岱岛上的主宫医院(Hôtel Dieu)?也许会有那么几个。毕竟,有些蜂拥来到巴黎的人喜欢蓬皮杜中心甚于卢浮宫或奥赛美术馆(Musée d'Orsay),因此,可以想象的是有人会喜欢奥斯曼林荫道或蓬皮杜在20世纪70年代修建的环

旧时和今日的咖啡馆文化：侍者的制服和咖啡馆的气氛并没有改变

线甚于拉丁区或圣日耳曼区那些小巷，或者卢森堡以及"太阳王"修建的那些路边排列着悬铃木的林荫道。不错，卢浮宫的大部分都在第二帝国时代由埃克托尔·勒菲埃尔（Hector Le Fuel）做了改建和扩建。但对于卢浮宫阴郁的外表，他那些轻率鲁莽、脱离实际、不合时代的工程通常也是人们最不喜欢的。

　　本质上，我并不反对奥斯曼时代兴建的那些舒适的块状公寓房屋。它们让我想起装帽子的盒子、婚礼蛋糕和老式的蒸汽船。如今它们已经成了古物，由于时光的流逝，以及"一战"期间"大贝莎"（Big Bertha）炮弹的轰炸，有些地区的此类房屋已经变得老朽，也不再那么对称了。

如果一个新的蓬皮杜将它们成批摧毁,天知道取代它们的会是什么东西。前奥斯曼时代的巴黎已经消失,为什么不把残留下来的以及那些还算不错的建筑保存下来?以一种明智的方式?

在巴黎各地,几乎所有第二帝国时代的迷人绿地——包括那条漂亮的花园林荫道,将凯旋门和布洛涅森林(Bois de Boulogne)连接起来的福煦大道(Avenue Foche)——都是公共建设部主任让-夏尔·阿道夫·阿尔方(Jean-Charles Adolphe Alphand)的手笔,籍籍无名的他对政治没有兴趣。阿尔方负责修建了点缀于巴黎各处的那些迷人的社区公园,以及具有高度浪漫主义色彩的肖蒙高地(Butte Chaumont)和蒙苏里(Montsouris),另外还重建了城市边缘的文森森林(Bois de Vincennes)和布洛涅森林(它们都修建于奥斯曼时代之前)。在第二帝国土崩瓦解后,他还继续创造了巴黎街道富有层次的特征。

当然,第二帝国也有一些成功的大型项目,包括那座华而不实得近乎疯狂的歌剧院。反浪漫主义时代的另一个优秀建筑是圣日耳曼林荫大道:它毁掉了很多东西,但它曲曲弯弯、绿树成荫的优雅为这座城市成功地增加了一道美景。那些曲线和树木是关键,不过同样重要的是,这个项目花了几十年时间才竣工,因此那些建筑并不统一。当然还有那些下水道系统——由奥斯曼的工程师们,尤其是欧仁·贝尔格朗（Eugène Belgrand），做了扩建和改建。有些游客喜欢钻到下水道里面去探究一通。但我可不愿再体验那种由污水和臭气构成的怪异景观。

巴黎都市风景的另一个无可争议的典型特征来自19世纪中期，以街道设施的形式出现，包括从长椅和煤气路灯灯柱，到树木带、广告柱、蓝色珐琅瓷的街道路牌和饮水喷泉等具有本土特色的装备。在营造或重新设计很多这样的元素时，阿尔方发挥了一定的作用，而另外一些则产生于1815年至1830年的复辟时代或路易·菲利普统治时代，这位国王的都市更新观念是进步主义、循序渐进、充满活力的，而且受利益驱动，并非以极权主义和军国主义的方式展开。

正是路易·菲利普的塞纳河管理局局长，即朗比托公爵克劳德－菲利贝尔·巴尔特洛（Claude-Philibert Barthelot），说了那句著名的话："给巴黎人流水、空气与树荫！"

他应该再加上"光明"，因为正是他，在复辟时代前辈已经开始的工程上继续兴建，将巴黎变成了"光之城"，远比拿破仑三世或奥斯曼更有资格获得这项荣誉。不过，那也属于巴黎神话的一部分：巴黎曾经是一个肮脏、阴暗而蒙昧的边远地区，并且受到激进的社会主义者的威胁。不管怎样，第二帝国将文明、舒适、现代性和启蒙带给了这座城市。同时，第二帝国对巴黎大肆破坏，将它毁于一旦，使得法国倒退了四分之一个世纪。

路易·菲利普和朗比托的计划成为全球各地很多人的典范，包括拿破仑三世和奥斯曼。那些反浪漫主义者从里面减去了理想主义，把它发展到激进的极端。凭借这种一切从头开始的手段，第二帝国为很多后来者提供了弹药，例如创造出美国巴比伦的镀金时代空想家们，企图彻底铲除威尼斯的意大利未来主义者，更别提后来的那些模范如斯大林、希特勒、墨索里尼和齐奥塞斯库了。拿破仑式思想倾向带来的持久影响，也可以从正在进行的中国"现代化"中看到。在世界各地，蜘蛛网、蜗牛壳和其他有机形状的城市仍在被改建成21世纪的直线型和算盘格状街区，里面充斥着高层建筑。为拿破仑三世和他那位官员恢复荣誉的持续努力反映了我们的时代精神。

如今，让巴黎街头充满魔力的其他受人喜爱的元素，从富于想象力的地铁站到酒瓶绿的书报亭，都不是第二帝国的产物，而是要追溯到美好年代，即20世纪初至30年代。奇怪的是，这是社会民主主义成为指导范例的时代，当时新浪漫主义的颓废者或超现实主义者正盛行一时，新艺术或装饰艺术也正欣欣向荣。事实证明，不管是过去还是现在，社会正义都是浪漫思想和保护运动的强劲发动机。

你说对称是衡量美的终极尺度？或许对面部来说是这

样,正如行为科学家向我们证明的那样。不过,就个人而言,我喜欢毕加索的肖像画甚于《时尚》(*Vogue*)杂志上的模特,而且差不多总是会挑选杂乱无章但具有巴黎本地特色的建筑,而非奥斯曼兴建的那种对称的公寓大楼,或勒·科尔比西耶(Le Corbusier)那些笔直的、没有灵魂的代表作。其实,缺乏幽默感的瑞士现代主义者曾提出一项计划,将历史悠久的玛黑区夷为平地,代之以形状对称、千篇一律的 300 英尺高的摩天大楼。为什么有那么多当代法国明星建筑师都像勒·科尔比西耶那样,倾向于将巴黎变成另一个芝加哥、曼哈顿或上海?这是一个令人费解的谜团,当然,如果他们寻求经济回报和扩大自己势力的目的不是那么昭然若揭的话。

21

死人的学院

现在,挑选一条街道,越窄、越老、越不对称越好,然后从拉丁区南部的小巷攀上圣日内维耶山(Montagne Sainte Geneviève)前往先贤祠,那里有前奥斯曼时代的新古典主义平直线条、无门窗的墙壁,还有具杀菌作用的阳光。你不会迷路。让视觉为你指引方向:你会从一个个街角看到那座 200 英尺高的穹顶高耸于空中,在埃菲尔铁塔及其后的蒙帕纳斯塔(Montparnasse Tower)出现之前,它早就是巴黎最高也最不招人喜欢的雄伟建筑了。

巴黎人很快学会喜爱埃菲尔铁塔那些垂直桥结构的花边状楼梯。而蒙帕纳斯那座棕色的玻璃摩天大楼显得笨重,提供了一种有用的负面典型:虽然先贤祠形态笨拙,设计拙劣,粗制滥造,像乳齿象一般践踏着一座山丘的山顶,但在 20 世纪 70 年代,蒙帕纳斯塔的存在使它显得轻巧,相比之下还算可爱。或许,如果蒙帕纳斯塔撑得长久一点,它也会被当作法国建筑杰作而受到欢呼。它的设计者来自芝加哥,可是那又怎样?先贤祠的设计者来自意大利,但它仍然具有精致的法国特色,被那些具有特异资质的人普遍视为天才之作。

如今,当你靠近这座历史建筑时,你会看到一些钢架和平台、脚手架网络、桁架和防水布。它们在那里是为了防止周边地区到处是从先贤祠上掉落的碎石。它有可能崩塌,让法兰西共和国的象征精神轰然倒塌。其建筑接合处出现漏水问题,生锈的铁质构件使得它到处出现裂缝,而那个穹顶、隐藏的扶壁和下层结构再也无法支撑它了,一如叶芝诗歌里的宇宙重力场中心。

先贤祠穹顶上的鼓形座为这个国家的进行曲敲出了节奏

然而，跟12世纪的巴黎圣母院相比，先贤祠还是很新的。它由路易十五的建筑师雅克-热尔曼·苏夫洛(Jacques-Germain Soufflot)构思出来，献给很久以来便是巴黎守护圣徒的圣日内维耶，并修建于1764年至1790年。对天主教徒和保皇党人来说，那不是一个吉利的时代。在它完工之前，工人们不得不给那些窗户填满石头，以免它们松弛下陷，而那只是先贤祠不幸命运的开端。

先贤祠又被一些人称为"法兰西死人学院"，其历史随着现代法国如过山车一般的命运而跌宕起伏。这座教堂扮演的角色并不愉快。在1638年路易十四出生后，圣母玛利亚赶走了倒霉的圣日内维耶，成为这座城市的保护圣徒。圣母玛利亚原来的圣所是一座修道院，后来也被夷为平地。因为人们仍然认为圣母值得崇拜，于是皇室便许诺，只要她答应治好在1744年的梅斯包围战中突然染病的新国王路易十五，就为她修建一座规模浩大的新教堂。她治好了国王。经过仅仅二十年的耽搁，那位心怀感激的君主抬起一只戴满珠宝的手指，下令开工修建这座新的皇家教堂。但它没能成为皇家教堂。建筑工程花了几十年才完成。路易十五死了，苏夫洛死了，长眠于他工作的地方。路易十六登基，并经历了被罢黜和枭首。在信仰无神论的1789年大革命期间，圣徒的力量随之衰退。1791年，这座君权神授的圣殿被指定用来供奉共和国的世俗偶像，成为新的"国家圣殿"。

在先贤祠变得摇摇欲坠时,法国也摇摇欲坠起来。再一次,这个国家在深不可测的认同危机的边缘保持住了平衡,这种危机比法国周期性的经济危机更糟糕。与此同时,成群结队的"专家们"为这座圣殿的未来争论不休,而其他不那么专业但辛苦工作的人,譬如大多数来自非洲的移民劳工,则忙着将先贤祠的鼓形座支撑起来,它为这个国家的进行曲敲出了节奏。

先贤祠内的基督教十字架和外面门楣中央镌刻的文字——"由心怀感激的祖国献给其先贤"——曾被多次升起和取下,就像标志着君主制、共和制或信奉共产主义的巴黎公社循环往复的旗帜一样。它那个牢靠的基座是地下室里的一座单独的巨型坟墓。不用说,那属于维克多·雨果。讽刺的是,这位哥特风格的游吟诗人最终被装进了古老的希腊-罗马式石棺内,埋进了一堆新古典主义的建筑里,一个毫无优雅感可言的沉闷大杂烩,将罗马那座神奇的万神殿、由布拉曼特修建且同样位于罗马的精致的"小教堂"(Tempietto)以及位于帕埃斯图姆(Paestum)和意大利其他地区的漂亮神殿杂糅在一起。就像众多法国艺术家和建筑师一样,苏夫洛是在"永恒之城"罗马接受的训练,并曾周游意大利半岛。

不管你是否喜欢新古典主义风格——雨果就不喜欢,

他曾指出,"苏夫洛的圣日内维耶当然是烤制得最好的萨伏伊石头蛋糕"——从历史的视角看,它倒是很适合这个地方。古罗马时代的"巴黎西人的卢泰西亚"(Lutetia Parisiorum),也就是后来的巴黎,就把其广场设在这座建筑前面,广场就像一条融化的记忆之河一样,顺着苏夫洛路(Rue Soufflo)一直流淌到圣米谢尔林荫大道(Boulevard Saint Michel)。修建先贤祠的建筑工人们,在摧毁那座中世纪城市并建起这座圣殿、广场和它周围那些对称的新古典主义行政大楼时,挖掘出了古罗马的卢泰西亚。在过去几百年里,那个古罗马广场就曾被挖掘出来,标记在地图上,然后再掩埋起来。如今,地下停车场里的一堵墙是它留下的唯一可见痕迹。阿方斯·卡尔会说什么?通过破坏与重建,风水轮流转,而巴黎坚持了下来。

除了雨果和先贤祠里那些次要的杰出人物——首先是大仲马和左拉——这个景点还有其他吸引人的地方,例如从穹顶上可以看到迷人的风景,比从埃菲尔铁塔或蒙帕纳斯塔上看到的更亲近,而正殿里那个钟摆甚至更加迷人。傅科这个可移动的著名钟摆到处巡展,就在这里展出过几次。就像巴黎的很多东西一样,这个钟摆也是仿造的,是一个复制品,某种可移动但又永恒的东西。但这并不会改变它令人惊叹的魅力。我还记得在1995年望着它缺席几十年后被重新安装上的情景。每隔几年,我就会转过去看它摆动，思索它的神圣含义。

我最近又回去了一次，发现从前那个喜欢露出牙齿的警卫就像往常那样在外面那些高耸的科林斯式柱子之间转悠。他像以前那样一脸坏笑地告诉我，那个能够看到全景的露台仍然不开放。就像以前一样，他冲着那些不愿进来参观的顾客咆哮，说这里有很多看点，傅科摆、超过七十个伟大杰出的法国男人的坟墓。"现在也有女人的墓了。"他就像马戏团门口的叫客员一样补充道。女人，这可是新鲜事。

先贤祠里面阴冷空旷的巨大空间，高高的正殿，高耸的穹顶上悬挂的漂亮灯笼，都令人叹为观止，仿佛能将空气从肺里吸出去。那是一只鸽子还是圣灵从一条条光柱中飞过？就算不信上帝的自由思想者也会对此感到好奇，这就足以暗示它的内部能激起怎样的敬畏了。它的魔力并不令人愉快，但却颇具感染力，就像一个战争纪念场所或废弃的工厂给人的感觉那样，是一首献给打着呵欠的巨人的颂歌。目前政府打算将这个"鬼魂出没之地变成人类居住的地方"，从冷酷的制度化宣传机器变成充满善意的仁慈灯塔，他们的计划怎么会获得成功呢？那是一桩让人望而生畏的任务，而先贤祠令人敬而远之的建筑更是增加了任务的艰巨性；毕竟，在我看来，从它高耸的空白墙壁——那些没有开口、门窗皆无的墙壁上，是找不到出入之路的。

穹顶之下有一条铅垂线,傅科摆挂在一条 200 英尺长的绳索上。它在阴冷潮湿且明暗对比鲜明的环境中来回摆动,标记出分分秒秒、小时和天数。它来来回回地摆动着。我的目光也跟着它来来回回地转动,我的脑袋也开始跟着转起来。我知道,向前移动的并非这个钟摆,可是我、我们这些聚集在它周围的人,以及先贤祠本身、巴黎城和地球,都围绕那个铅锤转动。

仿佛被催眠一般,我明白了一个道理:那个铅锤就象征着永恒回归的巴黎,而一切都围绕它旋转。巴黎就像罗马一样永恒。真正的巴黎属于头脑,因此它根本不存在,也不会衰老。那正是卡纳瓦雷和巴黎那些公墓包含的寓意,那正是先贤祠渴望的东西:一架在没有神灵干预的情况下让时间停滞下来的机器。

一动不动地站着太冷了,我顺着那些能产生回音的楼梯往下走去,进入一个经过擦洗却仍然发霉的地下墓穴。法国尊崇女性的观念无所不在,但没有哪个地方有先贤祠这么浓郁。那些伟大的男人埋葬在带有拱顶的坟墓里,在 2015 年之前,他们都只与一位伟大的女性分享他们的俱乐部。那位女性就是玛丽·居里,一位归化的波兰人。那时这里还埋葬着另一位伟人、化学家和政治家马塞兰·贝特洛(Marcellin Berthelot)的妻子,在一个世纪之前,他拒绝与妻子分开埋葬。在妻子去世后不久,他也与世长辞了,没有她,他没法活下去。于是先贤祠的那两扇巨型大门敞开,比往常宽了一倍。我突然意识到这不只是罗曼蒂克,这是骑士精神。不过美好年代的精神也可能开明和后现代得令人吃惊。

站在维克多·雨果沉重的石墓前,我泪水盈眶。就像在巴黎圣母院和圣塞维林教堂里,或者在1986年那个大雪纷飞的清晨我从屋顶上的天窗探出头去时一样,我不知道是寒冷还是别的什么东西打动了我。是别的东西。我对雨果了解得越多,就越感到困惑,也越希望他能够起死回生,引领这个国家和这个世界。我止住自己的思绪,那是胡思乱想。他已经在领导法国了——从后方。先贤祠就像一个话筒,在集体记忆带上播放着雨果的理想。记忆比石头更沉重,但比空气更轻盈。

据传雨果是第一位埋葬于此的先贤,这个谜团仍然没

普通纸钞上的维克多·雨果,这位英雄和他的坟墓

有解开，然而那不会改变他拥有这座巨型建筑的事实。另一位热爱女性但是偏离了正途的革命英雄米拉波，是这里最初的住户，革命者将这座从前的教堂改成先贤祠，就是为了向他致敬。一块纪念碑记录了他的故事。不过，除了一些历史学家，很少有人会把米拉波与这个地方联系起来。迪托·马拉也是如此，这位煽动革命的人，被夏约特·科黛（Charlotte Corday）刺死在浴缸里，令人难忘。他是第二个来到这里的"先贤"。随着恐怖时代的刀刃切断一个个脖子，他们俩被逐出了先贤祠。后来，拿破仑的那群亲信也被"先贤化"，他们留在了这个地下墓穴里，而不同颜色的旗帜在旗杆上升起又降下。谁还记得他们呢？

雨果就不同了。他信奉的是反教权主义，他是一个难解之谜，信仰普通男女及人类这个物种的完美性，信仰上帝或不朽的灵魂，但他却是有组织的宗教的敌人。"真理、光明、正义、良知便是上帝。"他曾经这样写道。

雨果曾经是七月王朝中的一个法国贵族和众议员，曾经在第二帝国时期抵抗过拿破仑三世，又在第三共和国时期担任参议员，并反抗过奴隶制和苦难，为穷人、被压迫者和女性而战斗。在世时，他是民主主义者、社会主义者和共和派的英雄。当他于1885年去世后，将圣日内维耶教堂更名为先贤祠的做法，使得第三共和国避免滑回君主制。他的死亡标志着社会民主主义的胜利，在两次世界大战和

拱心石上的雨果头像，摄于维克多·雨果大道

纳粹占领期间，在大萧条和经济低迷时期，在全球化中，在复苏的右翼和大型企业破坏这个福利国家的企图中，这种受到损害的模式都幸存下来。

天才往往要等去世后才获得承认。在过去的岁月里，令人难忘且颇具象征意义的是，在雨果满八十岁时，法国开始了长达三天的全国庆祝活动。第一天是"艾那尼之战"五十一周年的纪念日，与此同时也发生了一件怪异的事情，作为民主主义者的雨果获得了一只塞夫勒陶瓷花瓶，那是以前为皇家保留的礼物。在2月26日，他与家人和朋友一起庆祝他的生日。第二天，六十万人在第16区顺着艾劳大

数百万哀悼者参加了维克多·雨果的葬礼

道（Avenue d'Eylau）游行，就像一条由人类构成的毛毛虫，从香榭丽舍开始一点点地蠕动，花了六个小时才全部通过。尽管雨果在 1878 年发生过中风，他仍然敞开窗户，站在寒风中，向人群点头致意，直到所有人都已经从那里走过。那时，阿黛尔已经死去十五年。在人们看不到的地方，站着朱丽叶·德鲁埃，那所房子的女主人。接下来的一天，艾劳大道更名为维克多·雨果大道，而雨果则骄傲地收到地址上写着"他的街道"的书信。朱丽叶在两年后去世，留下这个勇敢的诗人又活了两年，才在 1885 年因肺炎而死去。那时他八十三岁，算是很长寿了，在那个时代尤其如此。

雨果的生日派对令人震撼,不过跟他的葬礼以及前往先贤祠送葬的队伍相比就相形见绌了,那是法国历史上最隆重的葬礼。他希望自己作为穷人而被埋葬,把他寒酸的灵柩放进一辆寒酸的灵车里。他的遗愿得到尊重。那口黑色的棺材上只有两个由白玫瑰组成的简单花环。不过灵柩在凯旋门下停放了一夜,雨果代表的和平象征性地战胜了好战的波拿巴王朝,也象征性地朝那些图谋不轨的君主制拥护者的船首开了一枪,他们准备颠覆脆弱的第三共和国。悲伤的海洋上漂浮着喜悦:雨果是个生活奢侈的人,因此数万巴黎人在狂欢作乐中度过那个夜晚也很合适,据当时在场的诺贝尔文学奖获得者罗曼·罗兰(Romain Rolland)所言,那就像一场向他致敬的酒神节。而庆祝活动以协和广场为中心展开,不可避免地,也以仿照朱丽叶·德鲁埃塑造的斯特拉斯堡市的雕像为中心。

在黎明之前,有两百万哀悼者跟着灵柩从凯旋门来到先贤祠,那是一支庄严的送葬队伍,穿着黑底黑纹的丧服。在4英里长的送葬路线上,装饰着雨果那些伟大杰作标题的标语在风中拍打,包括《悲惨世界》、《静观集》(Les Contemplations)、《东方诗集》(Les Orientales)等等。煤气路灯都罩上了黑纱。它们整整一天都亮着,怪异地让人想起这位诗人最后的遗言:"我看见黑色的光。"

在去世之前,雨果曾经在写作中宣布:"我信仰上帝。"

这不单单是为来世加上的保险措施：他终其一生都对永恒灵魂及其与活人交流的能力坚信不疑。

站在雨果的坟墓前，我闭上眼睛，脑子里冒出一个不敬的想法。难道是雨果向我发来一条讯息？如果1907年的时候马塞兰·贝特洛可以和妻子索菲一起长眠于先贤祠里，使得她成为这座建筑里的第一位女性居民，为何我们就不能表现出21世纪的开放精神，让维克多与朱丽叶及阿黛尔在此团聚呢？这难道不是独具法国特色的多配偶制，即"三角家庭"（ménage à trois），作为习俗而获得承认的时候？

这个想法远远算不上古怪。其实它很适合当前的社会党政府纪念妇女解放斗争的计划。2013年秋天，在这道完全由男性构成的防火墙上出现了一条裂缝：法兰西喜剧院（Comédie Française）举行了一场旨在推动先贤祠发展的朗诵会，就从选自乔治·桑作品的片段开始，她是一位好斗的女权主义者和性解放的先驱。2015年，两位"二战"时期的法国抵抗运动女战士的遗体被迁入先贤祠。乔治·桑会从她在巴黎西边诺昂乡村的坟墓迁至这里，埋葬于她那些老朋友如雨果和大仲马附近吗？她也是一位不同寻常的抵抗运动战士。

"我为一位死去的女性而哭泣，为一位不朽者而欢呼。"雨果在他献给乔治·桑的著名悼词中写道。这些文字也同样适用于他自己。"我们失去她了吗？没有。卓越的人物会死去，却不会消失……他们完全实现了自我。通过在一种形体中消失，他们在另一种形体中出现。这是庄严的转变……乔治·桑是一种理想，她超越了肉体，从肉体中解放出来，她已经死去，但她还活着……其他人是伟人，而她是一位伟大的女性。在这个注定会完成法国大革命未竟事业并开始人类革命的世纪，两性之间的平等是人类平等中不可或缺的一部分，而我们需要一位伟大的女性。"

就像往常一样，雨果比他所在的时代超前了一个世纪——事实上，是两个世纪。

1886年，就在雨果被葬入先贤祠的次年，巴黎用一条以乔治·桑命名的街道纪念她，那是一个位于第16区的高贵地方，距离雨果去世的地方不远。

在离开先贤祠之前，我也向那位超级火枪手大仲马以及精力充沛的左拉致敬，后者是巴尔扎克和雨果的继承者，然后又挥别法国浪漫主义的始祖让-雅克·卢梭。还需要跟伏尔泰以及玛丽·居里打个招呼，居里夫人的坟墓其实并没有闪着微光。在向他们挨个儿致意后，我绕道找到一位被其他大多数游客忽略的人：植物学探险家和乌托邦理论家路易-安托万·德·布干维尔（Louis-Antoine de Bougainville）。这位现实生活中的前火枪手后来成为舰队司令，不仅用自己的名字命名了全世界最可爱的开花攀缘植物[1]，而且在切萨皮克战役中帮助美国赢得了独立战争。他还在塔希提杜撰出"高贵的野蛮人"的说法。如此一来，便在法国人的精神中嵌入了些许"自然是美好与平等的"的思想——一种如病毒一般传播的观念。如果没有他，卢梭和夏多布里昂就找不到支撑点来赞美"未开化的人"。如果没有那种思想，雨果或乔治·桑会为备受践踏的人性而战斗吗？或者，他们会梦想自己成为美洲原住民中那个获得天赐之福的夏多布里昂吗？世界各地的无数代人，又怎么会反抗各种为支撑那些早已过时的道德与文明观念而树立起来的压抑和禁忌，并在自己放荡不羁的反叛中宣布"我们全都是高贵的野蛮人"？不论是过去还是现在，这都是浪漫主义的核心。如果没有它，缪尔热和纳达尔或许会成为牧师而非叛逆的浪漫主义者；高更或许永远画不出他那些描绘岛民的杰作；20世纪的现代主义者可能会面色苍白地蹒跚而行，不会随着三原色流入未来主义。如果没有这些叶子花，里维埃拉（Riviera）看起来会是什么样子呢？

尽管我竭尽全力与其他死去的白人男子交谈，地下墓穴的其余部分却让我无动于衷。就像我每次造访这里的情

---

[1] 即叶子花属植物，又名九重葛或三角梅，其拉丁文学名为 *Bougainvillea*。1768年，布干维尔在率领一支法国舰队做环球探索时，舰队中的植物学家菲利贝尔·科梅森（Philibert Commerson）在南美洲发现了这个属的植物，并用布干维尔的姓氏为它命名。——译注

形一样,先贤祠的魔咒终于被打破。我顺着那道楼梯爬到地面上,来到一群叽叽喳喳的游客之中,他们来自美洲,从前的浪漫主义者以为那里满是"高贵的野蛮人"。这座国家圣殿再次让人感觉是一场过度渲染的宣传。

罗马的万神殿是近两千年前献给异教诸神的,它能避免遭到破坏,是因为教会将它神圣化为一座教堂,同时又保持了微妙的普适性。在巴黎,一座教堂能避免遭到革命者破坏,是因为它变成了一座献给共和制的圣殿。但它也是我曾在苏联乏味的专制废墟中漫游时见过的那些改作世俗用的科学、无神论和丑恶的民族主义机构的原型,罗伯斯庇尔的这个扭曲的后裔,仍在制造一些小恶魔。

对法兰西共和国的崇拜曾经是一件好事。或许这会再次变成好事。法国计划在先贤祠里为其总统举行宣誓就职仪式,庆祝巴士底日,为新晋的法国公民举行仪式,并利用这座历史建筑重塑国家地位。不过,随着部分人吵吵嚷嚷地支持反移民政策,并对自由、平等和博爱做出反动的阐释,如今这种中央集权论崇拜似乎已不再那么值得赞美了。那些观念跟这个由多种肤色和无限多样性构成的旋转的地球相冲突。当我再次站在气势即将受到抑制的傅科摆旁时,我忽然意识到,我们即将进入一个新时期,可是它其实又非常古老。

穿过正殿时,我听见一个导游大声说,法国爱国者莱昂·甘必大——就是那个坐着气球突出巴黎重围的人——的心脏即将从礼品店附近的一个骨灰瓮转移到一个真正的坟墓里。我想起自己早些时候另一次造访先贤祠的情景，一名游客向商店售货员问起甘必大骨灰瓮的事情。售货员解释说，要"葬入先贤祠"，就需要"一个身体器官"，因此甘必大无法拥有一座坟墓，只能在一个骨灰瓮里将就一下。那位游客反驳着，显然对圣徒遗体的崇拜并没有随着法国大革命而结束，同时买下一只装饰着"Vive la République"（共和国万岁）字样的咖啡杯。现在回想起那段往事，我暗自微笑。如果先贤祠能够继续支撑下去，也许有一天，对身体器官和丑恶的民族主义的崇拜都会在这里消失。

来到苏夫洛路西端之外的卢森堡公园，当我从美好年代的旋转木马旁走过时，它们正在转动着，如同梦境一般。孩子们骑着小马顺着悬铃木树荫下尘土飞扬的小路行进。罗曼蒂克的英国花园内，在浓荫匝地的林间空地上，一群群长着青春痘的青少年懒洋洋地坐在长椅上，摆弄一些手持设备，而另一些一边用眼睛盯着一些过时的印刷资料，饥不择食地阅读着，一边对着薯条和垃圾食品大快朵颐。每个人都在抽烟，甚至路对面那些打网球的人也是如此。我望着那些网球来来回回、来来回回地跳着，如同另一个铅摆似的物体。爱情，爱情，爱情，那些打球的人叫道,然后是"15!"那些男子像波德莱尔一样穿着白色的短袜,当然,他们大多数都在心里牢牢记住了《恶之花》的诗句。

钟摆来回摆动,地球和旋转木马不停旋转。只有巴黎一如往昔。

卢森堡公园里,如今那些椅子已经换成金属材质的,不然阿方斯·卡尔会辨认出这一幕景象。安德雷·卡斯泰涅作

ROMANTIC ROMPS

第五部

浪漫主义顽童

卢森堡公园、拉丁区和圣日耳曼德佩的浪漫主义者

22

枝繁叶茂的浪漫先贤祠

如果你测量乔治·桑从脚跟到那一头乌黑鬓发的身高,或者她那双闻名于世的小手上所戴的手套的尺寸,你会发现,按照我们这个时代的标准,这位"浪漫主义时代的伟大女性"身材娇小玲珑。

对那些好奇的人来说,巴黎提供了两种有趣的方式来测量乔治·桑的身材。你可以前往第9区,在一座主要展示她和浪漫主义者生活的故居博物馆里窥视一个古董盒子:在这里,有乔治·桑的一些肖像画以及她的右臂和右手的石膏模型展出(旁边是肖邦那只细腻的左手)。或者,你也可以从圣米谢尔林荫大道逛进树木丛生的卢森堡公园,顺着那些平行的环形小路中的第一条走,在一张舒适的木头长椅上坐下,凝视正当盛年的乔治·桑的一尊等身白色大理石雕像。我曾经在无人注意的时候,多次偷偷触摸她那双珍珠白的小手,跟孩子的手差不多大。我见过那些放在她雕像前的血红玫瑰,喜欢想象她在夜里嗅闻玫瑰。

这尊雕像是一件漂亮的作品,产生于美好年代。雕像中的乔治·桑摆出颇有诱惑性的忧郁姿态。她看起来几乎算得上漂亮了,不过,按照她自己的评价,她既不算美,也不算丑,只是一个相貌平平的简·爱。"我太罗曼蒂克了,"她在自己卷帙浩繁的自传中写道,"总是在自己的镜子中看到某部长篇小说的女主人公。"

她是在卖弄风情吗?不是。远非如此:这是一种心甘情愿的自欺。举个例子来说,她曾经以破坏或顺手弄丢德拉克洛瓦为她画的一幅逼真的肖像画而闻名,那是在她找人复制并"纠正"这幅画并制作成版画之后。德拉克洛瓦对此非常厌恶,宣布"(我画中)这位如同出自拜伦式戏剧的主角,变成了歌舞杂耍中的一个女主人公"。

乔治·桑还说过一句著名的话:"要成为长篇小说家,你得成为长篇小说式的人物。"

她是一位不可思议的谎言制造者。

看看那尊雕像中的她,穿着一身富于流动感的长裙,纤细的肩膀上围着一条披肩。她坐在那里,左手握着一本书,大大的眼睛满含深情,与她十分相称。乔治·桑是一位不被人看好但咄咄逼人的开拓者,在文学和生活中,她想方设法地刺激、鞭策、挑逗、激励、推动、恫吓、诱惑、教育和说服法国,从思想褊狭、墨守成规的父权制,朝着某种接近于性别启蒙的方向发展,在这方面她比其他任何人都做得

乔治·桑，卢森堡公园的女王

多。如果法国男人像很多当代人声称的那么女性化（不必阴柔），如果法国式的浪漫是轻拨竖琴那样的温柔游戏，而非粗野的拳击比赛，那么这至少要部分归功于乔治·桑。

在她去世一百四十年之后，这项工作远未完成。穿着苦行式粗毛衬衣的保守派仍然会定期在香榭丽舍游行示威，那里在政治上与巴士底对立。他们每天都在保守媒体上挣扎，在崇拜法兰西的地方，试图逆转自由、平等、两性互敬互爱的潮流。然而，21世纪似乎注定会成为女性的世纪——至少在巴黎是这样——并且乔治·桑拥有众多好斗的崇拜者。他们自称"乔治·桑之友",颇有讽刺意味的是,虽然他们大多数都是不信教的世俗主义者,却把她的话当作福音书一般的真理。虽然乔治·桑在世界其余地区不再是一个家喻户晓的名字,但在如今的法国,她很可能比以往任何时候都热门。

苔藓、地衣和落叶往往会盖住这尊雕像底座上所刻的姓名与生卒日期。靠近一些,用你的食指摸索那些字母。虽然有点费劲儿,但还是能够辨认出或者至少摸出那些字。我还没有提到乔治·桑那个冗长的原名:杜德旺男爵夫人,阿芒迪娜-奥罗拉-露西尔·迪潘(Amandine-Aurore-Lucile Dupin, Baroness Dudevant)。

需要指出的是,这尊雕像创作于1905年,是当时的一位重要艺术家雕刻的,然后就在巴黎这个最著名的公园展出。它所在的地方靠近一条时髦的林荫道,是乔治·桑在巴黎的最后居所,位于盖-吕萨克大街(Rue Gay-Lussac),从她的居所到卢森堡公园和法国那座世俗主义圣殿的距离相同。如果说先贤祠属于维克多·雨果,那么卢森堡宫也是同样,这里用两尊胸像和一个会客厅纪念这位参议员。不过卢森堡公园是一个迷人的森林,是一座生机勃勃的圣所,供奉一群反叛的浪漫主义者,而乔治·桑就是女性代表团中的佼佼者。或许是巧合——尽管巴黎的舞台技巧中绝少偶然因素——就在她那尊雕像的正对面,隔着一条小道，竖立着一尊名为"真理之口"（*Bocca della Verità*）的雕像，不用说，其灵感来自罗马那件古老的原作。乔治·桑说的一直是真话吗？

附近还矗立着其他"真理之口"：罗丹创作的一件圆形的青铜浅浮雕嵌在那块纪念《红与黑》的作者司汤达的方尖碑上，距离乔治·桑的雕像恰好25步，她也是司汤达的崇拜者。从那里再走40步，耸立着古斯塔夫·福楼拜的雕像，他是法国现代长篇小说之父、普鲁斯特的先驱，启发了无数

卢森堡公园里的"面具贩子"

的其他作家。他这尊不太相称的肖像兼胸像兼纪念碑与一张长椅融为一体,坐在这里,可以将包法利夫人、于连·索黑尔和莱丽娅的创造者们尽收眼底。福楼拜推翻了已经被普遍接受的浪漫观念,没有时间参与社会民主运动,但却成为乔治·桑最重要的支持者、朋友和多产的通信者之一。

从福楼拜所在的地方向南溜达 80 步,你会遇到那尊怪异的青铜雕像,被称为"面具贩子"。一个近乎全裸、尚未进入青春期的男孩举着成年的维克多·雨果的青铜面具——在这件杰作于 1883 年落成时,雨果仍然在世。在雕像的基座周围,还散落着其他令人难忘的浪漫主义伟人的青铜面具:莱昂·甘必大(那个乘着气球突出巴黎包围圈的政治家)、画家卡米耶·柯洛(Camille Corot)、戏剧家小仲马、作曲家埃克托尔·柏辽兹(Hector Berlioz)和加布里埃尔·弗雷(Gabriel Fauré)、雕塑家让-巴普蒂斯特·卡尔波(Jean-Baptiste Carpeaux)、诗人兼批评家巴贝尔·多尔维利(Barbey d'Aurevilly),另外还有必不可少的德拉克洛瓦和巴尔扎克,他们俩都是卢森堡公园的常客。

对当时都已不在人世的雨果和乔治·桑来说,1905 年是一个好年头,充满希望又骚乱嘈杂。经过近一个世纪实质上的神权统治后,这一年,政教分离再次在法国被写进法律。在 1789 年的法国大革命中,教会曾经受到摧毁。但在帝国时代,它又死而复生,并与政府再度结合起来。大革命时期的进步主义法律被拿破仑一世或复辟的波旁王朝的国王们击退。甚至号称"公民国王"的路易·菲利普也只是个倒退的、伪善的、腐败的君主。拿破仑三世就更不用说了,他把事情弄得更糟:他的妻子是个狂热的反动天主教徒。再次应了那句话:世界改变得越多,其中保持不变的也就越多。

第三共和国时期,世俗主义和反教权主义的胜利是浪漫主义留下的永恒礼物之一,为离婚扫清了道路——它在1816年被取消,又在1884年恢复,这主要归功于维克多·雨果参议员的努力。教会与政府在1905年分道扬镳。然后,在1944年的自由运动后,女性终于获得了投票权。再往后,到第五共和国时期,女性获得了控制自己身体的权利,首先在1967年有权实施节育,然后是有权堕胎。那一年是1975年,恰好是乔治·桑去世九十九周年。

乔治·桑非常清楚,在浪漫主义时代,女性的身体——她们的生殖器官、双乳、面孔、手脚、脚踝、声音,以及着装、说话、行为、道德等等——都是公众关心和评价的话题,比之现在尤甚。如今,营养不良、受尼古丁刺激的时尚受害者仍然在趔趔趄趄地从杜乐丽宫的小道登上这座城市的人行道,无数的主流杂志封面上仍在展示被饿得瘦骨嶙峋或超级丰满的女性肉体,作为一种可消费的对象。

在乔治·桑的时代,苍白如鬼魂、饿得精瘦的物化女性受服装的束缚更严重,被各种紧绷绷的带子缠绕绑缚,从手腕到胳膊肘都用纽扣封得严严实实,走到哪里都撑着一把小阳伞,以免把自己晒得如工人阶级一般黝黑,并被当作在精神层面比男性优越,在生理、智力和情感上不如男性的爱情牺牲品而受到崇拜、陪护、保护、爱慕和崇敬。如果她们拒绝服从,在年轻时长得健壮肥胖,或者运气不好、缺乏吸引力,或者举止行为与众不同,那么她们就会受到奚落、回避、侮辱、讽刺,被画成讽刺画,遭到羞辱、厌恶、憎恨和边缘化。像莱奥妮·比亚尔这样偷情的女性会受到监禁,或者被扔进女修道院里隔离起来,而她们的男性情人如维克多·雨果却可以自由地扬长而去。福楼拜笔下那位任性的爱玛·包法利是一个反英雄,受到成千上万的男性甚至女性的辱骂,而这部一度受到查禁与审查的长篇小说也被普遍视为有伤风化。

人们以特别气势汹汹的方式,严厉而刻薄地对待中上层阶级的女性,以及那些所谓的交际花和名妓,她们服务于上层阶级的男性,有时甚至嫁给他们。作为一个小贵族,乔治·桑遭遇了各种各样的反应,有好,有坏,或者不同寻常,因为,凭借自己充满阳刚气的女性特质和不合时宜的嗜好,她就是一个不同寻常的人。

乔治·桑也明白,公众的观点并非全然带有性别歧视的双重标准。当时,政治正确就像计算机的超文本或探索火星一样难以想象——不过,儒勒·凡尔纳确实在《从巴黎到月球》(*From Paris to the Moon*)中,设法将费利克斯·纳达尔送入了太空。对巴黎的两性来说,挖苦讥讽仍然是家常便饭。男性会因为自己难看或丑陋,或因为鼻子、额头或脚的大小,身高或皮肤颜色、头发长度,或者因为没有遵守着装规范,以及他们放荡不羁或其他具有潜在颠覆性的生活方式,他们的同性恋倾向或性能力,或者缺乏强壮的体力和勇气,而受到嘲讽。服从传统是社交礼节所必需的,并且令人产生强烈的窒息感。那时反叛是真正冒险的事情,较之今日法国或西方大部分地方的时尚宣言更甚。

对有些人来说,时尚和夸张的动作也是爱情游戏的一部分。根据泰奥菲尔·戈蒂耶的说法,为了诱使女性以为他们轻灵、脆弱,即将一命呜呼,因此理应获得怜悯和嬉戏玩乐,男性也培养出死尸一般面无人色的外表。生病就跟上前线一样,得享长寿的机会微乎其微,因此要及时行乐,享受床笫之欢。

可是在乔治·桑的时代,不管女性处于哪个社会阶层,男性都比她们拥有更大的回旋空间,而且能够通过公开的反驳,或者在 20 世纪初都很常见的决斗,来保护自己。男性和男孩也更容易在不引人注目的情况下溜走,他们不会处于时时刻刻的监督之下。

正因为如此,当你想象卢森堡公园里那位男爵夫人年轻时的情景，比如说，在19世纪30年代中期，她把自己那个风流成性的丈夫卡西米尔·杜德旺男爵（Baron Casimir Dudevant）留在了贝里地区的诺昂，跟自己那位年轻很多的情人来到巴黎，在圣米谢尔码头25号同居，你可能不会看到她像卢森堡公园里那尊经过美化的大理石雕像那样，穿着一身长裙。

丰满的嘴唇上总是叼着一支烟卷或雪茄，黑色的鬈发扎好之后被藏了起来，未来的乔治·桑从头到脚都是男孩或男性的装束，就跟她在乡村时一样。她是一个乡下女孩，1804年出生于诺昂一个特别的家庭，她的父亲是一位富有的地主，为了爱情而结婚，而她母亲则是巴黎一个鸟贩子的轻佻女儿。在奥罗拉年纪很小的时候，她的父亲就去世了。她那个冷酷无情的母亲像插上翅膀一般，飞快地回到了巴黎，把孩子们留给奥罗拉那位令人畏惧的祖母抚养。在巴黎的一家女修道院度过一段时期后，奥罗拉不到十八岁就被嫁给一个酗酒的登徒子，这简直就是一场灾难。她很快生下两个孩子，老二索朗热是她和自己的第一个情人阿雅松·德·格朗萨涅（Ajasson de Grandsagne）所生。当乔治·桑像自己的母亲一样逃亡到巴黎时，她安置好儿子莫里斯和小索朗热，开始了自由的生活，并且获得了一笔丰厚的年金，比哈德利和厄内斯特·海明威的更丰厚。不过跟海明威不同，她很少哭穷。

毫无疑问，乔治·桑在很多方面都很有男子气，而她的一些情人则有些女性化、柔弱，是双性恋或同性恋。但如果把她描述成一个会吃掉男性的花痴女同性恋和异装癖悍妇，或者骑在马背上拉弓射箭的亚马逊女战士，这未免对她那个时代有关社会性别的若干关键因素有些轻描淡写。

乔治·桑本人当然是一位不容置疑的乡下假小子和无所畏惧的女冒险家，不过，她自己那位具有完美女性气质的母亲也经常为掩人耳目而穿着男性服装，在巴黎四处走动。其他资产阶级和上层阶级的女性也是同样。她们不会屈尊穿男仆、女佣、厨师或女店员的制服，尽管这也会让她们在大街上相对自由且低调地活动。乔装打扮成男孩或男子，穿上他们那些舒适的衣服和结实的鞋子，是最高效也最有趣的伪装方式，而且不会损害那些出身名门或富家的女士的尊严。奥罗拉也喜欢玩手势猜字谜游戏，以模棱两可的性别倾向为主题，过着没完没了的宴乐生活，这是毫无疑问的。

最重要的是，装扮成男性可以满足乔治·桑对自由和两性平等的渴望。如若不然，她怎么能够在无人陪伴的情况下出入咖啡馆、餐厅和剧院？又怎么能当众抽烟却不会激起别人的抗议？她也有几次在装扮成男孩乔治时惹上麻烦。有一次，一帮反浪漫主义的暴徒开始粗暴对待她，直到他们发现了她的真实性别。还有一次，一个带有伤疤、上了年纪的女演员以为她是个吃软饭的小白脸，试图在剧院的包厢里勾引她。或许，那就是乔治·桑有时会在腰带上挂一把匕首的原因:巴黎是个危险的地方。

作为卢森堡公园的常客,乔治·桑写下数千页的文字,有几十部长篇小说、短篇小说和戏剧都以巴黎为背景,更别提一部多卷本的自传了。可是,令人吃惊的是,乔治·桑似乎从未明确说明她喜欢这个公园里的哪些部分或自己有什么一成不变的习惯。她经常来这里,尤其当她住在圣米谢尔码头、塞纳大街(Rue de Seine)和马来亚码头(Quai Malaquais)等地时,从那些地方步行不到半英里就可抵达这里。其他人——如巴尔扎克、雨果、德拉克洛瓦、缪尔热、纳达尔、波德莱尔以及更晚的海明威——的活动范围、偏好和习惯都很容易在地图上标记出来。可是,乔治·桑,作为隐秘生活的大师,虽然她的人生精彩得如同一部长篇小说或布道文,却对这一切保持沉默。

像乔治·桑那般自由随意,我想象她甩开自己那两条短而匀称的腿,昂首阔步地从先贤祠踏入这座公园,朝那些修剪过的悬铃木之间的小道或那片七叶林走去,途中经过如今竖立着其雕像的地方,然后在吞云吐雾和尘土飞扬中,从那些法国王后们的雕像中间穿过,顺着那道狭窄的楼梯前往卢森堡公园的核心景点八角池,它就在那座用粗面石修建而成的庞大的卢森堡宫后面。

佛罗伦萨风格的卢森堡宫建成于17世纪20年代,是为亨利四世那位来自意大利的王后玛丽·德·美第奇修建

日久生情，永恒的卢森堡公园在当时和现在的样子

的。当乔治·桑出现时，这座宫殿的庭院是左岸最受欢迎的公共散步场。在我的想象中，乔治·桑很少独自散步。等到这位男爵夫人穿过这片永恒的飞地时，她已经将自己的姓名、地址、服装和伴侣更换了几十次，而且也从年近三十岁的青年期，迈入我们如今从那座雕像上看到的盛年。

23 /

乔治·桑的沙坑陷阱

第一个与奥罗拉并肩同行的男性几乎跟不上她的步子，那是某个名叫于勒·桑多（Jules Sandeau）的俊俏少年，举止温文尔雅，才十几岁，比她小七岁。就像她一样，桑多也是一位颇有抱负的作家，将会在写作之路上走得很远，但却不是在她的陪伴之下。他们的爱情尽管非常短暂，却驱使这位男爵夫人从诺昂来到巴黎。这场恋爱也让她获得一种职业、一个新身份和一个特别畅销的商标名：J. Sand。这对情人合作撰写了一些感伤的浪漫小说，署名中的"J."代表"于勒"，而去掉"eau"的姓氏表示桑多并非那些作品的唯一作者。尽管面临很大的困难，J. Sand 的书还算卖得不错。

乔治·桑并非当时唯一舞文弄墨的淑女：在 19 世纪中期，有五分之一的作家都是女性。出于实际的考虑和营销需要，她们中很多人都使用男性笔名，正如她们也在生活中女扮男装。但女性作家很少受到严肃对待。

在奥罗拉甩掉于勒·桑多后,那个笔名中的首字母"J"变成了"G"。然后"G"写成了完整的"Georges",又按照英国式样写成"George",没有了最后那个字母"s",因为英国文学在当时的法国风行一时,从莎士比亚和弥尔顿到拜伦的作品或廉价的同时代的英国爱情小说,全都如此。据说乔治·桑采用"George"这个笔名是向一位十几岁的女孩秘密地致敬,当奥罗拉和她一起在那家女修道院的学校里度过三年的求学生涯时,她们俩是好朋友,这暗示了她有着古希腊女诗人萨福那样的同性恋倾向。

于勒和乔治·桑一起生活在圣米谢尔码头 25 号的一间阁楼里,能够看到巴黎圣母院的壮观风景。她恍如置身天堂。她来这里是为了追寻"维克多·雨果笔下如诗如画的巴黎,那个属于往昔的城市",并且挖到一个金矿。就像他们合著的一部长篇小说中的一个人物一样,当现实生活中的于勒·桑多与人偷情被乔治·桑当场抓住,并被逐出他们的爱巢时,他心情烦乱,甚至以自杀相威胁。随着他们之间的关系进入最后的阵痛期,乔治·桑搬到下游,而于勒到他们共同的朋友那里寻求庇护。那个朋友恰好就是巴尔扎克,他当时住在卢森堡公园正南方半英里处的卡西尼路(Rue Cassini)上,在巴黎的天文台附近。在 19 世纪 30 年代初,性情欢快、喜欢冷嘲热讽的巴尔扎克已经在文坛上获得神灵般的地位,除非他跟你借钱,或者撺掇你把钱投入他的某个轻率的投资计划中,否则他是个不错的朋友。乔治·桑和桑多还算走运,巴尔扎克对他们俩都很崇拜,没有向他们借债。

不过巴尔扎克很快觉察到他们的观点有一个根本的区别:"你追求的是理想的男性,"巴尔扎克在自己那套奢华但遥远的公寓举行晚宴时告诉乔治·桑,"而我,则不管他是什么样子,都接受他。"

巴尔扎克是在虚张声势。他知道自己很少对别人全盘接受,而是会愉快地夸大他们的缺点和恶习,为此暗中兴奋不已。他只是对乔治·桑那些流畅而多产的散文中道德说教的一面不太赞赏。不过这并未影响他们之间漫长而诚挚的友谊。这种友谊一直持续到1850年巴尔扎克英年早逝。虽然他创作了一百多部长篇小说,但乔治·桑也以大约八十部长篇小说的数量屈居第二——外加她那部冗长的自传。

巴尔扎克很可能是在他抓起一支蜡烛,送乔治·桑回家的那个不祥的夜晚做出上述评论的,他们一起穿过天文台到卢森堡公园安全的南门之间那段危险的路段。她为他独自回去而担忧,在阴暗的大街上,他很容易成为歹徒的攻击目标。可好斗的巴尔扎克是个臭名昭著的夜行客,对此无所畏惧。他开玩笑说,劫匪看到他的时候,要么会害怕得逃之夭夭,要么会以为他是个很有权势的贵族并带他回家。

讽刺的是，虽然乔治·桑女扮男装，巴尔扎克却经常穿上一件长裙，围上一张披肩，戴上女帽和手套，跛着脚四处溜达，乔装成一个神秘的跛足老寡妇，将那些讨债的人甩掉，在他成年后的大部分时间，他们都追着他要债。没人指责他是个有异装癖的柔弱男子。

乔治·桑也曾简练含蓄地评论说，她发现巴尔扎克有一颗孩童般的幼稚童心，是个幻想家，生活在自己那个蒙着绉纱的童话世界里。

来到巴黎几年后，乔治·桑就创作了几部长篇小说，包括《安蒂雅娜》（*Indiana*）和《瓦朗蒂娜》（*Valentine*），美名与恶名俱增。她将英式小说中的哥特元素或梅里美那种华丽的文风，跟巴尔扎克针砭时弊的锐利风格天衣无缝地融合在一起，再添上几分夏多布里昂式的精神渴望，以及少许令人吃惊又不安的独创性和带有自传性质但有所变形的爱情和性爱。在其首部真正声名狼藉的长篇小说《莱丽娅》（*Lélia*）中，那种自白似的性幻想确立起她作为一名挑衅艺术家的名声。圣伯夫对她表现出狂热的热情，把她找了出来，并很快介绍给他那些很有影响力的朋友。他们中至少有两人成为她的情人。

在乔治·桑与他们两位相爱之前、相爱期间和两段恋情之间的间隙，当她穿着男装在卢森堡公园里漫步时，依

作为荡妇的玛丽·多瓦尔,莱昂·诺埃尔作

偎在她怀里的不是一个男人,而是玛丽·多瓦尔,那位舞台剧女演员,拥有特征鲜明、性感的沙哑嗓音,也就是浪漫主义者在军械库图书馆聚会时为他们唱歌的歌手。多瓦尔一度是大仲马和其他很多男人的情妇,这当中可能也包括维克多·雨果,但她也爱一些杰出的女人,曾经同时追求雨果和她那位长期的情敌朱丽叶·德鲁埃。跟乔治·桑不同,德鲁埃似乎不得不拒绝多瓦尔的求爱。作为女演员,朱丽叶很失败,被多瓦尔和其他人盖住了风头,但却赢得了那个终极猎物:绰号"奥林匹奥"的雨果。在城郊圣芒代(Saint-Mandé)那座公墓里,朱丽叶朴实的坟墓上仍然刻着那句骄傲的话:"他的思想属于这个世界,他的爱属于我。"

但多瓦尔在舞台上战胜了朱丽叶·德鲁埃,对雨果而言,后者就是孚日广场的交际花玛丽昂·德·洛尔玛的化身。在放弃了把维克多和朱丽叶引为床上伴侣的企图后,她很快在艺术界的最新名人乔治·桑那里找到了不经意的爱情交流。尽管如此,她仍然是那个被她迷住的剧作家阿尔弗雷德·德·维尼正式的情妇。他曾经为一些长盛不衰的经典之作,如《查特顿》(*Chatterton*)、《奥赛罗》(*Othello*)和《安克尔元帅》(*La Maréchale d'Ancre*)担任编剧。

"A. 德·维尼不喜欢我是出于两个原因,"雨果在他的秘密笔记之一中写道,"首先,《玛丽昂·德·洛尔玛》的票房比《安克尔元帅》高,《艾那尼》也比《奥赛罗》挣得更多。其次,我有时会跟多瓦尔夫人偷偷交往。"

德·维尼虽然怀疑雨果背着自己与多瓦尔偷情,满怀妒意,却不顾这种怀疑,跟雨果成为好朋友。但他确实对乔治·桑表里不一的性特征未加防备,逐渐对她厌恶起来,不过却不肯放弃多瓦尔。

在卢森堡公园位于弗勒吕斯街的出口附近,这里也是雨果多年来每天出入的地方,当乔治·桑和多瓦尔在一棵巨大的紫叶欧洲山毛榉午后的树荫里调情时,她们是否留意避开那位动作迟缓的"奥林匹奥",以免他踩到她们纤细的脚?当时他就住在几个街区之外,位于田园圣母路的一所大房子里,仍然和阿黛尔保持正式的夫妻关系,一边在这个公园里散步,一边在脑子里构思他的作品,很可能是在想象爱丝美拉达和卡西莫多,或者马吕斯和柯赛特在卢森堡公园里的第一次邂逅,他们俩是未来那部《悲惨世界》中的男女主人公。当时乔治·桑还不是一名社会主义者,没时间关心雨果那些反贫困的左倾戏剧和长篇小说,或者他那过于膨胀的自负——不过她热爱雨果在《钟楼怪人》里描绘的巴黎。

她们是否也会避开巴尔扎克?他同样是个狂热的散步者兼作家,他曾经偏袒于勒·桑多,让桑多睡在自己的躺椅上,还在自己的长篇小说《外省的缪斯》(La Muse du département)中,塑造出桑多和乔治·桑的化身。

当德·维尼或圣伯夫和阿黛尔出现的时候,她们肯定会匆匆逃离吧?

也许乔治·桑和多瓦尔都乔装打扮了,乔治·桑装扮成一个猎场管理员,预示着 D. H. 劳伦斯(D. H. Lawrence)笔下那个人物,而多瓦尔则反串成一个男爵夫人?或者,也许她们仅在黄昏时出来散步,就像吸血鬼一样:通常乔治·桑会通宵达旦地工作,并在下午 4 点起床,而多瓦尔也是个夜猫子。

娇媚动人的多瓦尔身上洋溢着女性气质，在一个几乎跟雨果一样突出的额头上方，有一束束淡色的鬈发，顽皮的脸蛋表情丰富，有一张薄薄的小嘴，一对活泼的蓝眼睛，从气质和体格方面都和乔治·桑相反。多瓦尔理解乔治·桑，不会对她或她广泛的趣味说三道四，在后者与三心二意、遭到弃绝的桑多分手后，为她提供了一条轻松的出路。虽然看似不可能，但于勒·桑多也将在文学界放射出自己的光芒，有一天也会成为多瓦尔的情人。

乔治·桑与多瓦尔之间那种类似于萨福的暧昧关系，为《莱丽娅》中一些热情似火、富于美感的情节带来了灵感。那是一部编成密码的性自由与两性平等宣言，今天仍有年轻人贪婪地阅读这本书。

"把你冰凉的手放到我那被爱情灼烧的肩膀上，还没有男人的嘴唇亲吻过那里，"乔治·桑写道，"只有你芳香的气息和湿润的头发能熄灭那烈火……播散你醉人的馨香，从你润泽的王冠上剥去那些树叶……我想活着再见到你……现在就离开……如果他们看见你，就会从我这里把你偷走，那我就不得不再次把我献给男人……让我亲吻你雪白的脖子和额头……"

充满感官快感却并不让人觉得丑恶，《莱丽娅》仍然是乔治·桑最热门的作品之一，是理解法国人心理的一把钥匙。在书中，第一人称主人公对温柔情感的追求扩大到表

玛丽·多瓦尔在思念乔治·桑、维克多、阿尔弗雷德或是其他什么人？

达爱意的肉体行为，让人想起阿黛尔·雨果不可思议地选择貌如癞蛤蟆却温文尔雅的圣伯夫作为情人。

圣伯夫在这时再度出场，他对乔治·桑有着柏拉图式的崇拜，作为皮条客，他也是卢森堡公园里一个拥有特权的居民。尽管他在忙着追求阿黛尔，并避开维克多，但仍然抽出时间组织社交聚会，介绍人们互相结识。他知道谁适合乔治·桑——至少他是这么认为的。

如果你绕过卢森堡公园南边那条阳光明媚的环形路，朝那座建于世纪之交、形如姜饼屋的门房走去，当你经过那个由苹果树树篱和扭曲得奇形怪状的植物构成的果园时,不妨暂时停下脚步,朝右边看看。在那棵繁茂的紫杉树旁边,一片梦幻般的草坪和花圃上方耸立着一座石雕胸像,描绘了一个身材肥胖、志得意满的中年男子。他圆圆的脑袋上覆盖着乱糟糟的头发,鼻子的形状就像婴儿鞋子,薄薄的嘴唇微微弯曲,露出一个蒙娜丽莎式的顽皮微笑。一条系得松松垮垮的软绸领巾如今已被苔藓染成绿色,赋予他几分艺术气质,但却无法遮盖住这个享乐主义者的双下巴。是卡西莫多?这是《情欲》的作者。

在圣伯夫的胸像后,是一座美好年代的白色大理石雕塑,名叫"幸福家庭",描绘了一对近乎全裸的年轻夫妇及其孩子组成的三口之家,以及一只山羊羔。这真是命运的讽刺。多年来,当我从这个破坏别人家庭的圣伯夫胸像前经过时,很想知道他为何看起来那么高兴,然后我发现他战胜了维克多,顿时恍然大悟。他迷住了冷漠的阿黛尔,夺去了令人心生敬畏的"奥林匹奥"的位置,还给后者起了另一个绰号"独眼巨人"。现在,他将帮助乔治·桑摆脱啜泣的桑多和臭名远扬的多瓦尔的控制。

就像雨果或巴尔扎克一样,圣伯夫认识巴黎的所有名人,包括普罗斯佩·梅里美。圣伯夫没有意识到,是乔治·桑在追求多瓦尔,并且很享受这段萨福式的爱情。于是他将梅里美作为一个潜在的男性情人推荐给乔治·桑。

卢森堡公园内,圣伯夫露出顽童般的微笑

她停驻了足够长时间,让这位热爱哥特艺术、撰写了《卡门》的作者尝试一番,可是他们俩显然是方枘圆凿。最终梅里美化身为《莱丽娅》里一个不招人喜欢的人物,又一个无法理解或满足一个女性需要耐心、需要温柔抚摸的男性。梅里美也不是文学界的懒人,被乔治·桑一脚踹掉后,他在《错中错》(La Double Méprise)里针锋相对,从冷静且受到伤害的男性角度描述了这段情事。这是一个有关两性之间无法沟通的传统故事,至今仍会怪诞地引起共鸣。

怀着创作的狂热,乔治·桑把《莱丽娅》早期的一个版本读给欣喜的圣伯夫听。当时圣伯夫正深陷于自己与阿黛尔之间闻名于世的婚外恋中,沉醉在温柔乡里。在巴黎最古老的普罗可布咖啡馆(Le Procope)斜对面的圣安德雷商廊(Cour du Commerce Saint-André),他有一套用于幽会的秘密公寓,恰好离卢森堡公园和乔治·桑的公寓都很近。圣伯夫对乔治·桑印象深刻,但也意识到她必然会招来大肆抨击。他可不是个天真的人,如果乔治·桑的同性恋关系或她在那本书里详细列出的性表现愿望清单让他大吃一惊,他也不会说出来。

《莱丽娅》的叙述者否认帕斯卡定律,对涉及爱情与性的众多问题感到迷惑,例如对女性很不公平的男上女下体位,男的总是在上面。她还希望男人们留着长发,就像女人那样的迷人长发。显然,她还没有遇到披着长发的波德

圣伯夫摆出一副充满锐气的姿态

莱尔、戈蒂耶或纳达尔——不过很可能他们对她来说太年轻了。或者,也许并非如此?对她来说,年轻男子那种女性化的阳刚气至关重要。别走开。

当圣伯夫向乔治·桑介绍第二个男子时——这是一次改变人生的介绍,他很可能在脑子里牢牢记住了她对梦中情人的渴望:留着长发,年轻温柔,身段灵活。

24 /

捕蝶人

乔治,这位是阿尔弗雷德,阿尔弗雷德·德·缪塞。那是1833年春,大地重获生机,树液升涌。卢森堡公园的养蜂人小屋附近,七叶树正在开花,这对新近结识的情侣从浓香四溢的七叶树廊下经过,停下来研究那些老式的蜂巢。哪个是阿尔弗雷德,哪个是乔治?如果你在刹那间感到迷惑,这也是情有可原的。

阿尔弗雷德·德·缪塞个子很高,体态纤瘦,若有蜂腰,眼蓝似秋水,嘴尖似鸟喙,是个花花公子,身着黑衣,长且浓密的金色发卷喷了香水,又仔细梳理过,因此有好多年,他都受到揶揄,被人称为娘娘腔和小丫头。他拥有吸引乔治·桑的一切必不可少的元素,而且还有很多其他迷人之处。他喜欢小题大做,喜欢时尚、装模作样和异装。维克多·雨果轻蔑地给他起了个绰号叫"拜伦小姐"。他崇拜自己的母亲,找到一个像母亲一般年长的女伴,这让他欣喜若狂。就像波德莱尔一样,他生来就精神老成,好似将一个枯槁的老兵和一个贫穷的小男孩融为一体。作为一个有封号的子爵,他出身于一个潦倒的贵族家庭。虽然缺少一笔财产,却没能阻止他跟那些更有钱的贵族亲近往来。他成了巴黎最臭名昭著的少年浪荡子,一个生活放纵的宴乐少年和花花公子、赌徒和酒鬼,他白天呼呼大睡,夜里在妓院或朋友们的城堡里狂欢作乐。

缪塞属于那种可以接受的上层阶级吸血鬼类型,夏尔·诺蒂耶那部隐喻性杰作《吸血鬼》就从他这种人身上获得灵感,或者说反映了这种现象。哥特文学本来就可从多个层面做出解读,这也是它至今仍拥有读者的一个原因。

迷人,风趣,在文字与绘画方面都极有才华,早熟的缪塞尚未成年就罹患震颤性谵妄。在这方面,他或许是此后无数艺术家和作家的精神父亲,他们中比较著名的有波德莱尔、缪尔热、兰波和魏尔伦、莫迪利亚尼、约翰·克尔特林、吉姆·莫里森,以及身兼演员和导演的摇滚民谣偶像塞尔日·甘斯布(Serge Gainsbourg)。1991年,甘斯布在尼古丁和酒精的双重作用下晕倒在地。他的女儿夏约特·甘斯布(Charlotte Gainsbourg)是电影明星,如今很擅长扮演浪漫主义者。就像甘斯布、波德莱尔和兰波一样,阿尔弗雷德·德·缪塞似乎成为当今巴黎中产阶级放荡不羁者和新巫毒崇拜者的榜样。缪塞说自己处在一个"哀悼"的世纪,而且他总是身穿黑衣。缪塞的生活方式再度流行,全世界的存在主义放荡不羁者都按照这种方式生活,却没有意识到这一点。

不管怎么说,缪塞还是设法写出大量令人神魂颠倒的诗歌,一些热情奔放且至今在法国都被要求阅读的戏剧,还有若干激动人心的游记,记录了他到一些浪漫之地旅行的经历。他将写出《一个世纪儿的忏悔》(*Confession d'un Enfant du Siècle*),在 19 世纪记录无望爱情的作品中,这是最伟大的一本,不用说,它的部分灵感来自他跟乔治·桑的暧昧关系。有关这本书的众多著作,乔治·桑对这本书的反驳,缪塞哥哥对乔治·桑那本书的反驳,诗人路易丝·柯莱特对缪塞哥哥这本书的反驳,外加众多电影、舞台剧,以及无穷无尽的文章和博学的研究,已经将这桩绯闻作了无限深入的分析,就像对一个灼热肩膀上的一根潮湿的头发做解剖——莱丽娅或许会这么说。可能只有乔治·桑后来与弗雷德里克·肖邦之间的故事被反复讲述的次数超过它,至少在法国是这样。文学界的这桩爱情纠葛不啻巴黎版的《黑暗的心》(*Heart of Darkness*),里面满是能将人一口致命的鳄鱼、吸满鲜血的蚂蟥和巨大的昆虫,在涉过这片情爱沼泽,并且活着目睹这种情事被一代代巴黎青少年反复搬演后,我只能再重复一次:阿方斯·卡尔那句话还是一如既往地正确。

卢森堡公园内满是当今的巴黎年轻人,在那座酒神雕像旁边的太阳地里,或者美第奇喷泉旁那条阴凉的悬铃木小路中,他们坐在一张长椅上,继续上演着如过山车般起伏跌宕、吞噬一切的激情游戏,爱、恨、嫉妒、拒绝、背叛,重归于好,再次拒绝,再次背叛,等等等等,没完没了,全都在公共场所的吞云吐雾中展开,就像乔治·桑和缪塞一样。互相亲吻、卿卿我我又恶语相向,这对典型的浪漫主义情侣一支接一支地抽烟,畅饮数量庞大的葡萄美酒——根据乔治·桑的记录,他们几个月就喝掉了价值一万两千法郎的葡萄酒。当时他们住在马来亚码头著名的"蓝色阁楼",那个能够俯瞰美术学院的浪漫爱巢里。

带上缪塞那本根据他们爱情故事创作的长篇小说的平装本,把缪塞和乔治·桑的传记放进包里,然后加上她那本《她与他》(*Elle et Lui*),缪塞哥哥的《他与她》,以及路易丝·柯莱特那本讲述了乔治·桑与缪塞及古斯塔夫·福楼拜的情事的《他》。挑选一张长椅,或者公园咖啡馆里的一张桌子,花上几个星期,沉浸在深具法国特色又普遍存在的爱恨情仇故事里,中间不妨停下来跟路人调调情,分享一两瓶酒,好让自己进入那种具有移情作用的情绪里。

在对乔治·桑回忆录给予应有的尊重基础上,我认为缪塞记录他们那桩情事的版本更加吸引人,他精美地编织出那些词句,浪漫主义时代男男女女的形象就像自杀受害者一样跃然纸上。如果它只是一部中篇小说该多好。

"子孙后代将重复我们的名字,就像那些已经将名字融为一体的永恒恋人一般,"他在他们感情破裂后写信给乔治·桑说,"就像罗密欧与朱丽叶,阿伯拉尔和埃洛伊丝。"

惊人的粗鲁是缪塞的另一个特征。奇怪的是,卢森堡公园里没有一尊雕像纪念他,很可能是因为继他之后成为乔治·桑情人的肖邦在这里被表现得如此辉煌,肖邦的雕像就在乔治·桑对面。说实话,创作肖邦纪念碑的雕塑家显然对碑上的音乐缪斯更有兴趣:这位作曲家的青铜胸像僵硬地高栖于一个10英尺高的基座上,基座侧面是一个米开朗基罗风格的裸体缪斯,如幽灵一般,美得令人销魂。她有一头鬈发,充满哀求的眼睛和带有皱褶的嘴唇,正在呼唤着上面那位充满灵气的主人公。如果让肖邦和缪塞分享这座公园,那似乎对肖邦永恒的灵魂不够友善,或者会冒犯自尊受损的缪塞的幽灵。

乔治·桑没有被缪塞的告别词压倒,她剪下一缕自己的头发,塞进一个骷髅里面,作为加急邮件送给缪塞。就像如今那些新巫毒崇拜者和新潮波波族一样,在乔治·桑和缪塞那个哥特派复苏的时代,骷髅很大。唯一的区别是,乔治·桑送去的是一个真正的骷髅。

乔治·桑对这件事的记录写得更晚,不但沉闷乏味,而且读起来令人心烦。故事沉浸在精明的自以为是中,其

卢森堡公园里的肖邦和缪斯像

女主人公被刻画成一个爱情圣徒和牺牲品,被迫与一个痴心妄想的疯子结合。几乎没有人能够如此精确地描画出他人的狂热自恋,却拒不承认自己的自恋。仿佛是为了阐释巴尔扎克那句话,她按照她心目中的理想标准来看待男男女女。乔治·桑辩解、纠正、编写和重写了历史,干净利落地删除了她与那位英俊的威尼斯医生帕杰罗——*quelle horreur, un Italien*(多么可怕,一个意大利人)——之间那段尴尬的风流韵事。是他挽救了缪塞的生命。她还大刀阔斧地砍掉自己那次华丽的转身：抛弃缪塞，拥抱帕杰罗，然后再次接纳疯子缪塞，接着飞快地留下他们俩在巴黎晃晃悠悠，而她则匆忙赶到诺昂去避风头。不错，缪塞的嫖妓和酗酒都是不可原谅的，但她的伪善或许更糟。

"乔治·桑抓住一只蝴蝶，把它关在自己的笼子里加以驯化，用花朵和花蜜喂养它——这是柔情似水阶段，"她的朋友兼心腹、钢琴家弗朗茨·李斯特在他们的亲密关系开始销蚀时写道，"然后她用一根针扎住它的身体，任凭它在那里挣扎——这是分手阶段，而且提出分手的总是她。那之后，她就会对它进行活体解剖，把它制成标本，然后放到她为小说采集的那些主人公身上去。"

在真实生活中，乔治·桑处心积虑，确保缪塞永远不会发现她在跟帕杰罗医生睡觉，而染上斑疹伤寒的缪塞就在隔壁的房间痛苦辗转，呻吟，流汗，差点因此而死掉。她的努力失败了。很快，缪塞和整个巴黎都发现了真相。她的行为丝毫无助于改善她的公众形象，不过有些女人显然为她的男子气概而暗暗崇拜她：她做到了她那个时代的男性所做的事情——把自己和自己的激情放在第一位。她用一支黑色的鹅毛笔写道："旧情人已死。"然后用一支白色的鹅毛笔宣布："新情人万岁。"乔治·桑后来接受了好战的女权主义和虚伪的鱼子酱社会主义，但除此之外，正是她鲁莽的大男子主义，胆大妄为、自私自利的享乐主义，让她具有了如此离奇的当代性,并使得她至今仍有那么大的影响力。

这样的声明肯定是危险的变节行为吧?全副武装的乔治·桑之友埋伏在文学沼泽里,随时准备对任何胆敢怀疑乔治女王教的人开火。就像"雨果教"中的情形一样,她和维克多·雨果不但给人以启迪,而且形成了专门的学问。乔治·桑不需要先贤祠作为布道坛来诱人改宗,或者,用海明威的话说,用她庞大的读者群来一次本垒打。乔治·桑扔出的那个性感曲线球缓慢地穿越了几十年的光阴,落到了另一个法国女作家醉醺醺的接球手套中。她就是柯

属于"第三性"的乔治·桑,托马斯·库蒂尔(Thomas Couture)作

莱特。

柯莱特的人生跟乔治·桑惊人地相似,就连那个棘手的丈夫,与他人合作著书,对笔名的使用,在巴黎追求自由的经历,双性恋的性取向,多产的惊悚小说,以及在今天令人惊讶的受欢迎程度,等等,都跟乔治·桑无不相似。

然后,柯莱特将乔治·桑福音扔进了20世纪,而西蒙·德·波伏娃(Simone de Beauvoir)在那里等待着。那个球落到她脚下。她审视着它,就像解剖一只蝴蝶那样解剖它。如果说乔治·桑属于(或者说是开启了)第三性,而柯莱特是她的精神女儿,那么波伏娃就是她在学术界的孙女,拘谨但又高度知性。在乔治·桑的时代过去一个世纪后,波伏娃写下《第二性》(*The Second Sex*),一部著名的现代女权主义宣言,宣布女性将从"繁殖奴役"中解放出来,庆祝女性的性满足。对波伏娃来说,三种社会性别显然都是那个等式的一部分,不过享乐主义不在考虑范围内。

25 /

旋转木马和发言者

在乔治·桑对缪塞做了活体解剖之后,以及她用网子抓住肖邦之前,人们会看到她带着一连串花枝招展的求爱者在卢森堡公园转悠。七叶树的花已经凋落,取而代之的是紫色的泡桐花,然后是一盆盆的菊花,而它们也将在12月消失。美第奇喷泉上悬挂着一根根的冰柱。旋转木马转动起来,孩子们骑着一匹匹彩绘的木雕骏马,那些旧式的小帆船再次滑过点缀着鸭子的中央湖泊,一如今日的春夏秋冬。

对于葡萄酒、玫瑰,对于在法庭上大获全胜、不可压制的乔治·桑,1836年和1837年都堪称丰年。在她的新宠、天才律师兼直言不讳的社会主义者米歇尔·德·布尔热(Michel de Bourges)的帮助下,她赢得了离婚官司,同时对自己的城堡、收入和广阔的不动产都享有完全的所有权,并拥有她那些孩子的监护权。这是一次革命,一次令人吃惊的胜利。1837年,她辞退了那名律师,不再需要他了：他的社会主义布道让她的说教黯然失色。然后，她在几个月时间里，接连陷入三次旋涡般的绯闻。它们是如此充满激情又如此公开，甚至她最亲密的朋友也对这种旋转木马似的感情感到眩晕。每一次，乔治·桑都宣布那是一场无与伦比、始终不渝的爱情，后来又承认，她能够在一天之内断然决然地陷入和摆脱爱情，而且怀着完全的、纯粹的真诚。换作是今天，人们会以为她精神失常，可能是躁狂与抑郁交替出现。

可是，如果以发生绯闻的频率为尺度，乔治·桑比起维克多·雨果来就相形见绌了：就在八十三岁高龄的"奥林匹奥"去世之前，他还在其私人笔记里记录自己三个月内八次与不同的女人偷情。不管是过去还是现在，没人对这种不加掩饰的淫荡感到震惊，然而乔治·桑那种与之对应的乱性生活却让很多人不安——不过据我所知，巴黎人不会有这种感觉。

在卢森堡博物馆（Musée du Luxembourg）后面，从那座温室高高的砖墙凝视下方，可以看到法国伟人、先贤们一脸的严肃。他们是过去数个世纪里主要的艺术家，包括安格尔、米勒、吕德、无所不在的德拉克洛瓦和怯懦的雅姆·普拉迪耶，朱丽叶·德鲁埃在十几岁时产下的那个不走运的女儿克莱尔的父亲。

普拉迪耶在其他人当中显得很突出。他看起来就像一

卢森堡公园温室墙壁上的普拉迪耶，无情的火枪手

个火枪手和堕落时期的罗马皇帝的混合物，不过他的艺名却是菲迪亚斯（Phidias）[1]。当我从这座温室旁缓步经过，看着那些柑橘类植物随着季节的变换，而被人用车子送进或送出这里，我有时会好奇，雨果、德鲁埃、福楼拜或路易丝·柯莱特会不会此刻抬头看着普拉迪耶，露出微笑或假笑：他是反对浪漫主义的，却成为那个将他们所有人联

---

[1] 伟大的古希腊雕刻家，生活于公元前 5 世纪，曾经制作出宙斯巨像和雅典娜巨像，这些巨制被列入世界七大奇迹，但原作已经被毁，仅有一些复制品流传下来。——译注

系起来的连字符。看着他那个留着髭须的巨大脑袋被包裹在如蛇一般伸向其肩膀的鬈发中,我脑子里浮现出四个词语:傲慢、专横、轻蔑和自负。

"这里有一位伟大的艺术家,一位真正的希腊人,是所有现代艺术家中最古老的。"异常热情洋溢的古斯塔夫·福楼拜宣布。他跟普拉迪耶一样反对浪漫主义,显然从那个怯懦、反进步主义的雕塑家那里,找到一些与之互补的品质。这或许是因为,正是在普拉迪耶位于伏尔泰码头1号的工作室里,福楼拜遇到了路易丝·柯莱特,普拉迪耶的众多缪斯之一,而他的工作室离乔治·桑的公寓仅一个街区。也正是在这个工作室里,福楼拜和柯莱特筑下偷情的秘密爱巢,并获得那个好色的雕塑家的祝福。福楼拜补充说,他"不会为任何事分心,不管是政治还是社会主义,而且就像一个真正的工人那样,卷起衣袖,从早晨一直工作到中午和晚上,对艺术的热爱驱动着他,让他下定决心做正确的事情"。

驱动普拉迪耶的还有庞大的自负和欲望,与自己的模特们同床共枕,然后与别人分享她们的肉体,或者按照当时的习俗将她们一脚踢走。在现实生活中,他穿得像个虚张声势的剑客。他的第一个著名的工作室位于修道院路(Rue de l'Abbaye)3号,在前修道院院长那座奢华的16世纪砖石宫殿内,紧邻圣日耳曼德佩教堂的后堂。巧合的是，这里刚好离乔治·桑在塞纳大街的公寓只有几个街区。普拉迪耶每周在这里举行两次沙龙，乔治·桑也会参加。就像普拉迪耶常常参加的军械库图书馆的沙龙一样，他的沙龙会吸引一些艺术家、作家、政治家，以及19世纪二三十年代的巴黎时髦社交界。正是在他搬到伏尔泰码头，搬进一个更奢华、俯瞰塞纳河的工作室和公寓后，女诗人路易丝·柯莱特——她曾经嫁给一个不走运的音乐家，也是哲学家兼政府部长的维克多·库欣（Victor Cousin）的情妇——偶尔会给普拉迪耶当模特和情妇，然后才跟年轻的福楼拜在一起。

卖弄风情的热心女子柯莱特拥有强硬的意志，她身裹天鹅绒服装，头上垂挂着繁茂的黑色螺旋形鬈发。在差不多十年的时间里，她既是福楼拜的缪斯，也是让他备受折磨的冤家。在现实生活中，她强悍而且敢于使用暴力。当阿方斯·卡尔在一篇辛辣的文章里揭露了柯莱特与库欣的私情后，她从厨房里抓起一把刀子，气急败坏地飞奔穿过巴黎城，来到卡尔的公寓，扎了他一刀。她显然已经怀有身孕，那是她最近一次偷情的成果。这一次，当有人问卡尔，他被扎伤的地方在哪里时，他没有说"世界变化太大了"，而是语带双关地说"在背后"。他们俩以前也是情人。

柯莱特的美貌不亚于她的危险性和调皮，正是这位淫荡的女士，带着尚未留出髭须的福楼拜乘坐一辆摇摇晃晃、

《阿方斯·卡尔在挖掘泥土或丑闻》

颠簸的马车,在香榭丽舍缓缓地兜了一圈,彼时比她小十一岁的福楼拜还是一个来自诺曼底的天真外省青年。然后,他们的激情转变成了爱玛·包法利的故事,变成那位虚构的女主人公乘坐马车环绕鲁昂的欢乐旅程,那一幕性爱场景,就其微妙与色情而言,或许是所有文学中最恶劣的。她也启发福楼拜写出我读过的最美丽、机智的情书。这可能是因为,就像乔治·桑和咪咪一样,柯莱特也作为一个女祭司来实施统治,其教义是背信弃义、不守贞洁以及欲仙欲死的性交。她因为与两个阿尔弗雷德——德·缪塞和德·维尼——的床笫之爱而闻名,更别提维克多·雨果了,传说她擅长床上功夫,而且真的很享受那种性愉悦。

"如果我认为你是个普通女人,就不会告诉你这些,"福楼拜在他们打得热火朝天时向她表白,"我希望你成为一个全然不同的人——既非朋友,又非情妇。二者都太受局限,太排外——你对朋友爱得不够,而跟情妇在一起又过分低能。我追求的是一种中间状态——将那两种感情的精华融为一体。我真正想要的是让你成为新的雌雄同体类型,用你的身体给予所有肉体刺激,而用你的头脑给予灵魂之乐。"

这句话听起来跟乔治·桑的说法惊人地相似——不过福楼拜声称他要到几十年后才会读到乔治·桑或遇到她本人。雌雄同体不仅是热切的医学研究的对象,而且也是19世纪中期的男性和一些女性脑海中挥之不去的念头,他们可能是双性恋或同性恋,但大部分时间都压制着自己真正的本性。柯莱特拒绝接受雌雄同体的观念,而且直言不讳地把这告诉了福楼拜。

可是,乔治·桑如此相貌平平又如此威严,对第三性的痴迷真的是她成为这样一个性猎物的原因吗?福楼拜逐渐爱上了乔治·桑,就像爱第二个母亲,并以跨性别的方式称呼她为"*Chère Maître*"(亲爱的主人)。他非常热爱自

《路易丝·柯莱特扮演的爱玛·包法利,马车在等待她》,阿尔弗雷德·德·里什蒙(Alfred de Richemont)作

己现实生活中的寡母,一度拒绝离开她并到巴黎定居,为她牺牲了路易丝·柯莱特——如果"牺牲"一词用在这里合适的话。福楼拜似乎并不后悔与柯莱特分手,恰恰相反,这把他解脱出来,让他能够不受干扰地写作。"我爱自己的工作,"他承认,"那是一种狂热而反常的爱。"

可是,就连他那位心怀嫉妒的母亲,也为他如此卑劣

《福楼拜：未老先衰的老成》，克莱尔·维克多·德威金斯（Clare Victor Dwiggins）作

《路易丝·柯莱特/爱玛·包法利准备行动》阿尔弗雷德·德·里什蒙作

克莱尔·维克多·德威金斯作

地对待路易丝·柯莱特而谴责他,他对文学不可抑制的爱"让他的心变得干涸"。这么说并不公平。仔细读读他们那些炽烈的情书,就会发现这个问题至少有一半要归咎于柯莱特。至于福楼拜以爱玛·包法利做掩盖对她的描绘,那很可能是表示致敬的行为:那部作品堪称第一部真正的现代长篇小说,而爱玛是里面唯一让人同情,也让该书大为改观、聪敏而富于感情的人物。在柯莱特之后,福楼拜也有其他一些情妇,但却再也没找到另一个能带给他性满足的灵魂伴侣。

福楼拜那封精彩情书的结语,预示着柯莱特与他的关系即将破裂的另一个原因:她想要这位艺术家兼作家,但也在床上对这个男人颐指气使,而且,就像乔治·桑一样,她是一个坚定的乌托邦的信徒。福楼拜追求的是心智与灵魂上的真爱,对肮脏的政治避之唯恐不及。他是个地主,依赖别人的劳动来维持生存。他擅长扭转语法、期望和角色的命运。在他们俩的关系中,福楼拜才是那个"女人",正如他经常引用的"包法利夫人就是我"这句话所暗示的,他对自己女性气质的一面非常了解。

"冬天来了,天上在下雨,我的炉火燃得正旺。"他在给路易丝的信中写道。在结尾的时候才描述背景,另一个独具福楼拜特色的倒转:"把自己长时间关在室内的季节到了。很快就是灯光照射下的寂静傍晚,望着木头在火里燃烧，倾听狂风呼啸。别了，照在青草上的明亮月光；别了，星光璀璨的幽蓝夜空。别了，我的爱：献上我全身心的吻。"

在从她那里汲取了大量细节并融入包法利夫人这个人物后，他最后一次吻别路易丝，把她的缎子拖鞋——一件洒有香水的崇拜物，就像她那块被弄脏的手绢和那缕头发一样——以及她的情书，都扔进了噼噼啪啪燃烧着的炉火中。

显然，容易怒火中烧的雅姆·普拉迪耶属于另一种类型。他多才多艺，但不包括文学造诣或追求灵魂伴侣方面。他手上握着凿子，也象征性地挥舞凿子，这个凿子大师，这个守财奴，确实"不会为任何事分心"，甚至当他的第一个著名情妇朱丽叶·德鲁埃和他们的非婚生孩子被他抛弃，自生自灭，走投无路时，他也不会分心。对他来说，社会救济和抚养孩子都令人厌恶。

"普拉迪耶是个可悲的蠢货，是个恶棍，一个禽兽不如的男人，"朱丽叶在给维克多·雨果的信中写道，"他是一个愚蠢的小丑，生性怯懦，背信弃义。"

法兰西学院的那伙人无疑更倾向于福楼拜那个版本的普拉迪耶。那是因为，就像雨果、乔治·桑、福楼拜、甚至诗歌没能经受住时间考验的柯莱特一样，雅姆·普拉迪耶至今拥有相当多的追随者。他的很多支持者都是收藏家，

普拉迪耶能在拉雪兹神父公墓安息吗？

渴望他的作品能升值，希望他的名声不会受到玷污。确实，普拉迪耶以其他任何人难以企及的努力程度，让朱丽叶在他的作品中获得永恒。

除了协和广场一角上被塑造成斯特拉斯堡化身的朱丽叶·德鲁埃外，我还发现普拉迪耶的作品分散于巴黎各地：在凯旋门上，在荣军院教堂里，在黎塞留大街（Rue de Richelieu）的莫里哀喷泉（Fontaine Molière）上，在博物馆和私人收藏中。

对那些欣赏圣徒遗物的人来说，有一个大好消息：普拉迪耶为乔治·桑塑造了一只精致的青铜镀银手，2004年曾在浪漫生活博物馆（Musée de la Vie Romantique）展出，铁证如山，证明在浪漫主义时代，手是狂热崇拜的对象。不过，普拉迪耶最接近于真正纪念乔治·桑——她也是他的崇拜者，不过在政治方面与他背道而驰——的作品，是他用白色大理石制作的一尊卡诺瓦风格的萨福雕像，现藏于奥赛美术馆。那位古代的同性恋女诗人，是莱斯博斯（Lesbos）岛上的伟大灯塔，她的雕像看起来跟年轻时的乔治·桑惊人地相似，就像卢森堡公园里那座雕像一样。

不过再仔细看看，你会感到惊讶：它并非真像乔治·桑。路易丝·柯莱特的众多绰号之一是"缪斯"，是另一块"热情似火的大理石"，也是另一个萨福。结果你会发现，其实柯莱特才是那位雕塑家制作这尊雕像的模特。

26

融入波希米亚式放荡不羁的生活

1838年,肖邦终于出现,与走向成熟的乔治·桑开始了破纪录的九年爱情长跑,这对情侣加入其他在卢森堡公园漫步的浪漫主义者。这时,在美第奇宫(Medicis Palace)和奥德翁剧院(Odéon Theater)附近,一块重要的不动产成为瘦削而精力充沛的费利克斯·纳达尔、永远怀旧的亨利·缪尔热以及那帮由各色人等组成的波希米亚式放荡不羁之徒的聚会地点,他们将出现在普契尼的那部歌剧里。

那些放荡不羁者喜爱的长椅仍然在这里,一如巴尔扎克的阁楼或作为不朽"观念"象征的乔治·桑继续存在于集体想象中。放荡不羁之徒们在19世纪40年代和50年代坐过的那张板条木椅的原件肯定早已腐烂,被一代代的复制品取代,它们是为了保存19世纪巴黎的浪漫主义身份而专门制作的。同样重要的是,这个公园本身就是献给往昔的圣殿。奥斯曼砍掉了公园的部分区域,将美第奇喷泉搬走了,但无意中原封不动地留下了纳达尔和缪尔热们聚会的地点。那个地方很容易找到。

如果你从美第奇喷泉边上那些湿润的常春藤花环向北溜达70步,顺着那条弯曲的石子路朝奥德翁出口的方向走去,你会在自己的右边看到一座雕像。那是一座久经风雨侵蚀的青铜像,上面有一条青绿色的铜锈。乍一看,它好像是为了纪念某个长着胡须、六十多岁的杰出人物而制作的。不过你不妨再看看。在巴黎最浪漫的长椅上坐下,最好手里拿着一本《波希米亚生活场景》或纳达尔的回忆录《我的学生时代》(*When I was a Student*),里面记录了他在拉丁区那段疯狂的岁月。那座胸像塑造的男子有一双茶叶袋似的眼睛,瀑布似的眉毛,以及一个秃掉的脑袋,他不是别人,正是亨利·缪尔热——他的名字拼写成Henri,或者按他喜欢的方式,拼写成英国风格的Henry。当时他还没有六十多岁,只有三十八岁,但看起来已经是饱经风霜、未老先衰。就跟患有肺病的肖邦一样,缪尔热不到四十岁就去世了。换一个角度来看,缪尔热钟爱的卖花女咪咪,真名是露西尔·卢韦(Lucile Louvet),则不到二十五岁就死了。据说咪咪也曾跟缪尔热一起坐在这张长椅上,嗅着一小束紫罗兰,那束花就握在她那双孩子气的冰凉小手里。

缪尔热、纳达尔以及波德莱尔的朋友兼诗人泰奥多尔·德·邦维尔把真实的咪咪描绘成一朵病恹恹的巴黎之花,在树荫里出生并长大,皮肤特别苍白,尽管出身卑微,

亨利·缪尔热在卢森堡公园里的胸像

却有贵族似的侧影,"甜蜜的嘴唇,头发颜色就像漂白的栗子,还有一双淡淡的蓝灰色眼睛"。在她被肺病严重损害的身躯中,痛苦表现得非常明显。音乐家兼画家亚历山大·尚内(Alexandre Schanne)曾经跟纳达尔共用一间画室,以"绍纳尔"之名出现在那本书和普契尼的歌剧中。他回忆起咪咪那张天使般的面容下隐藏着"藐视道德且生性放荡",为她招来更多关注。

在普契尼的歌剧中,剧本作者朱塞佩·贾科萨(Giuseppe Giacosa)和路易吉·伊卡利(Luigi Illica)把她描述成"一个迷人的姑娘,尤其吸引诗人和梦想家鲁道夫。

她二十二岁,身材瘦小而优雅。她的脸让人想起某个大家闺秀的素描,其面容非常文雅。奔腾的青春热血流过她的血管,为她柔软光滑如白色山茶花一般的面部肌肤,染上些许玫瑰红的色泽。这个纤弱的美人诱惑着鲁道夫。但把他整个迷得神魂颠倒的是咪咪那双小手,尽管要做家务,她却设法让它们保持白皙,甚至比悠闲女神的手更白"。

又是手!就像福楼拜的脚和拖鞋。恋物癖绝不会消亡。

不过纳达尔的一幅著名肖像画却为咪咪的模样提供了最清晰的图画。正是纳达尔狂野的生活方式和那些多情的行为,给缪尔热带来灵感,勾勒出那部波希米亚式放荡不羁生活的写照,几乎跟真实生活一模一样。追溯往昔,你能看到纳达尔匆匆穿过奥德翁大门,走进公园,跟他的朋友们会面。他已经从普林斯先生大街(Rue Monsieur Le Prince)45号一路小跑地经过几个街区,在那座肮脏的老建筑顶上,是他那个散发出恶臭的阁楼,他已经在里面度过整整两个月,成天待在床上,真正的"卧床不起"。年轻的纳达尔身材魁梧健壮,他这么做不是因为生病,或者是像小野洋子和约翰·列侬1969年在阿姆斯特丹那样表示抗议,他们不过是模仿他而不自知。纳达尔卧床不起只是因为没有衣服穿,没法离开那个房间。就像当时的所有阁楼(现在有很多仍然如此)一样,那里面没有取暖设备。因此,纳达尔便待在被窝里。他并不是一个人。他那个神秘的女人,那个咪咪或穆塞塔(Musette)[1],在离开房间到歌剧院观看演出时,以总是穿着马裤和黄色的皮靴而闻名,给资产阶级带来悦目的震颤。不管白天还是黑夜,她和纳达尔都满腔激情又饥肠辘辘,经年累月完全靠牡蛎维持生存。屋里到处堆着牡蛎壳,地板上也盖满一层。他们的房间恶臭难闻。

我曾经鼓起勇气前往普林斯先生大街,来到纳达尔住过的那所房子,时机正好,临街的大门敞开着,两个搬运工抬着一台冰箱进到门里,我跟在他们身后。我们爬了四层楼,前往那间阁楼。在三楼的楼梯平台上,我从两个搬运工身边挤过去,赶到他们前面,敲了敲纳达尔的门,满心期待着看见一个身材高挑瘦削、面带微笑的年轻人,穿着生日套装,等待着咪咪和她的牡蛎。一个年轻的法国男子打开大门。显然他把我当作搬运工了,我走进屋里,四处张望,问起那台坏掉的冰箱,大声询问这里是否出现过纳达尔的幽灵、那些牡蛎是否还散发出恶臭——当然是因为冰箱坏掉了。那名困惑的租客和刚刚抵达的搬运工瞪着我。我顿时觉得自己有些疯狂,嗅了嗅里面的空气,然后退回到外面的楼梯平台上,赶紧逃之夭夭。牡蛎和大海的气味已经消失。那间阁楼看起来很现代也很普通。纳达尔

---

[1] 在普契尼的歌剧中叫"穆塞塔"。——译注

和他的女友已经不复存在，至少在这座建筑里不复存在。但他们仍然活在缪尔热和普契尼的作品中，也活在我的脑海里。

在缪尔热的故事中，有多个男性人物的哲学和行为都以纳达尔为原型：从哲学家古斯塔夫·科利纳、画家马塞尔、诗人鲁道夫和音乐家绍纳尔身上都可找到他的部分特征，而且他们每个人都至少是以一个真实人物为基础塑造出来的。咪咪至少让纳达尔拍了两张最令人惊艳的裸体照片——他很少拍这种照片。它们展现了一个神秘的女人，如同幽灵一般，据说是咪咪或其"姐妹"穆塞塔。像鬼魂又像天使，生性放荡，面无血色，她简直就是个突然冒出来的吸血鬼，或者只是纳达尔及其朋友认识并热爱的那个与他共同熬过饥饿的忧伤女店员，一个介于苦工、烟花女子和荡妇之间的生灵。

不过，关于纳达尔影像中真实的咪咪，从编年史的角度说，存在一个纰漏。就像缪尔热一样，纳达尔或许亲吻过她冰冷的手和美丽的小嘴，但她在他拿起相机之前就去世了。照片中的女人并非咪咪-露西尔，而是穆塞塔或马里耶特（Mariette）——后两个名字都是暗娼玛丽-克里斯蒂娜·鲁（Marie-Christine Roux）的假名，她是纳达尔的情人，也是缪尔热那位伟大的朋友尚弗勒里（Champfleury）的长期情妇，纳达尔也拍过尚弗勒里的照片。

据说是咪咪的肖像,纳达尔摄

多亏了普契尼,咪咪比她的创造者亨利·缪尔热更著名。但他在巴黎仍然是一个家喻户晓的名字,而且很可能是那位创造出俗语"一根蜡烛两头烧"的法国绅士。他是少数真正来自下层阶级、穷困潦倒又名传后世的浪漫主义者,是一个看门人的天才儿子,年仅十三岁就开始工作,当抄写员。他一直工作到因紫癜、营养不良、招染风寒、过度放纵、酗酒、滥用毒品和长期劳累而去世。到二十岁的时候,他已经名噪一时。到三十多岁,他被迎入艺术殿堂，不仅是纳达尔、邦维尔和尚弗勒里的朋友，也是波德莱尔、雷诺阿、热拉尔·德·内瓦尔和泰奥菲尔·戈蒂耶的朋友。考虑到缪尔热的社会主义观点，就连路易·拿破仑·波拿巴——当时尚未成为独裁者——也出席了舞台剧《波希米亚生活场景》在1849年的首演之夜，这未免令人吃惊。那出舞台剧比普契尼的歌剧早诞生半个世纪。马克思曾经在正当盛年时见识过放荡不羁的巴黎并且痛恨它，把未来的拿破仑三世称为"放荡不羁的王侯破落户"。

这部具有高度浪漫性的戏剧和书籍跟古典主义传统决裂，没有分成开头、中间和结尾三部分。缪尔热极端崇拜雨果。就像后现代作家一样，前卫的浪漫主义者把年代顺序和符合逻辑的情节视为反动。《波希米亚生活场景》将十八个短小的自传式短剧结合起来，最初连载在《海盗－撒旦》（*Corsaire-Satan*）杂志上，然后改编成了舞台剧，又在作者去世后被改编成一部由短篇小说构成的类似于"长篇小说"的作品。它的每一场都表现了那些波希米亚式放荡不羁者的生活、爱情、背叛、奋斗或死亡，缪尔热不仅认识他们，而且是他们中的首领。多亏了普契尼，其中最受人喜爱的一段以鲁道夫和咪咪为主角，不过穆塞塔差不多也同样重要，她的名字在书中出现了一百八十次——我数过。就像《波希米亚生活场景》中的男性角色一样，咪咪和穆塞塔也集中了作者爱过的女人们的诸多特征。"咪咪"其实是缪尔热对情人的标准爱称,他曾以此称呼很多年轻女士。

缪尔热在生活中是一位艺术家,但并不是一个伟大的作家或剧作家。可是,谁能忘记他对塞拉菲娜那句一笔带过的描述呢,她漂亮的脸蛋因为"即将降临的感官愉悦"而变得绯红,那是"一件名副其实的怡人乐器,一件真正由斯特拉迪瓦里制作的爱之乐器,我很高兴拨动它的琴弦"。

然而,塞拉菲娜不是咪咪,而鲁道夫——缪尔热虚构

亨利·缪尔热,纳达尔摄

的幽灵——也不爱她。仅仅听到咪咪在书中和真实生活中的名字"露西尔"的声音,肝肠寸断的鲁道夫就会忘记自己的塞拉菲娜,偷偷溜到他那个寒冷的阁楼上。在他冰冷的床上,咪咪躺过的那一侧的枕头上仍然带有凹痕,以及她那种浓郁的动物"香水"的气味。

"在神志不清的醉意中,鲁道夫把脑袋埋到那个仍然散发着爱人头发香水味的枕头上,"缪尔热以自传般逼真的笔触写道,"从那个凹室的后面,他似乎看见了自己与情人度过的那些销魂夜晚的幽灵。"

考虑到咪咪-露西尔刚刚离开位于拉丁区以东的一所巴黎医院的结核病房,"幽灵"这个词用得很恰当。悲剧的是,当他疯狂地寻找她时,她已经被装进一辆满是尸体的马车。最终,她被葬入一座普通的贫民坟墓。

"唉,鲁道夫想到,为相信爱情而面临背叛,还是为一直害怕背叛而从不相信爱情,究竟哪一种更好呢?"

缪尔热知道,不管爱情多么短暂,更好的做法是相信并寻求爱情的救赎。他鼓吹如同天赐之福的无知,甚至是故意的无知。然而,他也对自己和那些放荡不羁的同伴在性和情感上的利己主义看得很清楚,他们挑选出那些女工,又弃之如敝屣——或者如缎子拖鞋。咪咪去世时,他的悲痛还不及他为自己青春已逝感到的悲痛强烈。后来,缪尔热在 1855 年声望最隆时,在《饮水者》(*The Water*

Drinkers）中写道："人在年轻的时候总有债权者，正如人总有情妇，因为要活着就必须借钱，而要恋爱就必须有情妇，不过欠债并不会阻止你成为一个可敬的人，正如有几个情妇也不会阻止你成为一个好丈夫。"

就算是巴尔扎克和雨果，也不能说出这么一针见血的话来。要把这行字加入法国国歌或许有些困难，不过把它刻到先贤祠上倒也无妨，经过适当升级后，它反映了一个男女皆宜、雌雄同体的世界，在这个世界中，情人和伴侣的性别对这种独具民族特色的倾向来说根本就无关紧要。

27 /

饮水者

在咪咪最后一次背叛鲁道夫之前,在最后一束紫罗兰凋谢之前,在她最后一次垂下自己没有生命的"*gelida manina*",那双普契尼狂热吟诵过的僵硬的小手,我眯着眼望向发光的时间隧道,追随着她和鲁道夫-缪尔热的气味,以及那群情绪高昂、逍遥自在的伙伴。离开卢森堡公园里那张长椅之前,年轻的花花公子波德莱尔此刻正从奥德翁剧院走过来,戴着他特有的粉红色小手套,穿着擦亮的黑靴子。他对保持洁净非常在意,天性快活的纳达尔为他的过分讲究而揶揄他,同时却目不转睛地盯着咪咪和穆塞塔。他们与尚弗勒里、邦维尔、尚内和另外六个人三三两两地手挽手,顺着美第奇大街走去,拐上宽阔、时髦的图尔农大街。他们经过卡萨诺瓦、约翰·保罗·琼斯、莱昂·甘必大和巴尔扎克住过的那些地标建筑,继续顺着塞纳大街走一个街区,在巴黎的当代糕饼胜地热拉尔·缪洛(Gérard Mulot)店铺前向左一拐,艰难地穿过熙熙攘攘、当时刚经过修复的圣日耳曼市场（Marché Saint Germain），再顺着吉萨尔路（Rue Guisarde）轻松走过两个短短的街区，来到同样狭窄的中世纪街道雏鸭路（Rue des Canettes）。按照咪咪、穆塞塔和缪尔热喜欢的悠闲步伐，需要十五分钟才能从巴黎这个地区的一些最令人向往的老房子周边穿过，这里的每一寸街道都沉淀着鲜活的历史。

雏鸭路 18 号是这条街上最好的住址，在它幽暗的深处，一个熟悉的身影正冲着一家书店的阅读室四处张望，他噘着嘴，向前伸着下巴，那是巴尔扎克，来看看他最新出版的书籍有没有被摆放到显眼的地方供人租借，当时的读者很少买书，而是付一笔钱，静静地坐在书店里阅读。巴尔扎克被一些人称为"波希米亚王子"（那也是他的一本长篇小说的标题），因为他以如此娴熟的手法描绘了艺术家的世界和下层社会，但他自己却不属于那里。乔治·桑也是同样，这位贵族放荡不羁不是因为收入少，而是因为她的生活方式和写作风格。哎呀呀，跟巴尔扎克在一起的那个身材纤瘦的年轻人不就是乔治·桑吗？他们如今太忙也太重要，不会去结识那群正在通往名利与停尸房的路上跋涉、不为人知的波希米亚式放荡不羁之徒。

在外面的大街上，纳达尔摘下他那顶游吟诗人的帽子，行了个屈膝礼。然后学鸭子叫了几声，拍了拍他细长的手臂，向上指了指。在精雕细刻的石灰岩立面上，与夹层楼面差不多高的地方,有一块洛可可风格的浅浮雕,表现了三只在水池中嬉戏的雏鸭。那块浮雕是为了纪念这条街道可爱的街名。

从雏鸭路5号向西再走50码,就到了梅塞奥旅馆(Hôtel Merciol),比小客栈稍微高级一点。在这里,鲁道夫-缪尔热就住在顶层的房间里,咪咪-露西尔把自己喷过香水的头放在他的枕头上,将自己没有血色的手伸向他,也把自己温暖但脆弱而且任性的心交给了他。

"宽敞的窗户,透过它可以看到一大片覆盖着白雪的屋顶,"《波希米亚人》的剧本写道,描述着背景,"左边有一个壁炉、一张桌子、一个小小的壁橱、一个小书架、四把椅子、一个画架、一张床、少数书籍、很多副扑克牌、两支蜡烛。门开在中间,另一扇在左边。"

这些舞台说明似乎指的是纳达尔和尚内在现实生活中的工作室,他们在此居住、作画、演奏音乐、娱乐和睡觉——很少独自睡。不过,它描述的也有可能是缪尔热在雏鸭路的真实房间,或者是将二者融为一体了。

我不禁好奇,普契尼是否造访过缪尔热的公寓?他有没有偷偷溜进去,登上那三层螺旋形的楼梯,蹑手蹑脚地走向那个阁楼房间?如今那里布置得如此舒适,有取暖设备且做了隔音处理。或者,是否只有我才会蠢到那么做?只有我才选择相信书中的描述?我相信缪尔热笔下那些波希米亚式放荡不羁之徒在很多层面上是真实的,不受时间限制地普遍存在着,而且入木三分地刻画了她和鲁道夫以及古往今来数百万同类的生活——甚至深入不幸的咪咪的胸腔,那里面容纳了她的心脏和患有结核病的肺脏。

"迷人的景象,"鲁道夫在窗前向咪咪歌唱着,"被一缕缕洁白的月光照亮,你的魅力如此迷人,我的梦境总是美如天堂,明亮辉煌,你甜蜜的魔力激起了崇拜,我来索取这爱之吻。"

当然,用意大利语唱,听起来会更好。

如果我在黎明时分站在这条被时间扭曲的街道上,当参加派对的人群已经散去,而店铺尚未开门,如果我等待够长的时间,让剧中的人物控制我,我会激动得说不出话来。我脑子里回响着鲁道夫那些令人难忘的台词。"人生中最美的花朵是爱情!"

莎士比亚、雨果、缪塞和其他情人都曾用自己的词语描绘或思考这种普遍存在的希望。有时,我会染上回忆的双重肺炎,在转瞬即逝的探寻中,试图捕捉到漂浮在时光之河上的一个神奇时刻,因为一个名字、一个地方、一个形象或一种气味而融入永恒,那是一段公共的时光,也是个人生活中的一段时光。就我而言,那段时光是我在旧金山遗失的青春,当时我是歌剧院里的一名夏季引座员;或者,也可能是我初到巴黎在洛吉耶路那个女仆房间里的时候,以及我太太和我第一次在巴士底歌剧院一起观看《波希米亚人》的时候。

被缪尔热和普契尼迷住,或者相信爱情的改造力量,这或许显得多愁善感。戈蒂耶在谈起缪尔热时提醒我们,很少有什么比一个满头白发的波希米亚式放荡不羁之徒更可悲的了。缪尔热自己把放荡不羁的习俗当作艺术家人生中的一个关键阶段而非终点。此刻,站在他住过的阁楼前,我回想起他那句著名的遗言:"没有音乐,没有声音,就没有波希米亚式放荡不羁!"三十年前,它曾帮助我轻松走出自己的阁楼。

当缪尔热去世时,这个穷困潦倒的看门人之子已经获得荣誉军团的骑士爵位。在数千名到蒙马特公墓参加其国葬仪式的人当中,有一些是仍然在世的波希米亚式放荡不羁者,外加文学仲裁者圣伯夫和于勒·桑多,他们俩都是法兰西学院的明星,都不是多愁善感的人。

刻毒欢快的福楼拜对感伤和波希米亚式放荡不羁非常刻薄,他对缪尔热的感情一目了然。要不然他怎么会给爱玛·包法利那个愤世嫉俗、假装浪漫的情人起名叫"鲁道夫"呢?福楼拜痛恨拉丁区及其代表的一切。当他在巴黎学习法律时,他住在先贤祠南边一个破旧的房间里,境况悲惨、寒冷,想念家乡诺曼底。他当然不属于缪尔热那群谦逊的伙伴。他们代表了艺术激情与牺牲,但也代表了

《爱玛·包法利和无赖鲁道夫》，克莱尔·维克多·德威金斯作

一贫如洗，而且他们叫嚣着支持乌托邦的社会正义和女性权利。

比包法利夫人那个无赖情人鲁道夫更该死的是，福楼拜的另一部影响广泛的代表作《感伤教育》(Sentimental Education)，这本书让人想起讨厌的学生时代，描绘了形形色色自命的共和论者、社会主义者和波希米亚式放荡不羁者，他们喜欢冷嘲热讽，是些机会主义者，统统带有缪尔热的印记。这些人完全跟那个资产阶级暴发户和小贵族一样可恶而靠不住，他在这部特别反英雄、反浪漫主义的书中填满各色人物。这是一个走向成熟的故事，涉及性启蒙、通奸、决斗、两面派和背信弃义，以及上千种其他事情，也是我最爱的法国文学作品之一。不过，尽管福楼拜故意保持了一种超然态度，他仍然让这部长篇小说弥漫着一股自相矛盾的理想主义，一种对艺术和爱情始终不渝的信仰。他是一个非自愿的浪漫主义者，就像如今的众多法国男男女女一样。

奇怪的是，虽然巴黎是一个充满祖传遗物的城市，各种纪念牌随处可见，但却没有牌子标出雏鸭路那座虽然不太显眼但其实很漂亮的房子，也就是亨利·缪尔热和咪咪住过的地方。它至少有三百年历史，在浪漫主义时代，这里发生了那么多的事情，改变了那么多人的生活，或许现在仍在改变着。似乎没有多少人知道，缪尔热位于以前那座梅塞奥旅馆的阁楼仍然存在，这座建筑的外观就跟它在19世纪40年代一个样子，有装着多块玻璃的窗户，抹着灰泥的立面上有一些奇怪的凸起，看起来就像画框。出口处的门框上装饰着灰泥壁柱，门框顶上就是缪尔热那个阁楼带有山形墙的天窗。如今，大楼的地面层已经出租给一些普通的店铺。不过，在缪尔热的时代，它却是饮水者协会（Société des Buveurs d'Eau）的总部，它的成员从理论上说穷得喝不起葡萄酒，但也非常明智地拒绝喝水——因此协会的名字就颇具反讽意味。不过，他们中却有一个例外，那就是费利克斯·纳达尔。

正是同这些狂饮烂醉的波希米亚式放荡不羁之徒在一起时，最疯狂的狂徒加斯帕尔-费利克斯·图尔纳雄成了费利克斯·纳达尔。这个协会的其他成员有一些挖苦性或胡说八道的绰号，说一口听起来很有哥特风格、故意颠倒字母顺序的黑话。纳达尔有一个特别的习惯，喜欢在字母后面加上"dar"。于是他的朋友就给他起了个绰号叫"杜纳达尔"（Tournadar）或"纳达雄"（Nadarchon），他把这两个绰号缩短成"纳达尔"。就像乔治·桑一样，这个假名成了他的品牌，于是他就一直使用这个名字了。

纳达尔或许会戴一些过大的耳饰，身穿色彩艳丽的游吟诗人服装，他或许会被法国警察跟踪，被当作"一个危险的极端分子，在年轻人中散布具有潜在颠覆性的学说"。但他就算喝过酒，也是非常罕见的事情，这倒不是出于禁欲或健康方面的动机。他热情奔放，自我陶醉，超级活跃，根本不需要葡萄酒便可让自己陶醉于生活。在巴黎饮水很不安全的时代，喝水是一种需要勇气或者说愚勇的行为。在没有啜饮具有腐蚀性且色如沥青的咖啡时，每个人都会

卢森堡公园里,置身于恶之花中的波德莱尔

痛饮葡萄酒、啤酒和杜松子酒。烈酒既是饮料,也是食品,而葡萄酒是男人最好的朋友。在普契尼的歌剧中,当咪咪在第一幕中出场时,她因为寒冷和饥饿而晕倒过去,在被灌下一杯葡萄酒而非水之后才苏醒过来,葡萄酒是波希米亚式放荡不羁者的生命之血。他们的三位一体是葡萄酒、爱情和歌曲。

"把自己喝得烂醉的时候到了,"波德莱尔写道,他是饮水者协会的名誉会员,"扔掉时光殉难者镣铐的时刻到了,去把自己灌得烂醉如泥吧,用葡萄酒,用诗歌,用美德,如你所喜。"

在别处,波德莱尔还带着典型的喜气洋洋的沉着指出,死亡——"长眠不醒"——在等待着我们所有人,它是一种止痛的香膏,但与此同时那里又有葡萄酒,"太阳神圣的孩子"。

纳达尔是这个协会的创办人,不过波德莱尔是否真的经常光顾他们的聚会、是否认识咪咪和穆塞塔就无法确定了。波德莱尔、纳达尔和缪尔热都为若干同样的杂志工作,但他们的社交圈并不一定就会交叉。可以肯定的是,波德莱尔和纳达尔曾经跟缪尔热和那群波希米亚式放荡不羁之徒在他们那些真正的饮酒之地,在他们的公共起居室、画室和其他地方,如莫墨斯咖啡馆(Café Momus),度过一段时光。

28

莫墨斯就是最贴切的字眼

"莫墨斯,莫墨斯,莫墨斯!"科利纳、马塞尔和绍纳尔唱着,在普契尼的《波希米亚人》中,他们是天不怕地不怕的三人组。"我们悠悠款步,去吃晚餐。"

再加上鲁道夫,这三人组就变成了"四个火枪手",不管是在小说中、舞台上还是现实生活中,他们都是一个不可分割的组合。他们一起从拉丁区或圣日耳曼区迈步前进,从艺术桥上越过塞纳河,每天都去包围莫墨斯咖啡馆。有时,就像在《波希米亚人》的第二幕中那样,咪咪会加入他们。那家咖啡馆比他们没有取暖设备的阁楼和画室更温暖、明亮。平常,咪咪就像一棵病恹恹的植物,在那些地方度过一个个没有阳光的日子。

缪尔热在雏鸭路的阁楼矗立在繁忙的炉灶大街(Rue du Four)街角附近。有一天,我穿过这条通衢大道,顺着剪刀路(Rue des Ciseaux)北行,那是周边地区典型的中世纪街道之一,又短又窄。那些波希米亚人会走哪条路?

是向左拐并绕过圣日耳曼德佩教堂的立面,还是从另一边绕过去?如果是向左拐,他们就会进入一片由小巷构成的拥挤街区,后来被奥斯曼一扫而尽。

现代的漫步者会穿过圣日耳曼林荫大道,从著名的双叟(Les Deux Magots)咖啡馆旁经过。后期浪漫主义者、现实主义者和存在主义者,如阿波里奈尔、海明威、毕加索、珍妮特·弗兰纳(Janet Flanner)、西蒙·德·波伏娃和萨特,会在这里一连待上几天,慢慢啜饮着饮料,一支接一支地抽烟。双叟咖啡馆就像巴黎大部分地区一样布置成琥珀色,是一个高雅的旅游陷阱,一杯浓咖啡就要花七美元,一杯葡萄酒的价格则是它的两倍。高级的怀旧是需要付出代价的。我喜欢倚靠在黄铜栏杆上朝里面窥视,看看那些暗色的木器和旧式的软长椅,以及那些伟人们的黑白照片,悬挂在他们经常落座的桌子上方。毕加索与他的情妇即摄影师朵拉·马尔(Dora Mar)在这里相会;海明威和弗兰纳经常光顾这里,后者是《纽约客》驻巴黎记者,也是一个追求性自由、探索欧洲文化的逃亡者。萨特和波伏娃会在这里接待他们的情人和追随者,通常是分开单独接待,不过有时他们俩都会来,为一些亲密的三人组拉开序幕。

在修道院大街(Rue de l'Abbaye)的末尾,那些无拘无束的浪漫主义者将经过雅姆·普拉迪耶的第一个工作室,

J. M. 惠斯勒 (J. M. Whistler) 画的一幅素描，前景中的艺术桥上没有挂锁

它在这条大街的3号，位于那座修建于16世纪的高大庞杂砖石建筑的地面层。接着来到松糕路（Rue de l'Echaudé），这条伸出胳膊就能碰到两侧的小巷，他们将再次进入塞纳大街，大步流星地朝北边的塞纳河走去，钻进一条通往法兰西学会（Institut de France）的通道，穿过码头，来到这座城市在当时和现在都备受喜爱的人行桥梁——艺术桥。

艺术爱好者对这条路线很熟，因为这里集中了大量画廊，也因为美术学院就位于波拿巴大街（Rue Bonaparte），它就像工厂一样生产出当代那些不自知的浪漫主义者。在20世纪70年代，我在拉丁区和圣日耳曼区住过好几次，

艺术桥——是新的束缚和奴役形式,还是浪漫?

在 80 年代，又经常在历史悠久的小圣伯努瓦（Le Petit Saint-Benoit）吃午餐和晚餐，它就在双叟咖啡馆西北 100 码处。现在我仍然会每周光顾这里一次，因为这里的气氛，因为这座饱经风霜的建筑所具有的谦逊之美，也因为周边有多处备受尊崇的地点，例如塞纳大街 25 号的那套公寓，乔治·桑和桑多曾在 1831 年住过；还有波德莱尔在 1855 年住过的地方，就在隔壁的 27 号。几乎没什么人知道波德莱尔也曾是塞纳路的居民，这里也没有什么铭牌告诉你这个事实。原因很简单，波德莱尔搬了五十多次家，如果市政当局标出他住过的所有地方，非得破产不可。在两个街区之外的维斯康蒂路（这是周边地区最狭窄的巷子）17—19 号，巴尔扎克曾于 19 世纪 20 年代后期开设他那个招致毁灭的印刷厂，它后来在 30 年代中期由德拉克洛瓦接手。

一段短短的台阶将孔蒂码头与艺术桥连接起来，这座城市的另一个闻名于世的当代艺术景观在此持续展开。当缪尔热和咪咪以及他们的朋友从这座人行桥上走过时，桥上的栏杆和格栅上还没有那些缎带和喷有涂鸦的挂锁，也没人把钥匙扔进塞纳河里，在这里拍照的人更是几乎没有。关于艺术桥，我无缘享受那种如同天赐之福的无知，因为很久以来，我目睹了它的演变。如今的艺术桥跟浪漫主义时代人们走过的并非同一座桥。在 20 世纪 70 年代，我多次从那座老桥上走过，当时它尚未被驳船和一艘路过的河船破坏掉。它在1984年经历了重建，但并未被某种后现代风格取代，也不是供各种大小汽车通行的钢筋混凝土大桥。这座桥和这个地点的魔力被保存了下来。

有人声称，巴黎最罗曼蒂克的地方，是位于西岱岛下游方向岬角上那个三角形的维伽龙广场（Square du Vert-Gallant），在那里，垂柳在塞纳河水里摇摆着树枝。在新桥旁的广场上方，高耸着亨利四世那座巨型的青铜骑马雕像，这个公园便是以他命名的——"Vert Gallant"的意思是"永葆青春的风流浪荡子"。毕加索喜欢这个地方，在民意调查中，巴黎人一直选择这个公园作为巴黎的浪漫中心。它很迷人，不过，我总是倾向于艺术桥——即便现在，即使它被成群的卖艺人、旅游团、彼此纠缠的情侣、拍婚纱照的人、卖锁的流动商贩、扒手和警察小队滋扰。那些警察显

艺术桥，可能是巴黎最罗曼蒂克的地方了

然对扒手没有兴趣,而是专心致志地阻止情人们将他们的锁挂到桥上并将钥匙扔进河里。

从这座人行桥朝上游望去,可以看见新桥那些如尺蠖般的桥拱、毕加索和巴黎人热爱的那个公园,外加圣日耳曼奥塞尔教堂(Saint Germain l'Auxerrois)、巴黎古监狱、圣礼拜堂(Sainte Chapelle)和巴黎圣母院的一座座高塔,以及第二帝国时代幽灵般的警察局,西默农(Simenon)笔下麦格雷探长的办公室就在那里面。往下游望去,可以看到奥赛美术馆和大宫、卢浮宫的大画廊和无数朝着天际排列的漂亮桥梁,以及埃菲尔铁塔优雅的钢铁裙翼。

在浪漫主义时代,这里的角色还要更罗曼蒂克一些,塞纳河两岸有一些摇摇欲坠的半木结构房屋,河上有市政水泵、法国的"洗衣船"(bateau-lavoir),以及一些即将崩塌的中世纪高塔。当缪尔热和咪咪朝右岸走去时,他们有多少次在这里停下来彼此相拥?他们穿过那个码头,从卢浮宫带有柱廊的立面经过,进入它前面的广场,气喘吁吁、饥肠辘辘地来到那里。他们的目标是位于圣日耳曼奥塞尔教堂两侧那些狭窄街道中的一家咖啡馆。那座古老的石头建筑仍然矗立于此,里面是19世纪最受欢迎、最活跃的饮酒地和台球厅之一:莫墨斯咖啡馆。

"莫墨斯,莫墨斯,莫墨斯!"普契尼笔下那些波希米亚式放荡不羁之徒歌唱着,而穿着单薄冬衣的咪咪却被冻得瑟瑟发抖。跟现实生活和小说里的乔治·桑不同,咪咪没有女扮男装,她的鞋子就像高跟拖鞋。在普契尼的歌剧中,那一幕发生在圣诞前夜。冰雪覆盖着滑溜溜的街道,当时巴黎还没有人行道。那家咖啡馆的灯光和温暖召唤着他们,可是咪咪、鲁道夫和其他人却没法进去。《波希米亚人》的第二幕开始了。

"几条街道的交会点,它们汇集于一个广场上,两侧是各种各样的店铺……由各色人等构成的一大群人,包括士兵、女仆、男孩、女孩、学生、商店店员、宪兵等等……此刻正是傍晚。那些店铺装饰着一些小小的灯,一个巨大的灯笼照亮了莫墨斯咖啡馆的大门。那家咖啡馆人满为患,有些顾客不得不在外面落座。"

"那疯狂的人群向前涌动——充满渴望、气喘吁吁,"绍纳尔唱道,"在狂乱、疯狂中嬉闹。"

顾客们点餐并享用着鹿肉、龙虾、干红葡萄酒和蛋奶甜羹,当然并不一定按这个顺序享用,而歌剧则无情地朝着其悲剧高潮发展。

如今,如果你走进圣日耳曼奥塞尔教堂神父路(Rue des Prêtres Saint Germain l'Auxerrois)19号的大厅,或许你可以通过客房服务叫来同样的美味,在房间内慢慢享用它们,客房里装饰着厚厚的窗帘、地毯、印花棉布、大理石和桃心花木,豪华但风格有些过时。卢浮宫驿站(Le Relais du Louvre)是一家奢华的精品酒店,从拿破仑一世直到纳粹占领期间,都跟莫墨斯咖啡馆位于同一座大楼里。对于这座房子的历史,酒店的员工有一种如同天赐之福的无知,在遇到有人问起时,会露出一脸困惑,或独具特色地辩解一通。这座建筑上没有任何铭牌,而没有铭牌就意味着没有历史。然而这里就是缪尔热经常光顾的地方,维克多·雨果、圣伯夫、大仲马、古斯塔夫·库尔贝(Gustave Courbet)、波德莱尔、纳达尔和无数其他人都曾在这里觥筹交错,痛饮美酒,用粉笔记下他们的台球得分,为这个国家的未来制订计划。巴尔扎克和乔治·桑是否也在他们中间,也许是乔装打扮?这是一个诱人的想法。德拉克洛瓦和安格尔是否在此阅读波德莱尔发表在《海盗-撒旦》上、有关放荡不羁的室内装饰画画家利奥波德·塔瓦尔(Léopold Tabar)的评论文章?波德莱尔有没有逛进来看看塔瓦尔是否喜爱色彩甚于线条——那是德拉克洛瓦和安格尔奉行了几十年的信条,如今也有很多人把它奉为圭臬。

29

色彩与线条之争

如果说巴尔扎克、缪塞和纳达尔是永远的少年,那么矛盾的欧仁·德拉克洛瓦就永远保持着老成与真挚,而这只有一个年轻的理想主义者才能做到。表面上,他矜持拘谨,彬彬有礼,有时热忱友好。他断断续续记录了四十一年的日志和他的艺术则讲述了另一个故事,内心充满痛苦、热情、渴望和阴暗的才华。他爱用警句,喜欢褒贬他人,政治上持保守主义立场,好与人争辩,但他也会怀着悲悯之心,慷慨大度。就像很多博学多才之士一样,他能言善辩,使用词句的技巧不亚于在画布、纸张和灰泥上作画的技巧。

卢森堡公园里有表现雨果和乔治·桑的杰作,但这个公园其实属于德拉克洛瓦。里面有三座而非一两座肖像纪念这位具有革新意识的色彩大师,矛盾的是,他是因为那幅含义暧昧的《自由引导人民》(*Liberty Leading the People*)而被人记住的。说那幅画含义暧昧,因为它描绘了暴力反叛不可避免的残酷性和真正的代价,而德拉克洛瓦对此感到厌恶。那幅画描绘了1830年革命的街垒战,一个类似于自由女神像原型的女人,高举一面旗帜,矗立在鲜血与尸体中间,就像那幅有关硫黄岛战役的著名照片的巴黎版。当我移居巴黎时,那幅画的形象无所不在且受人垂涎:在我运气好的时候,我钱包里会有好几张。德拉克洛瓦这幅画的形象被印在一百法郎的钞票正面,旁边是那位画家的肖像,钞票的背面也有一幅他的肖像,以及他位于福斯坦堡广场(Place Furstenberg)的画室,如今那里是一个国立的故居博物馆。

带有其形象的法国法郎已不再使用,但在法国,德拉克洛瓦的名字仍然在普遍流通。他的作品影响了马内、莫奈、塞尚、方丹-拉图尔、西涅克和凡·高,为印象主义、野兽派和超现实主义打开了大门,至今仍启发着一些年轻的艺术家。所有法国人都会在学校了解他的生平。他还因作品偏重色彩而闻名,是线条大师安格尔的死对头。讽刺的是,德拉克洛瓦的线条草图和素描也跟他那些色彩缤纷的油画和湿壁画一样精美,很可能更精美一些,当然也更轻巧,更无拘无束。他被誉为首屈一指的浪漫主义画家,用色大胆,然而他憎恶浪漫主义,是一个不加掩饰的卢德分子。他也是波希米亚式放荡不羁者的对立面,从理论上说,也算出身名门,是拿破仑手下一个全权部长的儿子。不过,他的生身父亲更有可能是其长期保护人塔列朗。德拉克洛瓦注定会飞黄腾达。

类似地,与之对立的所谓古典主义者安格尔把颜料抹到他的画作上,并不只是填补他那些出色的线条之间的空白。他描绘的那些女性形象富于肉感,具有挑逗性,仿佛

印在纸币上的《自由引导人民》和德拉克洛瓦

没有骨头一般，暧昧含糊，根本就与古典主义相去甚远。有一种颇有说服力的观点认为，安格尔故意让作品中的色彩和构图显得惊人、矫揉造作，或者说，表现出前象征主义和彻头彻尾的前现代特征。但安格尔能与维克多·雨果联合起来，保护巴黎的哥特式艺术和建筑，而德拉克洛瓦却没有。安格尔经常被人描述成一个粗鲁、迟钝、庸俗的人，出身低微，大多数认识他的人都不喜欢他，他对法国绘画的影响也不如德拉克洛瓦。

可是傲慢、英俊、地位优越的德拉克洛瓦却无所不

德拉克洛瓦年轻时的自画像

缪斯与画家,卢森堡公园内纪念德拉克洛瓦的喷泉

在。他从卢森堡公园内的三个著名地点冲你皱着眉头:在《面具贩子》中维克多·雨果下方的底座上,在那座温室墙壁上靠近普拉迪耶的地方,以及一座显得浪漫主义过了头的喷泉的高处,那很可能是我在巴黎最爱的喷泉了,因为它具有颓废派、世纪末和后期浪漫派的俗气手法。

易怒的德拉克洛瓦会为自己出现在这些作品中而感到自豪吗?肯定不会。那个面具毫无生气,以讽刺画的笔法描绘出他的形象,温室上那个胸像往好里说也只是单调乏味,而那座喷泉呢,它表现了死神和一个充满肉感、眼泪汪汪的少女,整体过于夸张,充溢着这位雕塑家对其女模特的强烈欲望,如果那位沉默寡言、过分拘谨的画家看到这件作品,非得气晕过去不可。他或许会对青铜上的铜绿和喷泉在密布着巨大悬铃木的小道西端的阴凉位置感到满意,不过对这件作品就未必了。

想象一个身材瘦小、脸色苍白的男子,长着一头繁密的波浪状黑发,留着精心修剪的胡须,总是保持整洁,不管什么季节,通常都穿着沉重的黑色正装和白衬衣,脖子上总是围着宽宽的领巾或带有条纹的薄软绸围巾,保护他脆弱的喉咙。泰奥菲尔·戈蒂耶把德拉克洛瓦描述成一个"非常英俊的美男子,古怪、有异国情调、总是惴惴不安"。波德莱尔说他是"怀疑主义、彬彬有礼、喜好修饰、意志力、聪敏、专制以及与天才相伴的特殊善意与温和构成的奇怪混合体"。

尘土飞扬的小道上长着树皮斑驳如同伪装的悬铃木,德拉克洛瓦顺着小路走来,左右跟随着一对比他更瘦、更年轻的绅士。其中一位显得脆弱而苍白,另一个吸着一支雪茄。仔细看看:那个吸雪茄的其实是个女人,她腰带上佩有一把匕首。

乔治·桑和肖邦真的曾经跟德拉克洛瓦一道在卢森堡公园昂首阔步吗?那是肯定的:她跟这位画家住得很近,而且他们三人都是亲密朋友,一起吃饭和度假。德拉克洛瓦有五个画室和六所公寓都离这座公园只有五分钟的路程。

乔治·桑的儿子莫里斯·桑从1839年开始跟着德拉克洛瓦学画。莫里斯将培养出相当高超的绘画技巧，进而给他母亲的一些书绘制插图。德拉克洛瓦对贝多芬充满激情，而在当时仍然在世的作曲家中，肖邦是最受他崇拜的。在1834年，乔治·桑的出版商还不同寻常地委托德拉克洛瓦为她画了一幅身着男装吸烟的肖像画。几年后德拉克洛瓦为乔治·桑和肖邦画了一幅双人肖像，它后来被切成两半出售，它们的命运也不相同。肖邦的那幅如今收藏于卢浮宫，而乔治·桑的那幅则收藏于丹麦的奥德罗普格森林博物馆（Ordrupgaard Museum）。不管是活着还是死后，他们俩都注定会不可挽回地天各一方。

不过，在一个明媚的四月天里，当他们像男人那样一起散步和交谈，造访卢森堡宫的博物馆——德拉克洛瓦的第一幅著名绘画《但丁之舟》（*The Barque of Dante*）就悬挂在这里——时，沉默寡言的德拉克洛瓦有没有告诉乔治·桑，他是多么欣赏她那部长篇小说《莱丽娅》中的大胆描写？我们得知，他对这本书如此着迷，甚至为书中那个残忍的戏剧性死亡场景——莱丽娅站在修士洞内她情人的尸体前——创作了好几个版本的绘画。

跟巴尔扎克一样，德拉克洛瓦并不认同乔治·桑对人性的乌托邦看法，也不赞成她写作中那种好斗的宣传煽动。不过，对所有浪漫主义者和德拉克洛瓦来说，悲剧性的结尾很投合他们的口味，正如对波德莱尔而言，忧郁是创意的动力。独具法国特色、具有启发性的悲伤，将德拉克洛瓦和他那个时代的所有伟大男性和女性联系起来，也将他与他如今的法国同胞联系起来。

30 /

醉船、饥饿的作家和两支巨大的单簧管

尽管德拉克洛瓦经常逛公园,不过他真正的庇护所并非卢森堡公园,而是位于公园西北仅两个街区外的一所教堂。就像当地居民维克多·雨果以及一个世纪之后的厄内斯特·海明威一样,这位画家会从位于沃日拉尔街(Rue de Vaugirard)——它朝卢森堡博物馆的两侧延伸——的大门出来,然后顺着那条狭窄且略有坡度的费鲁街(Rue Férou)走去,这条巷子自从 16 世纪初以来就没有改变过。

他的目标是那座新古典主义风格的庞然大物:圣苏尔比斯教堂。这个建筑大杂烩花了两个世纪才建成。途中,他会在那条路的 6 号经过一座奢华的城市住宅,它装饰着一些灰泥模铸的小天使和花环,供马车出入的大门两侧排列着若干斯芬克斯雕像。这是阿托斯居住过的地方吗?怎么不是呢:大仲马指出了这条街的名字但没有提供门牌号,那我们就假设它是吧。费鲁街是所谓的"三剑客三角"上的那条斜边。

再看看那些斯芬克斯：浪漫主义的现代火枪手海明威在那里留下了难以磨灭的印记。他曾在这里睡觉和写作，当时刚刚与第二任妻子、女继承人波利娜·法伊弗结婚。他们住在上面两层的奢华房间里，不过，虽然在名义上非常富有，但在海明威的文字中他却总是感到寒冷、饥饿、身无分文，似乎对自己不幸福的生活感到难以言表的留恋。当然，他也经常光临卢森堡公园和博物馆，跟他还是婴孩的儿子一起去捕捉雏鸟，并避开巴黎美味的空气带来的折磨，那些气味意味着购买他显然买不起的食物——至少，在他回忆中那场"流动的盛宴"上是买不起的。

海明威显然热爱饥肠辘辘，因为饥饿会让他变得目光犀利，当他凝视着当时塞尚挂在卢森堡博物馆里的那些绘画时，他的目光是最犀利的。在他的笔下，这座博物馆似乎跟他生活在赤贫中的那些冰冷刺骨、忧伤的地方有着天壤之别。在现实生活中，他先后居住过的房间或公寓到卢森堡博物馆只需约十五分钟路程，地段非常好，而顺着费鲁街走半个街区，就可到达他后期那个富贵气十足的波希米亚式居所。

海明威眼中的塞尚是什么样子？海明威会不会是第一位带有立体派风格的作家，正如塞尚是毕加索和布拉克那种特有的立体派的第一位前辈。海明威宣称自己从塞尚那里学会雕刻简洁明了的句子，而塞尚从德拉克洛瓦那里学到了很多东西,不过没受过训练的眼睛很难看出他们之间的联系。然而,杜撰出"立体派"这个术语的是诗人阿波里奈尔,不是塞尚、毕加索或布拉克。阿波里奈尔和毕加索都对德拉克洛瓦推崇备至。

艺术之链上有许多环节,它们扭转弯曲,将那些分散于不同流派、相隔数世纪之遥的创造精神联系起来。

顺着这条大街往南走 100 码,饥饿的海明威和阴郁的德拉克洛瓦熟悉的那道从前的空白石墙,已经在最近这些年变成了兰波的《醉船》(*Drunken Boat*)诗墙。这是那位诗人最著名的作品,将现实与具有隐喻意义的旅行和性探索结合起来,用超现实的象征性语言写成。如今这首诗的全文用巨大的黑体字被刻在赭色的石灰岩上。很久以来我就认为,除了有些美丽的海洋意象,这首诗的关键诗行是"比孩子心中未成熟的苹果果肉更甜",以及"绿色的水……/冲掉了我身上青蓝色的葡萄酒污迹/和飞溅的呕吐物,将舵和锚一起卷走"。

没有船舵,嘴里满是酸酸的葡萄酒和呕吐物,兰波在不可明言的激情中备受折磨,被"尖利的爱"撞得"肿胀",那是对男人的爱。这种爱也聚焦于一个同样备受折磨、有家有室的年长男性——保罗·魏尔伦,后者倾向于离群索居和酗酒。魏尔伦疯狂地爱上了这个俊俏的少年神童,而后者令人惊艳的容颜后,却隐藏着一层层僵硬如磐

圣苏尔比斯教堂附近的兰波"诗墙"

石的岩层。

卢森堡公园里还有一尊更杰出的雕塑,就描绘了愁眉不展的魏尔伦,但不如那堵诗墙成功。因为其骇人听闻且与众不同,它所在的地方离收藏肖邦肖像画的卢森堡博物馆不远。这尊胸像矗立在一根挤满女性形象浅浮雕的石柱顶上。她们是魏尔伦的妻子、孩子和母亲,在试图从浪荡子兰波那里将这位著名诗人拯救出来时,陷入了暴力、酗酒、毒品滥用和抑郁的巨大旋涡中。那个说话直言不讳的人恶名昭彰,是同性恋诱惑和灼热的性贞洁的天使长。他或许是个诗歌天才和同性恋解放运动的英雄,但他也毁掉了一些生命。兰波是系着铃铛的波德莱尔。

卢森堡公园里没有纪念碑献给自我毁灭的阴郁兰波，但在另一个重要的浪漫主义圣殿军械库图书馆前面有一座。当那道诗墙落成时，有些人会感到不解：费鲁街是男子气概十足的阿托斯和海明威的家，为什么会选择这里来修建兰波的诗墙呢？没有人告诉你其中的原因，是因为他们错误地以为你知道。1871年秋天，当十七岁的叛逆的兰波第一次公开朗读那首诗时，地点就是圣苏尔比斯广场上一个未提到名称的咖啡馆。毋庸置疑，那就是佩兰卡巴莱（Cabaret de Perrin），以前是纳达尔、缪尔热和饮水者协会聚会的地方。似乎没人指出那个咖啡馆的名字，如果他们说过，那条信息肯定失落了。不过，如今那个广场上只有一家咖啡馆，它一直都有一个位于楼上的房间，而且已经在这同一个地点存在一百多年。

到1871年，德拉克洛瓦和肖邦成了拉雪兹神父公墓的居民，缪尔热和天使们去了蒙马特，乔治·桑正在诺昂准备拔出蔓长春花，海明威尚未出生，普鲁斯特还待在婴儿床里，不过长寿的纳达尔和维克多·雨果刚刚流亡归来，很可能参加了兰波的朗读会。同样追求更开放的性观念的J. K. 于斯曼可能也顺便参加了，他是兰波在现代的一个崇拜者，当时他二十三岁，很好奇。谁知道呢？

我喜欢把那个没有指明的咖啡馆想象成这个著名的地

方，这里拍过一些电影，如《谨慎的女人》(*La Discrète*)。如今，在周二的晚上，会有一群法国作家和诗人在此聚会，举行一些文学活动。这就是玛丽咖啡馆（Café de la Mairie），位于那座教堂的斜对面。缪尔热、兰波、魏尔伦、波德莱尔和其他人仍然在这里狂饮烂醉的气氛中活着。

那座教堂高耸于圣苏尔比斯广场上方，在白天的大部分时间，都会在玛丽咖啡馆的露台上投下一道阴影。略显讽刺的是，德拉克洛瓦是一个反古典主义的浪漫主义者，而雨果对"荒谬、做作、伪造"的新古典主义建筑深恶痛绝，把圣苏尔比斯教堂的那些高塔称为"两根巨大的单簧管"。它们就像耸立在一架立式钢琴或一座多齿的古希腊－印加神庙的顶上。然而这件粗俗之作却是维克多和阿黛尔举行婚礼的地方，他们也在这里给他们的头几个孩子施洗，还在他们早年比较虔诚的时候到这里参加一些宗教仪式，而德拉克洛瓦的一些宗教艺术代表作也可在这里找到。当海明威在教堂里的长椅上为自己的性顿悟而庆祝时，他是否看过德拉克洛瓦为教堂创作的那些湿壁画？或许，叛逆的兰波和恼怒的魏尔伦曾在那些柱廊下或一间幽暗的忏悔室中幽会。

在雨果的时代，位于教堂南边的第一座小礼拜堂尚未跟那些复仇"天使"或德拉克洛瓦的作品联系起来。那位画家把自己生命中的最后十年花在这里，往往是非常辛苦地给礼拜堂的墙壁和天花板覆盖上他对《圣经》中旧约场景的怪异阐释,其用色热衷于肉色、紫色和红色。

登上那座多齿的古希腊－印加圣殿的台阶,穿过那些模仿先贤祠的列柱廊,步入教堂,向右转,让自己的眼睛逐渐适应这里阴暗的光线。另外几级短短的台阶通往侧面的圣阿格尼斯礼拜堂。向左边看去,白天刺眼的光线让人很难看清那些壁画,而夜晚的幽暗更是让人几乎不可能看清它们。不过它们还是值得你努力集中注意力。一代代的浪漫主义者曾经默默地站在这里,要么充满敬畏,要么感到震惊。我在尝试好多次之后才开始欣赏它们。如今我是这里的常客。

在德拉克洛瓦创作的《雅各与天使》(*Jacob and the Angel*) 中,强壮有力的雅各正在与一个体格健壮、长着翅膀的红发天使搏斗,后者告诉雅各,他现在被称为"以色列"。要把这幅壁画解释清楚是一项挑战。据说那名天使是上帝的化身,而基督教对此的通行解释认为那是即将出现的基督的化身,预示着那个即将到来的时代。它也可能象征着理性反抗灵性的斗争。在那些亵渎神灵的眼睛看来,这对英俊得可疑、具有同性恋色情倾向的人物,似乎正在像兰波和魏尔伦一样疯狂地舞蹈。

《赫利奥多罗斯被逐出圣殿》(*The Expulsion of Heliodorus from the Temple*) 是德拉克洛瓦的另一幅湿壁

画,位于礼拜堂对面,使用了更浓烈的紫色和红色,表现得更暴力。里面描绘两个身在空中的年轻人举着鞭子,而一个带翼的战士骑在一匹直立起来的战马上,准备赶走税吏赫利奥多罗斯率领的那些异教徒,他们是来劫掠这座犹太圣殿的。不用说,赫利奥多罗斯改信了基督教,圣殿里的宝物得到了保护,根据基督教的解释,这个故事是警告那些潜在的野蛮人,让他们明白教会及其财产神圣不可亵渎。

有个颇有趣味的讽刺之处在于,虽然德拉克洛瓦并非公开的无神论者,尽管他渴望相信上帝,而且具有很深的灵性意识,但他却是一个天生的反教权主义者和怀疑论者。艺术就是他的宗教,绘画和音乐就是他的神灵。他在自己的日志里指出,当圣苏尔比斯教堂的管风琴师在练习或为弥撒而演奏时,他似乎是最快乐、最有创造力的,而且为牧师不让他在礼拜天或举行宗教仪式时工作而心怀怨恨。

在这些壁画里,意大利的风格主义和法国的浪漫主义就像雅各和天使一样飞快而疯狂地舞蹈。对德拉克洛瓦而言,潜在的斗争与其说涉及宗教,不如说涉及这位艺术家挣扎着从稀薄的空气中获得灵感。从青少年时代起,灵感的来源就是那个他一直与之搏斗却无法解决的问题。这幅画或许也涉及大自然不可抑制的生命力,那些争斗者或许反映了上方那些彼此纠缠的树木或者性。在他那个时代,很少有艺术家像德拉克洛瓦一样在私下里和公开地保持禁欲。当他去世时，一个与他相似的人，波德莱尔，曾经指出，"对于各种观念和印象，他是最开诚布公的人，是所有人当中最中庸和最公平的追求享受者（*jouisseur*）"。那个无法准确翻译的术语——*jouisseur*——将欣赏与享受及愉悦融为一体，暗示了 *jouissance*，即性高潮。德拉克洛瓦是否在绘画中承认了这种难以言说的东西？

让这座礼拜堂对世俗艺术史家产生普遍吸引力的，是这位艺术家广泛的追求。对我而言，让那些壁画栩栩如生的是那些惹人喜爱的细节：矛、剑和织物，甚至是那些帽子。德拉克洛瓦年轻的时候，曾从北非把很多这样的东西带到巴黎，当他在巴黎像玩"跳房子"游戏一样，从一个画室搬到另一个画室时，也一直保留着它们，直到他最终来到福斯坦堡广场。如今它们仍然留在那里，在这座城市里最浪漫、保存得最可爱的"记忆之地"之一，放在玻璃柜里展出。

31 /

德拉克洛瓦的最后一站

巴黎不缺少浪漫的飞地,要列出十大浪漫之地是一项严肃的挑战。不过我会毫不犹豫地把福斯坦堡广场列入其中。它的面积只有两个网球场大小,周边是一些高度与风格各不相同的老建筑,其中有些是从法国大革命前的时代幸存下来的。那时候,圣日耳曼修道院院长将其马厩和仆人房间设在这里。广场的中间有个环岛,里面生长着四棵参天的泡桐树。6月里,它们绽放出紫红色和白色的花朵,散发出甜甜的香气,而它们宽阔的心形叶子为赤身裸体的亚当和夏娃提供了遮羞之物。这个广场洋溢着前现代的魔力,就连最玩世不恭的路人也发现它令人难以抗拒。灯光也为它增添了几分魅力:这里唯一的街灯还是19世纪中期那种枝形大烛台的风格。它被安装在比较低的地方,照射出浪漫的朦胧微光,不会刺眼。直到几年之前,树下还放着几把吸引人的长椅,使得这里成为一个著名的情侣幽会之地。但一些司空见惯的不文明问题迫使市政当局移除了那些椅子。

1857年至1863年，当德拉克洛瓦处于全盛期时，不清楚这里是否有那些长椅和树木。他很可能不会流连于它们。他脆弱的身体、孜孜不倦的工作和厌恶社交的倾向意味着他总在忙着工作，绘制草图，削铅笔，调颜料和准备他的调色盘，绘画或写作——除非处于私人场合，这时他可能躺在他那位长期的缪斯约瑟芬·德·福尔热男爵夫人（Baroness Joséphine de Forget）怀里。她是他已婚的表亲和情妇。就像蒙娜丽莎，她是一位谜一样令人难忘的夫人。不知道德拉克洛瓦对她的激情是否谨守贞洁的柏拉图式恋爱。

从官方角度说，德拉克洛瓦博物馆附属于卢浮宫。当你从这个广场的6号进入该博物馆，那个庭院及其长着青苔的石子路会让你急不可耐地先尝为快。进入故居的楼梯陡斜如梯子，对残障人士很不友好。不过这是原来的楼梯，它上面的光滑栏杆，正是那位身体状况不佳的画家用手滑过的地方。楼梯的顶上放着另一座德拉克洛瓦胸像，是仿照卢森堡公园内那座喷泉顶上人们熟悉的胸像制作的。

这套公寓保持了恰到好处的忧郁气氛，里面的多个小房间里铺着宜人的镶木地板，上过蜡，散发出香气，摆满由德拉克洛瓦创作或为他创作的绘画和素描，外加一些纪念品、档案和地图。约瑟芬·德·福尔热的一幅平版画肖

《飞翔的梅菲斯特》(*Mephistopheles Aloft*),欧仁·德拉克洛瓦作

像展示了那个年轻、体弱、鼻子扁平的女人,留着长长的鬈发。德拉克洛瓦崇拜她,尽管他的声明支持相反的说法,但他的浪漫主义血统是牢不可破的,从他扮作雷文斯伍德(Ravenswood)的一幅精美肖像画就开始了,那个人物来自沃尔特·司各特爵士的《拉美摩尔的新娘》(*The Bride of Lammermoor*)。罗密欧和朱丽叶出现在嘉布遣修道会的墓穴里,她赤裸着胸脯,昏睡过去,包裹在一块白色的裹尸

布里面，但并未死亡。德拉克洛瓦对莎士比亚、司各特、歌德、哥特故事和文艺复兴文学同样喜爱，从这道富饶的矿脉里挖掘了数十年之久。

我最爱的一些作品包括充满幻想的《飞翔的梅菲斯特》，以及那幅阴暗、染有墨迹的《哈姆雷特看见父亲的幽灵》(Hamlet Sees the Ghost of His Father)，或者那幅《麦克白与女巫们》(Macbeth and the Witches)。波德莱尔从它们里面看到了埃德加·爱伦·坡——以及波德莱尔自己——用语言捕捉到的幻想故事类型的精华。德拉克洛瓦赞同这种看法，成为波德莱尔翻译的爱伦·坡短篇小说的殷切读者。德拉克洛瓦对戏剧中的幻想元素和音乐中欢欣鼓舞的元素充满热情，这反映在他的很多精致习作中，是他与波德莱尔之间的另一个联系。在他的日志中，他非常明显地多次提到某位布瓦萨尔·德·布瓦德尼耶(Boissard de Boisdenier)的名字、绘画或音乐改编作品。布瓦萨尔是一名业余提琴手、画家和诗人，也是印度大麻吸食者俱乐部的主人之一。德拉克洛瓦参加过它那些"幻想曲演奏会"，但没在回忆录或通信中泄露任何细节。他有没有吸食或咀嚼那里提供的毒品？或者只是像巴尔扎克那样旁观？

在这个博物馆的其他地方，你还会邂逅一幅草图，乍一看，像是20世纪的一幅描绘动作的现代主义习作，由一堆颤动的、弯曲的、充满力量又令人眩晕的线条组成。那是德拉克洛瓦为《雅各与天使》画的众多草稿之一,就像那幅壁画一样,具有高度暗示性。与之有着天壤之别的,是一幅带有石墨痕迹的精致水彩画。《花卉习作》(*Study of Flowers*)描绘了一朵罂粟、一朵三色堇和一朵银莲花。德拉克洛瓦是在前往乔治·桑位于诺昂的地产度假时画的这幅画。创作自然主题的水彩画是吸引他多次前往诺昂的愉快消遣之一。乔治·桑描述他在那里工作,"面对一支他刚刚弄清楚其结构的黄色百合,欣喜地陷入全神贯注之中"。

最好的还在后面。在这套公寓后面部分的房间,有一道门通往一架室外楼梯,顺着那两段楼梯走下去,就来到画室所在的楼层,然后进入一个奇妙的私人花园,里面有一个中世纪的井架和若干遮阴的树木。德拉克洛瓦找人按照他的要求修建了那个画室。他并不赞成《波希米亚人》的悲惨处境或衣食无忧的海明威提出的饥饿艺术家理论。德拉克洛瓦拥有一个梦幻画室,那些镶着多面玻璃的高大窗户是专门设计的,用以提供平衡而持续的光线。这里保留了德拉克洛瓦的调色板,他曾把它作为赠品送给方丹·拉图尔,精心制作而成。他的绘画箱和他最爱的那些行头——陶瓷水杯、一件红色的衬衣和一个令人好奇的手枪皮套和一把马刀,一口镶嵌得非常精致的箱子,还有一件罕见的弦乐器,全都是他在1832年那次改变命运的北非之旅中,从摩洛哥买的,那次旅行由法国政府资助。这些纪念品中的一部分，出现在油画中，它们挂在巨大的主画室的墙上。其中有几件你可以从圣苏尔比斯教堂的圣安格尔礼拜堂的壁画中辨认出来。

在这间画室的入口处附近，有一个小小的侧面房间，很多游客都会忽略这个密室，里面悬挂着博物馆里最有趣的藏品之一。它不是由德拉克洛瓦创作的，而是费利克斯·纳达尔的作品：《纳达尔的先贤祠》(*Nadar's Pantheon*)。19世纪50年代，当纳达尔还是插图画家和摄影师时，他为这件大画幅的版画创作过好几个版本。在这

《纳达尔的先贤祠》，德拉克洛瓦在哪里？

个最终版本中，有两百五十名作家的漫画画像，领头的是额头突出的维克多·雨果，他们在包括夏多布里昂在内的浪漫主义前辈的圆形肖像画前面，摆成一个弯弯曲曲的长蛇阵。位于前面的是巴尔扎克阴暗的脑袋和夏尔·诺蒂耶飘浮的脸。不过里面真正的标志是乔治·桑那尊高耸的白色大理石胸像，如大宪章一般，是活着的浪漫主义偶像，矗立在一根带有凹槽的大理石圆柱上。那些视觉艺术家是在这幅画的最后几个版本中加上去的，因此德拉克洛瓦出现在这个队列的末尾。显然他并没有受到冒犯：在他人生的后期阶段，他坐在画室里让这位淘气的红发摄影师拍过很多肖像。

QUAI VOLTAIRE

第六部

伏尔泰码头

一场幻想的塞纳河畔的场景

32

塞纳河图景

当浪漫主义如日中天之时,幕布拉开,露出一幕塞纳河图景。路易十四时代的府邸公馆和难以确定年代的卑微房屋互相支撑。伏尔泰码头有一排带有石灰岩雕刻或抹着灰泥的立面,表面沾染着尘垢,而一些注定要在来年冬天死去的天竺葵或芙蓉为它增添了几抹亮色。一扇扇窗户和百叶窗不时打开和关上,一些熟悉的面孔出现又隐没,构成一套四季不断更迭的生动日历。

在这一幕图景中,我们会发现我们的那些演员同时跨出大门或马车,为碰见对方而感到吃惊。乔治·桑身穿男装,昂首阔步,一只胳膊挽着轻灵的弗雷德里克·肖邦,另一只挽着阿尔弗雷德·德·缪塞,后者的金发在微风中轻轻飘扬。身材矮小的德拉克洛瓦手里抱着一本素描簿,后面跟着身材高大的大仲马。长着疣子的安格尔用淫荡的目光对交际广泛的模特咪咪暗送秋波,他故意安排她走在自己前面。装模作样的普拉迪耶大摇大摆地带着满脸绯红的朱丽叶·德鲁埃走过,维克多·雨果在他们身边做着手势。头发蓬乱的巴尔扎克偷偷溜出一家古玩店,让人想起他笔下那个虚构的反英雄,来自《驴皮记》(*La Peau de chagrin*)的拉法耶尔·德·瓦朗坦。腼腆而瘦削的福楼拜跟在容光焕发的路易丝·柯莱特身边向前溜去。玛丽·德·阿古、阿尔弗雷德·德·维尼和圣伯夫构成一个楔形推进队,时时警惕着愤怒的弗朗茨·李斯特,他已经被逐出玛丽的闺房。茫然的波德莱尔及其"黑肤维纳斯"伫立在这条大街上唯一的酒店顶层的一扇窗户前,望着他们顺着码头跌跌撞撞地漫步,鞠躬,挥手,咆哮,避开或拥抱对方。

富于幻想的场景?那是当然。正如大仲马那句著名的双关妙语所说,"我没有恶习,但有很多幻想,而它们让人付出更多代价"。

不过,想象众多独具创意的天才被硬塞进短短的一段码头区,就在艺术桥下游面对卢浮宫的方向,想象那些在伏尔泰码头上生活过,工作过,爱过又互相抛弃的男女主人公们如联播节目一般同时相遇,还是很有趣的。

现实没有幻想的那么迷人。大仲马住在距码头几个街区的内陆方向的大学路(Rue de l'Université),是这个码头的常客。乔治·桑著名的"蓝色阁楼"位于上游方向一个街区外的马来亚码头29号,不过,就像肖邦一样,她也经常光顾德拉克洛瓦位于伏尔泰码头 15 号的画室。在德拉克洛瓦两侧是与他争斗的宿敌安格尔:后者住在这个码头 11 号的二楼,但在 17 号地面层的一间华丽的画室里作画。阿尔弗雷德·德·缪塞跟他那位圣徒般的母亲一起在 25 号住了十年(从带有拱顶的大门进去,走左边那个楼梯)。在现实和小说中,在伏尔泰码头 1 号的另一间位于地面层的画室里,以及普拉迪耶在楼上的奢华套间内,普拉迪耶、朱丽叶、福楼拜和路易丝彼此嬉闹,也和别人嬉闹。玛丽·德·阿古,又名丹尼尔·斯泰因,住在伏尔泰码头 29 号,并在那里开办了她那个著名的沙龙,招待乔治·桑、德·维尼、圣伯夫和其他数十人。波德莱尔通常在中午起床,不过,他善于记住黎明的曙光,会从自己位于伏尔泰码头 19 号的酒店房间里,一动不动地注视着雾霭、天空、塞纳河和巴黎的城市风景。他在这里写下了《晨光》(*Le Crépuscule du Matin*)中那段庄严的诗节:

> 薄雾苍茫如海,环绕每一座建筑
> 如同行将就木的病人躺在临终病房内
> 在沙哑的咳嗽中吐出最后一口气
> 狂欢作乐的浪子蹒跚返家去见妻子
> 黎明穿着玫红与绿色的睡袍
> 颤巍巍地降临荒芜的塞纳河

> 巴黎揉揉自己苍老的眼睛
> 开始收拾工具去做那厌烦而理智的工作

补充一个并非同一时代的细节：在这个码头与博纳路交叉处那座建筑对着庭院的二楼上，伏尔泰曾在病痛中暂居于此。他在那里去世，被荣耀地纪念了几个世纪，很可能还会永远纪念下去。早些时候，伏尔泰住过一个更好的房间，能看见塞纳河风景，可是码头上的嘈杂让他无法忍受。他在1778年去世，对巴黎来说仿佛是昨天发生的事情。伏尔泰码头上，他经常光临的餐厅和咖啡馆还在那里，而如今的伏尔泰码头依然嘈杂，甚至有可能比1778年更嘈杂。

令人震惊的是，伏尔泰、德拉克洛瓦、波德莱尔和其他人知道和热爱——或者痛恨——的城市住宅仍然矗立在那里，尽管有噪声，却仍然有人求之索之。这既证明了17世纪那些建筑的坚固性，也证明巴黎人明显不愿意接受城市剧变的特性。那些不规则而且不实用的建筑如同一面斑驳的镜子，巴黎人在其中哆嗦、飞奔。它们的地基和下面几层可追溯到法国大革命之前，上面几层比较薄弱，是在浪漫主义时代加上去的，这些房子的顶上很多都建有镶着玻璃的现代或后现代阁楼，刺向上方的空中轮廓线。显然，有些建筑的所有者是一些明显不受建筑法规约束的百万富翁。

来到伏尔泰码头,倚靠在塞纳河畔那些绿色的书报亭之间的矮墙上,抬头仰望两岸的建筑,很少有比这更有教益也更惬意的事情。对于我所了解的那个多楼层、多层次的永恒巴黎,它们是另一种客观对应物。

比那些看似坚不可摧的建筑和码头区更令人吃惊的,是占据这些地方的那些恒久存在的店铺,例如从数世纪之前就在此确立的那些卖二手书和古董的贩子。这个码头上的生活随着虚构故事发展:虽然店名变了,但有些古董商从巴尔扎克把它们想象出来那时起,就一直占据着同一个地方。是他无中生有地将它们创造出来的。他有两部长篇小说都以此为背景,其中比较著名的是他在1831年创作的《驴皮记》,书中,这个码头上一家被施了魔法的小古董店为一个霍夫曼风格的奇幻故事提供了背景。

"他走下几段台阶,它们位于码头角落里的那座桥旁的人行道末端,这时他的目光被摆在胸墙上出售的一排排旧书吸引,他差不多就要开始讨价还价地买上几本了。"巴尔扎克写到那个打算自杀的拉法耶尔·德·瓦朗坦,准备跳进塞纳河里自尽。可是为了消磨时间,等待天黑,瓦朗坦走进一家店铺。"我们在下面只摆放那些几分钱一打的东西,"一个店员说,"不过,如果你想到楼上瞧瞧,我会带你看一些来自开罗的精美木乃伊,各种带有嵌入花饰的瓷器,还有少量精美绝伦的乌木雕刻——正宗的文艺复兴制品,我们刚刚收到的。"

小说中这位反英雄式的主人公跟着店员来到楼上,发现了那个众所周知的阿拉丁之穴。"鳄鱼、猴子、填充的蟒蛇标本冲着窗户上的彩色玻璃龇牙咧嘴,似乎就要朝那些

世界变化越来越大……巴尔扎克笔下的古董店仍然生意兴隆。安德雷·卡斯泰涅作

胸像咬去，或者抓住那些蕾丝花边，跳向那些枝形吊灯。"最终，他带着那块神奇的驴皮离开了，这个法宝让他获得了名利，然后毁灭并杀死了他。《驴皮记》深入探讨了放浪形骸、贪得无厌以及钱财有害等主题，是巴尔扎克所有作品中我最爱的一部——怪异的是，放在这里还特别切题。

造访巴尔扎克那个虚构店铺在现实生活中的后裔，你会发现类似的神奇宝藏，由美术作品、古怪玩意儿和一些怪异的附属装饰品构成——不过价格也是与时俱进。

伏尔泰码头至少有四家特定的机构拥有数世纪的历史，散发出浪漫气息。伏尔泰码头酒店（the Hôtel du Quai Voltaire）的历史可追溯到法国大革命之后，从波德莱尔到瓦格纳所属的时代之初，后者在这里谱写了《纽伦堡的名歌手》（*Die Meistersinger*）。皮萨罗、王尔德和西贝柳斯都曾在这里长期居住。《第22条军规》（*Catch-22*）的作者约瑟夫·海勒（Joseph Heller）及其家人曾逗留于此。我很多的朋友和熟人也被这里壮观的景象所吸引。

受美术学院周边地区吸引，伏尔泰码头3号的艺术供应品和颜料商店桑奈利耶（Sennelier）创立于印象主义时代。当然，18世纪的伏尔泰餐厅兼咖啡馆比它们都更古老。护卫舰咖啡馆（Café La Frégate）名气没伏尔泰那么大，但更亲民，位于巴克路（Rue du Bac）的拐角，承袭了奥赛咖啡馆的店面，后者是巴黎失落的地标之一。奥赛咖啡馆是1881年跟它所在的那处地产一起被拆除的。"护卫舰"得名于19世纪中期在码头上停泊了几十年的一艘护卫舰。对一家咖啡馆来说,拥有超过一百三十年的家谱并非坏事,尽管目前这座建筑是19世纪后期的产物,不过,从某种程度上说,古老的奥赛咖啡馆和它所处的那座多层建筑仍然存在。我在不久前发现这个令人愉悦的事实,它带领我开始了一场快乐的浪漫追索。

与一张野驴皮拴在一起的名利、财富与死亡,阿德里安·莫罗绘《驴皮记》扉页图

33

达达尼昂的阿蒙蒂亚多雪利酒酒桶

每周两次,我都会顺着塞纳河,朝下游方向"咔嗒咔嗒"地步行,穿过众多岛屿和桥梁,踏过松散的石子路和重新恢复活力的杨树根,在伏尔泰码头巡游,希望看见一道供马车出入的大门敞开,溜进那些私人庭院。最后,我会抵达"护卫舰"咖啡馆,疲惫地坐到一把舒适的椅子上。这里的咖啡是意大利式,比这座神奇的咖啡馆之城中大部分深不可测的咖啡馆里的咖啡都要好。不过咖啡和绿茶并不是我来到"护卫舰"的主要原因。

一如1778年的情形,这个码头如同一条昼夜不停的跑道。露台上过于喧闹,没法说话。除非你想抽烟或吸二手烟,否则,你会像我一样在屋里落座。仰头看看天花板——想到这个简单动作的顾客少得令人吃惊。灰泥做的花环和美好年代的绘画上点缀着蓬松的云团。小天使和一丝不挂的年轻人在虽然甜蜜却充满诱惑的场景中嬉闹,那是按照布歇或让·贝兰(Jean Bérain)的风格设计的,后者是河对面卢浮宫内设计阿波罗画廊的画家。郁金香形状的灯向上照射出光线。镶着薄锌板的吧台弯曲成半圆形。店内摆着软长椅，透过镶着平板玻璃的落地窗，可以看到塞纳河畔的风景。

在后面的餐室中，一块单独的铭牌标出了亨利·德·蒙泰朗（Henry de Montherlant）经常坐的位置，从那个地方，这位小说家能够观察镜子中的人群，却不会被人注意到。有人指责蒙泰朗在纳粹占领期间通敌卖国，尽管他从未被定罪，却一度受到冷落。讽刺的是，法国抵抗运动在北方的总部就隐藏于蒙泰朗公寓隔壁的伏尔泰咖啡馆楼上。他避开伏尔泰咖啡馆，成了"护卫舰"的常客。

不知何故，几十年来，我的人生一直与蒙泰朗的阴影相交叉，从我自20世纪80年代至今一直使用的亨利·德·蒙泰朗游泳池开始。有一天，我会再次尝试着阅读他的长篇小说、随笔和戏剧。他是一个存在内心冲突、爱争辩、自相矛盾的浪漫主义人物，有海明威式缺乏吸引力的男子气概，是受过心理创伤的"一战"老兵，狂热地喜爱斗牛和其他男性探险活动。然而，他的作品往往为他毫无幸福可言的同性恋倾向——以及据说无法治愈的恋童癖——提供含糊的自白或辩解。他一生中的大部分时间都居住在"护卫舰"以南，与这家咖啡馆隔着五户人家。那也是他自杀的地方，对很多浪漫主义者来说，这最后的行为有时充满勇气，有时充满怒气。

当我抬头凝视那块"淫秽"的天花板时,我忍不住想知道,蒙泰朗究竟为什么常来"护卫舰"。他是被它近在咫尺的便捷性所吸引——并且说不定也很享受这里的装饰、食品和服务吗?抑或是,他像我一样了解这家咖啡馆背后的故事、已经消失的奥赛咖啡馆,以及这个地方曾给大仲马塑造杰出人物带来灵感?

尽管大仲马从未在文字中明确指出,不过,当他跟德拉克洛瓦和波德莱尔来到奥赛咖啡馆时,他肯定知道或至少怀疑过,夏尔·奥吉耶·德·巴茨·德·卡斯德尔摩(Charles Ogier de Batz de Castelmore)——他有个更广为人知的名字是达达尼昂伯爵(le Comte d'Artagnan)——曾于1659年至1673年在此居住。这座建筑侧面的一块牌子说明了这一点。迈利-内勒公馆(Hôtel de Mailly-Nesle)占地面积很大,是一座建于1632年的宅子,包括码头上的多块地皮,向南和向西延伸到巴克路。真实生活中的达达尼昂住在拐角处,也就是这家咖啡馆如今所在的地方,进入他那套公寓的大门位于巴克路1号。

在路易十四的辉煌时代,达达尼昂是一名陆军元帅,荣耀加身,国王和王后还是他那两个孩子的教父和教母。那时,皇室和宫廷成员是否造访过他的府邸?也许他们来过。这位英勇的火枪手绝不会做错事——只是他不巧在

1673年的马斯特里希特保卫战中死去。国王和王后自然会驾临他家：卢浮宫就在塞纳河正对面。

让我们从达达尼昂和路易十四快进到18世纪中叶和路易十五时代：这位国王环顾四周，把目光落到迈利家那五个活泼的女儿身上。迈利家族拥有伏尔泰码头和巴克路上的一大片土地。她们被安置到码头上那座宅子的镀金沙龙内，当时这个码头还没有用伏尔泰的名字命名。因为国王淫荡的关注，迈利家的四个女儿将很快不再是处女。头三个接连成为国王的正式情妇，第四个被她的丈夫迅速转移到安全的地方，而第五个则加入前三个姐姐的行列，频繁往返于这个码头与凡尔赛宫之间。

根据记录，迈利家那四个沦为国王战利品的女儿中，有两个都神秘地死去，差不多可以肯定是中毒。为什么？原因很简单：宫斗。毒药是在哪里投入她们的葡萄酒中的？这是掩盖毒药的最好方法。如果是在凡尔赛宫，那未免太冒险。那么在迈利家呢？很可能不是在那座宅子里面，而是在建筑下方位于码头上的葡萄酒酒窖里？

这也是那个荒诞故事变得有趣的地方，似是而非并且代价高昂。

奇怪而又奇妙的是，迈利家那个并不幸福的老五，国王给她起了个绰号叫"夏多鲁公爵夫人"，跟圣日内维耶一起间接促成了先贤祠的修建。下面就是事情的来龙去脉。

国王被她迷得晕头转向，在1744年的梅斯包围战中带着公爵夫人一起前往前线。他在那里病倒，公爵夫人的诽谤者们把他的高烧和痉挛归罪于她过于高涨的性欲。尽管国王的病体让国家蒙羞，她却拒绝离开他。除非路易停止自己与公爵夫人之间非法的通奸关系，否则他就无法忏悔、获得赦免，并祈求神的拯救，或接受临终涂油礼。然而他可不想这么做。就在他危在旦夕时，公爵夫人被遣走。国王做了忏悔，圣日内维耶被召见。国王获救了，不过公爵夫人却很快死去，她是被毒杀的。国王对圣日内维耶所许的愿虽然一度被搁置，但最终还是得到遵守，一座教堂被修建起来，这就是后来的先贤祠。

这个故事中的关键词是"下毒"。

快速跳到现代，19世纪30年代，这座宅子成了弗拉维尼伯爵的府邸，这个贵族有位聪明、叛逆的女儿玛丽，即德·阿古伯爵夫人，在巴黎社交界惊诧的目光下，摇身一变成为跨性别长篇小说的作者丹尼尔·斯泰因。正是在这里，在国王的情妇们使用过，早先达达尼昂和皇室成员也经常光临，后来又被这所宅子里的居民使用至今的镀金沙龙里，举办过著名的浪漫主义者的文学沙龙——至少人们普遍是这么认为的。

伏尔泰码头和巴克路拐角处的牌子只提到达达尼昂，再没提别的。当我发现这处地产复杂的历史后，我也像蒙泰朗一样,成为"护卫舰"的老顾客。很可能是在五年之前,我意识到这家咖啡馆的葡萄酒酒窖至少占据了两层地下楼层。

一条弯曲的石头楼梯从护卫舰咖啡馆的地面层通往位于地下一层的洗手间。有一天,我来到那下面,注意到走廊里有一道门虚掩着。我探头窥视着那堵漆黑、粗糙的墙壁,但没敢走得更远。又一次,那道门虚掩着,而且里面亮着一盏灯。我能够看到那架弯曲的楼梯消失在视线之外。我等待了一会儿,又听了听动静,然后开始顺着楼梯往下走,这时下面传来说话的声音。

接下来,我六次尝试进入地下第二层酒窖,都因为门被锁上或缺少光线而失败。我找不到电灯的开关,于是拿着一支手电筒再次返回,却被一个去上卫生间的顾客打断。后来的几次,我又被洗碗工、搬运工或经理打断。我跟一名侍者套了两年的近乎。有一天,他拿着一瓶沾着尘土的陈酿红葡萄酒从地下深处冒出来。我强留住他,开玩笑说,他手里拿的是不是阿蒙蒂亚多雪利酒?他困惑地看了一下标签,"是波尔多"。然后就锁上门,领着我上楼了。

过了几年,咖啡馆的管理层换了,就在我准备问那些侍者能否允许我参观酒窖时,他们也被换掉了。最终,我问那位和蔼可亲的新经理能否帮助我解开一个谜团,"达达尼昂的阿蒙蒂亚多雪利酒或他的黑猫之谜,如果你喜欢波德莱尔和爱伦·坡甚于大仲马的话。"我说。

到那时,她已经认出我是一个无伤大雅的老主顾,会留下丰厚的小费。如若不然,她原本会叫来那些拿着昆虫网的男子。她咯咯地笑着,带着我走进下面那道被锁上的秘密楼梯。

"您瞧,"我觉得自己必须解释一下,"在过去的数个世纪,当一座宅子或修道院、历史建筑被拆除时,人们通常会重新利用其地窖和地基。因此有理由怀疑迈利-内勒公馆的地基仍然在这里。"

她扬起眉毛说自己从未听说过这么一家公馆。

那道弯曲的楼梯穿过粗削石,从下面露出一个带有拱顶的葡萄酒酒窖,占据了这家餐厅以及码头边大路的地下部分。"太好了。"我兴奋地说。看着那些石头的石工技术和石雕工艺,它显然是在1881年之前的几百年修建的,经过改建和重新利用。"您有没有发现西班牙葡萄酒的老酒桶,"我问道,"或者一只黑猫被埋在墙内?或者,也有可能是一个装毒药的小罐?"

那位经理瞪着我,拿不准我是真的疯了还是像往常那样开玩笑。"《一桶阿蒙蒂亚多雪利酒》,"我补充道,"埃德加·爱伦·坡写的短篇小说。当'护卫舰'还是奥赛咖啡馆时,波德莱尔经常光顾这里,您瞧,他翻译了埃德加·爱伦·坡的那个短篇小说,还有《黑猫》。"

不过她有关波德莱尔和爱伦·坡的知识已经有点儿生锈,跟不上我的思路。于是我提出,那个酒桶和猫或许属于达达尼昂或大仲马,他们的想象力比我丰富得多,几个世纪之前,他们经常光顾这个地方。只需这么想想,我告诉她,真正的三个火枪手在现实生活中很可能——真的很可能——就曾经站在这个地方,从达达尼昂的地下室里痛饮上好的葡萄酒。"他们很可能从那个码头下面溜出去,或者通过一条尚未被人发现的秘密通道进入巴克路,说不定发现它的就是你。"

毕竟,我推理道,"灰马火枪手"——那个颜色指的是他们坐骑的皮毛颜色——的总部就在一个街区之外的巴克路 13 号至 17 号的后面。"在蓬巴杜夫人之前,路易十五那四个迈利家的著名情妇就曾住在这里,而且她们中至少有两个都被人毒死了,谁知道呢?说不定毒药就是在这里,在这个地窖里,被放进她们的葡萄酒中的。"

"啊,"她高兴地叫了起来,"啊,啊,那可是我不知道的新鲜事!"

自从我们造访过那个地窖后,那位经理对我就特别热情了。我们现在都用名字彼此相称,这说明再没有什么比历史、文化或一个悲剧爱情故事更能赢得一个法国人好感的了。

后来,出于偶然,也颇令我懊恼的是,我发现自己对伏尔泰码头的这些地产其实知之甚少，或者毋宁说，我那些间接了解到的信息有多么不准确。

事实上，迈利－内勒公馆拥有多个侧翼建筑，其中有些部分仍然存在，隐藏在伏尔泰码头29号后面。这令人鼓舞：我想，有一天我会假扮成快递员，设法进入那里。但其实，我只是简单地询问了一下能否允许我进去参观，就被法国档案局的一名热忱的雇员领了进去。法国档案局是法国官方档案出版机构，目前占据着这座建筑。她愉快地带我穿过一个现代的休息厅，参观了那座隐藏的宅子。

正如历史书中描述的那样，镀金沙龙（Salon Doré）的双扇镀金门被打开，露出一个金碧辉煌的房间，从地板到天花板都覆盖着17世纪用液体黄金做成的装饰。它就跟卢浮宫里的装饰一样精美——这是有原因的。让·贝兰，那位同样给路易十四装饰阿波罗画廊的画家，跨过塞纳河，在这里创造了他的奇迹。小天使、金银丝钿工、花朵图案、假壁龛以及描绘幸福情侣的精美绘画提供了主题。难怪路易十五起初会在这里跟他那些迈利家的情妇做爱。

一旦她们把自己献给国王后，他也会投桃报李地给予她们新的封号，将她们转移到凡尔赛宫。房间的天花板上有四个激发情欲的图案，用意大利语化的仿拉丁文写成，它们产生于文艺复兴时代，非常适合后来接管这里的路易和浪漫主义者。其中一条写着：*"Amor uniscet più*

Rubelli",意思是"爱情将最顽固的情人结合起来"。另一条发出耳语:"*Amor solo mi potea domare*",意思是"只有爱情能够驯服我"。第三条让观看者——他们很可能是仰卧着看上面——相信,没有人能够阻挡爱情大获全胜。而第四条是自虐情结的早期范例:*Catene quanto più soavi più strette*——意思是"锁链越紧就越甜蜜"。我突然想到,这句话不仅适用于施虐与受虐狂,而且也适用于艺术桥上的情侣,他们把象征着永结同心之誓的挂锁与锁链挂在桥上。

到这时,我已经在调查中发现,玛丽·德·阿古举办文学沙龙的地方,其实并不是人们广泛认为的镀金沙龙,而是隔壁的灰色沙龙(Salon Gris),一个更大的漂亮沙龙,里面有灰色的墙壁。在这次不期而至的参观中,我的向导告诉我,她认为,以李斯特和其他人为主要演奏者的钢琴音乐会,很可能是在上面一层楼的音乐室里举行的。这个推测非常合理。我很高兴再往上爬一层楼,查看里面那些第一帝国时代的装饰,以及门上绘制的几乎赤裸的缪斯。

唉,错误的想法和错误的信息似乎注定要一层层地积累起来,并且早晚会被刮掉。自从我造访这里后,我就得知,玛丽·德·阿古及其母亲住在地面层的一个可爱的大型花园公寓里。那里才是她们举行沙龙的地方,如今是沉闷的办公室。这也是罗西尼与李斯特、大仲马、乔治·桑、巴尔扎克和整个浪漫主义群体对酌交谈的地方。德·阿古的哥哥最终租下了上面那层楼，即拥有镀金沙龙的那一层，不过在文字记录中没有一处提到他主办过他妹妹的文学和音乐聚会。

根据我现在了解到的信息，这个故事还需要加上最后一笔：迈利家的地产最初毗邻一座更小、更卑微的建筑，后者建于 1635 年，属于某位皮耶·于洛，一个商人。达达尼昂及其家人住过的正是那所位于街角的简朴房子，而非那座大宅。这意味着"护卫舰"的地窖虽然很可能非常古老，而且肯定是储存那位火枪手葡萄酒的地方，但跟迈利姐妹却毫无关系。因此，给路易十五那些情妇下毒的人绝不会在那里搅拌他那些致命的佳酿，而从这个历史悠久的街角咖啡馆地下室二层通往先贤祠的那条隧道的入口，也不可能像我以前想象的那样，从"护卫舰"下面开始。恰恰相反，它是以伏尔泰码头 29 号为起点，从那层富丽堂皇的楼上，从那个精致的镀金沙龙，通往山顶上的圣日内维耶圣所，也就是维克多·雨果如今长眠的地方。哦，好吧。不管大仲马是否知道这些，一切都只是猜测，我一边啜饮绿茶，一边想，也许我最好就此罢手。

这简直就跟我探索巴尔扎克的阁楼如出一辙。也许军械库图书馆的馆长说得对。有时我们不妨接受那些谜团，以及如同天赐之福的无知。

迈利-内勒公馆里的缪斯装饰画

34

德拉克洛瓦回绝大仲马

"我抓起帽子跑了出去,"大仲马在回忆录中写道,"我想起德拉克洛瓦的《马里诺·法列罗》。我越过一座座桥梁,爬上通往德拉克洛瓦画室——他住在伏尔泰码头的高处——的一百一十七级楼梯,上气不接下气地闯了进去。"

是什么支配着大仲马,让他穿上自己最好的正装,从杜乐丽宫越过皇家大桥,前往伏尔泰码头,然后爬上四层楼?非常简单:是帮助和取悦欧仁·德拉克洛瓦的欲望,他对这位仍然在世的艺术家推崇备至,超过其他任何人。作为浪漫主义同行者,大仲马就像孩子热爱一匹桀骜不驯的马或有主见的狗一样崇拜德拉克洛瓦。对大仲马而言,德拉克洛瓦就是"感觉、想象、幻想",也是傲慢、易怒、顽固不化个性的精华。

大仲马一直是奥尔良公爵的一名图书馆助理,公爵在1830年成为路易·菲利普国王。国王是一个很好的赞助人和支持者。他偶然提到自己想买一件礼物送给维克多·雨果——或许是一枚钻石戒指、一只银质的鼻烟盒——感谢后者献诗给公爵夫人,也就是王后。这时大仲马给路易·菲利普指出了另一个方向。

为什么不送一幅画呢?他问。某种私人的且与国王的独一无二相称的物品,例如一幅来自王室藏品的绘画。

这位善于变通的君主思忖片刻,明白了大仲马的意思,并且更倾向于一种一箭双雕的慷慨做法。"更好的办法是,"国王说,"在你的艺术家朋友中为我物色一幅能够讨雨果欢心的画,把它买下来,送到我这里来,我再将它送给雨果。这样就可以取悦两个而非一个人了:一个是卖画给我的艺术家,一个是获得我赠画的诗人。"

把镜头切换回大仲马,穿着沉甸甸的天鹅绒衣服,他气喘吁吁来到德拉克洛瓦位于伏尔泰码头的画室,筋疲力尽地倒在一把椅子上。此时,大仲马已经是个富有的名人,拥有德拉克洛瓦的三幅油画。他想起另一幅受到批评家猛烈抨击的画,一幅不出售的作品,德拉克洛瓦小心翼翼地把它珍藏在画室里,不过,大仲马想,现在可以把它卖给国王了。他兴奋地与画家分享了这个消息。他们的对话听起来很真实。

"我来买你那幅《马里诺·法列罗》。"

"啊!"德拉克洛瓦回答,听起来与其说是欣喜,不如说是恼怒。

年轻时的路易·菲利普：艺术赞助人、花花公子，也是大仲马和雨果的朋友。此画公认是伊丽莎白·拉蒂默的作品

"怎么！你不高兴吗？"

"你是想给自己买吗？"

"如果是买给我自己，价格是多少？"

"随便你给了：两千法郎，一千五百法郎，一千法郎，都行。"

"不，这不是买给我自己的，而是为奥尔良公爵买的。卖给他多少钱？"

"四千、五千或六千法郎，具体要看他把画挂在哪个画廊了。"

"他不是买去自己收藏的。"

"那他买给谁?"

"是一件礼物。"

"送给谁的?"

"我不能告诉你,我只获得授权给你六千法郎。"

"我的《马里诺·法列罗》是不卖的。"

"为什么不卖?你就要以一千法郎的价格把它卖给我了。"

"卖给你是可以的。"

"卖给公爵,四千法郎。"

"卖给公爵也是可以的,但只卖给公爵或你。"

"为什么?"

"卖给你是因为你是我的朋友;卖给公爵,因为能在他那样有才华的皇家赞助人的画廊中占据一席之地是一种荣耀,但除了你们俩之外,其他任何人都不卖。"

"哦!多么巧妙的想法!"

"随你便了!这是我的画。"

于是会面就这么结束了。

幸好,大仲马遵守了自己对公爵许下的诺言,没有说出接受这件礼物的人是谁。否则德拉克洛瓦会暴跳如雷。他可不是维克多·雨果的粉丝,后者对他也是同样的感觉。

他们俩太相似了,大仲马无须知道他们对彼此的憎恶就明白这一点。"每位艺术家都会在同时代的某个同类中找到自己的影子,"大仲马写道,"雨果和德拉克洛瓦有很多交集。"这或许是真的,但他们俩都确保那种交集不是身体方面的,总能谨慎地避开对方。

德拉克洛瓦不卖那幅画的真实原因是什么?他骄傲而又固执,担心国王买画会羞辱那些愚蠢的批评家,使得他们虚伪地公开改变其看法。他不需要他们的虚假赞美。他们正是那同一批攻击其作品却赞美安格尔的反动批评家,把安格尔当作一颗古典主义的鱼雷,射向激进浪漫主义之舰,跟"艾那尼之战"中那些古典主义者试图毁掉雨果和现代戏剧的做法如出一辙。

"德拉克洛瓦注定会受到疯狂的无知者追逐。"大仲马评论道。他几乎没有意识到,尽管德拉克洛瓦喜欢他这位精力充沛的巨人朋友,也会贪婪地阅读其小说,但面对大仲马的个性时却感到窒息,也不满后者那些受情节驱动的现实主义长篇小说的"肤浅和通俗闹剧式手法"。

大仲马追求的是那种没有浸透高度同质性的传统信条的艺术,德拉克洛瓦私下里批评道,大仲马太注重表面含义,太关心技巧,他"无法接受情感的角色……如果大仲马是雕塑家,他会把自己的雕像涂上颜色,让它们像发条玩具一样走动,相信那样更贴近真实"。

德拉克洛瓦又在自己日记中的另一处吐露，大仲马固执且咄咄逼人。"他不会放开自己的猎物，"画家写道，"我非常喜欢他，但我们不是同一类人，我们追求的也不是同样的东西，他的追随者跟我的不一样，显然我们当中有一个是真正的疯子。"

德拉克洛瓦发现大仲马肆无忌惮；大仲马发现德拉克洛瓦像英雄一般坚定不屈。我很清楚自己更愿意与谁共度一个夜晚。

在大仲马的这段逸事和德拉克洛瓦的日记中，有一点不同寻常，如果你把那些名字、头衔和美学观念换掉，然后点击一下"刷新"按钮，就会发现自己置身于今日巴黎那种吹毛求疵的艺术与文学场景中。

具有双重讽刺意味的是，作为艺术赞助人，大仲马购买了德拉克洛瓦的作品，并且就像一名火枪手那样为它辩护，我为人人，人人为我。他还劝诱这位前卫画家创造出一幅19世纪最伟大、最早的前卫短命作品，一幅形式自由的泼洒画，本来打算只展出它一个晚上。不过不是在伏尔泰码头或左岸的其他地方。这是浪漫主义时代一次伟大的艺术活动，发生在大仲马那套备受追捧的小公寓里，它位于巴黎浪漫主义的新核心，那个位于右岸的偏远地区被称为"新雅典"(La Nouvelle Athènes)。直至今天，还有一些探求者来到"新雅典"，向浪漫主义精神的那些鲜活的圣殿致敬。

THE NEW ATHENS AND MONTMARTRE

第七部

新雅典与蒙马特

从浪漫主义极盛期到浪漫主义颓废派的复兴以及现代主义的诞生

35

德拉克洛瓦永恒的短命之作

"舞会已经引起很大的轰动,"大仲马在回忆录中写道,"我邀请了巴黎几乎所有的艺术家,我忘记邀请的那些也写信提醒我注意他们的存在……"

七百位客人参加了大仲马的派对,这场盛大的活动改变了巴黎的浪漫地形图。大仲马在 1833 年举行的这场时髦的狂欢化装舞会虽然不是最大的,却将作为最疯狂、最具创意的此类私人聚会而名垂青史。就一套公寓里容纳的天才、胆识和享乐派头而言,它仍然空前绝后。

它也有助于这个地区跻身于艺术地图中,并且在两个世纪之后仍傲然挺立。举行派对的高端场所隐藏在圣拉扎尔大街(Rue Saint Lazare)52 号后面的庭院内,大街的位置是时髦的奥尔良广场,在巴黎最陡斜的地区之一——新雅典,这里至今仍是最热门的居住区广场。

这可不是一场随随便便的狂欢派对,其主要目标也不是庆祝大仲马的书籍和戏剧取得了惊人的成功。你不妨称之为一场与国王针锋相对的聚会:路易·菲利普未能在最近的一些皇家庆典中邀请巴黎前卫浪漫主义的主要倡导者,也就是参加"艾那尼之战"的群体,包括受他保护的大仲马。复仇比糖果更甜蜜。

"最初的难题之一,"大仲马玩味着那个故事,回忆道,"是我的住处太小。"

大仲马有一套典型的巴黎公寓,包括餐室、起居室、卧室和书房,仅此而已。他估计会有四百名客人到场——整个巴黎艺术圈,外加巴黎政界、富豪和上流社会。恰好,在他位于三楼的住所对面,有一套包括四个房间的宽敞公寓空着。里面只有几处壁炉、几面镜子和蓝灰色的壁纸。房东不知道大仲马在策划什么,答应把公寓借给他。事情有了转机。

如何装饰这套房子,抢走国王和古典主义者的风头、炫耀一下伟大的浪漫主义者呢?大仲马想要营造出恰到好处的忧郁和阴暗气氛,死亡之舞的形象,包含大量的黑色、灰色和代表鲜血的红色,加上德拉克洛瓦画的反抗之作。他请来巴黎著名的布景师皮耶-吕克-夏尔·奇切里(Pierre-Luc-Charles Ciceri)负责装饰天花板,并为其他人提供铅笔、画笔、颜料和木炭。奇切里在墙上铺展好画布,等待那些创造短命杰作的艺术家露面。他们的绘画只需要存在一个晚上。

大仲马是个精力充沛的人,他在城里四处奔走,劝诱、高谈阔论和招募作为同道的浪漫主义者。没人能够拒绝他。事实上,人人都想参与其中,包括通常羞怯的德拉克洛瓦。但在答应参加后,德拉克洛瓦很快就把这事给忘了——至少看起来是这样。与此同时,其他著名艺术家纷纷跳上船来。这些画的总主题是舞台剧。路易·布朗热(Louis Boulanger)选择的场景来自维克多·雨果的《吕克莱丝·波日雅》(Lucrèce Borgia)——也就是那出由朱丽叶·德鲁埃扮演涅格林纳公主的戏剧。克莱芒·布朗热(Clément Boulanger)打算画一幕来自《奈斯勒塔》(*La Tour de Nesle*)的场景。托尼·若阿诺(Tony Johannot)选择了《贾克大人》(*Sire de Giac*),他的兄弟阿尔弗雷德选择了《五金星》(*Cinq-Mars*)。著名的平版画家J. J. 格朗维尔因创作过表现艾那尼之战的作品而闻名,他选择了一块巨大的画板,用惹眼的红色铅笔、白色铅笔和木炭作画。格朗维尔的画作表现了当时在世的工匠和艺术家在一支四十人的管弦乐队中扮作音乐家,"有些敲着铙钹,有些吹响号角和巴松管,另外一些在演奏小提琴和大提琴"。

还有其他一些当时著名的艺术家在画布上描绘了戏剧场景,或者给窗框画上跟实物大小相当的狮子和老虎。塞莱斯坦·南特伊(Célestin Nanteuil)制作了镶板和装饰画,外加两扇门板上的浮雕,用以描绘了所有人心目中的浪漫主义英雄——维克多·雨果及其对手阿尔弗雷德·德·维尼。

接着是食物和饮品问题。怎样一箭双雕地解决这两个巨大的问题呢？或者说，怎样用一块巨大的石头杀掉两群野生的猎物呢？就在舞会前几天，大仲马在巴黎城外举行了一次狩猎活动，与一对同伴冒着大雪，带回九头雄性狍子和三只野兔。即使头脑疯狂，他也总有几分实际考虑，于是他把其中的三头狍子拿去换了一条50磅重的鲑鱼，又拿第四头换了一块巨大的冻肉卷。另外一头则作为回报送给这支狩猎队的家人。剩下的两头被整个烤熟，放在一些仿佛"来自巨人的餐具柜"的银色盘子里供客人享用。那些野兔将被做成一个巨大的馅饼。为了将这些美味冲进肚子，"三百瓶波尔多葡萄酒被加热到与室温相当的温度，"大仲马详细地记录道，"三百瓶勃艮第葡萄酒保持冷却，五百瓶香槟被放到冰上。"那就是为预计到来的四百位客人准备的一千一百瓶酒——差不多每个人三瓶，跟一次当代巴黎派对的酒品数量相当。

随着那天晚上逐渐临近，那套房间的装饰也取得了进展，但德拉克洛瓦仍然没有露面。为他在墙上保留的那块可敬的地方仍然是空白。经过一番紧急的询问，他终于来了，别的艺术家有多么狂乱疲惫，他就有多么轻松和漫不经心。大仲马带着他来到墙上那些白色的画布前，建议他在上面画一幕《穿越红海》(Crossing of the Red Sea)。"海水已经消退,以色列人已经过海,埃及人尚未抵达。"

"那我就要利用这个机会画点儿别的了,"德拉克洛瓦一语双关地说,"你希望我在这里画什么?"

"哦,你知道的,某次战斗之后的罗德里戈国王。"大仲马说,指的是塞万提斯的《老歌谣集》(El Romancero Viejo)。他引用了其中的几行诗句。

"啊,那就是你想要的?"

"是的。"

"你不会在我画到一半的时候要我画点别的吧?"

"当然不会!"

"那么这就是你要的罗德里戈国王了!"

都没有脱掉他那件贴身的外套、卷起袖子或解下护腕,也没有"穿上一件宽松外衣或棉布夹克,德拉克洛瓦拿起一块木炭开始画起来,他用三四笔就画出了那匹马,用五六笔画出那名骑士,用七八笔画出了战场,包括那些已死的人、奄奄一息的人和落荒而逃的人"。

在开始真正上色之前,这就是德拉克洛瓦需要的一切,他会在画布中涂上鲜艳的血色。"转瞬之间,仿佛有人揭开了一张画布,你看到他的手中先是出现了一名骑士,鲜血淋漓,伤痕累累,差不多是被他那匹同样严重受伤的马拖着,抓住马镫的皮革,靠在他的长矛上。在他周围、他的前面和后面都是成堆的死尸。在河边，伤兵试图伸出嘴唇去喝水，并在身后留下一条条血迹。目光所及，这片战场一直延伸到地平线上，一幅残酷无情的可怕景象。在这一切的上方，在被蒸腾的鲜血染红的地平线上，是一轮西沉的夕阳，如同一面正在铸造的红色小圆盾。然后，终于看到一片蓝天了，随着它逐渐融入远方，它染上一抹难以描述的绿色，上面飘着几团玫瑰色的云朵，就像一只朱鹭的羽毛。整幅画看起来如此精彩，每位艺术家都放下了自己的工作，过来鼓掌，一群人围在这位大师周围，对这位新的鲁本斯毫无妒意。这幅画的构图和着色都是他即兴发挥，用了两三个小时就画完了。"

德拉克洛瓦超越了自己，稍后，他穿着一身中世纪的袍子，扮作但丁，及时赶回来参加了舞会。这并非粗鲁的无礼之举：德拉克洛瓦最著名的早期作品之一，就描绘了但丁与维吉尔坐在一条小船里穿过冥河。大仲马穿着一套色彩鲜艳的文艺复兴式服装迎接他，那身衣服是仿照提香的哥哥弗朗切斯科在1525年创作的一幅版画制作的，带有弗朗西斯一世宫廷的一些特色。大仲马卷曲的头发梳成小听差的发式，垂挂在他的肩膀上方，用一根金色的发带束好。他的紧身短上衣是海绿色的，装饰着金色的饰带，在衬衣前面用带子系起来，并用金色的带子绑到肩膀和胳膊肘上，他的马裤用带有拐杖糖条纹的红色和白色丝绸做成。在他的脚上，穿着一双带有金色刺绣的黑色天鹅绒拖鞋。

这所房子的女主人，大仲马当时的妻子——她和他生了至少两个孩子——是梅拉妮·塞尔（Mélanie Serres），又名贝尔·克雷萨摩（Belle Krelsamer）。"是个很漂亮的人儿，"大仲马评论道，"有黑色的头发和蓝色的眼睛"。她穿一件带硬领的天鹅绒长裙，戴着"鲁本斯第二任妻子海伦娜·富曼那样的黑色绒帽，上面插着黑色的羽毛"。

亨利三世和瓦卢瓦王朝的服装是最热门的，不过也有一些客人穿着意大利农妇或牧羊女的服装出现，就像蓬巴杜夫人的宫廷画家布歇画上的那样。此外还有人装扮成哈勒昆丑角、魔术师、木偶、土耳其奴隶、水手、士兵和路易十三时代的贵族，成百上千的服装，每一件都各不相同。罗西尼装扮成费加罗，跟拉法耶特将军争夺舞会最热门人物的头衔。缪塞当时仍然与乔治·桑纠缠不清，金色的头发在头上蹦蹦跳跳，打扮成一只公鸡形状的风向标，考虑到他的做作和滥饮倾向，很可能他还发出了公鸡的啼声（不过大仲马没有这么说）。几乎所有人都穿着戏装露面，那些像拉法耶特一样，因过于严肃或沉着而不化装的人，则被禁止入内，直到他们给自己裹上鼓鼓囊囊的玫瑰色、天蓝色或黑色的威尼斯斗篷。

大仲马还在这两套连在一起的公寓两端分别布置了一支管弦乐队，让音乐家们同时演奏相同的曲调，创造出环绕立体声的效果——尽管这项发明并未归功于他。跳舞的人从一套公寓穿过楼梯平台和走廊，进入另一套公寓，耳朵里是雷鸣般的歌舞杂耍音乐。

乔治·桑是否与玛丽·多瓦尔跳华尔兹跳到晕头转向？德·维尼是否与朱丽叶·德鲁埃翩翩起舞？维克多是否挽起另一个他从里到外都非常了解的著名女演员马尔斯小姐（她也是大仲马的另一个邻居）的胳膊？猜测那些结伴跳舞者的身份是一大乐事。

饮酒的时间持续了多久没有记录，不过，据说食物终于在凌晨3点端了出来。"到早上9点，"大仲马得意扬扬地回忆道，"脑子里仍然回响着音乐声，他们顺着三兄弟大街开始了最后的疾驰，当这支浩浩荡荡的队伍前端抵达那条林荫道时，它的末端仍然在这个广场的庭院里嬉戏。"

在大仲马仍然富有，也受每个人喜爱的时候，他曾考虑再举办一场狂欢舞会，不过，他最终决定让这次舞会活在人们的记忆中，那或许是一个明智的决定。

不管怎样，这位浮华的长篇小说家注定会穷困潦倒地死去，一文不名，负债累累且形单影只。不过，在狂暴喧嚣的一生中，他还是设法将一件宝物保留下来，并将它留给自己的儿子，即戏剧家小仲马，那就是德拉克洛瓦画的《罗德里戈国王》。

那幅画后来的命运如何？多年来，我都对此感到好奇，最后在德鲁奥拍卖行（Hôtel Drouot）——佳士得或苏富比在巴黎的对应机构——追踪到它的踪迹。小仲马曾试图拍卖它，但没卖出去。他把画带回家，等他去世后，这幅画再次被送去拍卖，这次它找到一个买主，后来进入规模庞大的谢拉米典藏（Chéramy Collection）。然后，到了1914年，当这些藏品分散时，这幅画作被不莱梅美术馆（Kunsthalle Bremen）买下来，至今仍保存于此。

大仲马去世时已经破产，失去了他的城堡、投资以及他在几十年的工作和戏剧中挣来的一切。作为法国有史以来读者最多、最受欢迎的长篇小说家，他的文字启发了数百部现代电影以及数以千计的传记、专著和文章，这位跟维克多·雨果一起被埋葬在先贤祠的英雄，最终成了乞丐。单是他的绘画藏品的价值就难以估量，其中包括三幅德拉克洛瓦的精美油画。1913年，《罗德里戈国王》最后一次在法国出售时，被卖出九千法郎的高价，这在当时是一小笔财产。按照购买力很难计算这笔钱在目前等值于多少。当乔治·桑租下她那套位于大仲马公寓对面奥尔良广场5号的巨大豪华公寓时，她每年的租金就是三千法郎，如果考虑到这一点，你就能够大致估算出那笔钱的价值了。三千法郎约等于五万至七万美元，三千法郎乘以三等于九千法郎，再把通货膨胀考虑在内，重新计算那笔钱，德拉克洛瓦那些油画在小仲马时代已经价值数十万美元，如果是今天，肯定会卖出几百万美元。

那天晚上装饰那套公寓的其他绘画最后怎么样了呢？它们都散佚或消失了。不过，我确实发现它们中的另一幅如今身在何处。不久前，当我在维克多·雨果博物馆参观时，我认出了它，并把它跟那场舞会联系起来。路易·布朗热那幅取材自《吕克莱丝·波日雅》的戏剧化的对抗场景，就悬挂在那家美术馆的主要沙龙里，对面是阿黛尔·雨果的肖像画，斜对面是朱丽叶·德鲁埃的肖像画。短命的蜉蝣继续活着。

纳达尔为大仲马拍的照片

36 /

巴黎的雅典卫城

新雅典和毗邻的圣乔治地区分布在一片缓坡上,从圣拉扎尔大街那座洛雷特圣母院的半圆形后殿开始,顺着精品店林立的殉教者大街(Rue des Martyrs)和白街(Rue Blanche)向上攀升,在皮加利(Pigalle)那些粗俗霓虹灯开始的地方逐渐消失。这片位于第9区的地带大致呈梯形,被很多人称为"下蒙马特"。一些颇有氛围的倾斜街道以怪异的角度彼此交叉,这个地区有很大一块直到最近都臭名昭著,充满危险,是一个红灯区,很不协调地点缀着一些来自浪漫主义时代的豪华住宅。这里的极盛期已经成为过去,但仍然残留着那种魔力。

直到19世纪20年代,这片夹在城市中间的乡村地区大体上都没被开发。但一夜之间,新雅典独特的气质突然变得炙手可热,尤其是吸引德拉克洛瓦这样的艺术家,大仲马和乔治·桑这样的作家,马尔斯小姐和玛丽·多瓦尔这样的女演员,包括肖邦和李斯特在内的音乐家,以及各种在政治上具有破坏性的危险分子,他们被吸引到殉教者大街上的两个秘密隐匿处——除了密探,其他所有人都不知道这个秘密。

跟卢浮宫或圣日耳曼郊区附近那些由名门世家占据的奢华居住区相比,新雅典的住房没那么昂贵。跟拥挤的拉丁区和市中心老城区其他俗丽的油水肥厚区相比,这里的空气绝对更干净。该地区的花园和房屋更大,彼此之间的距离也更远。然而,不管是当时还是现在,这里与格兰大道(Grands Boulevards)及其咖啡馆和剧院都只隔着几个街区。或许更重要的是,不同的住宅之间有充足的空间来修建艺术家们的工作室和发展轻工业。那也是巴黎的一些著名乐器制造商——如法国的三家顶级钢琴制造商埃拉尔(Érard)、赫茨(Herz)和普莱耶尔(Pleyel),外加萨克斯管制造商萨克斯(Sax)——到这里安家落户的原因。约翰·克尔特林那支高音萨克斯的前辈,将在19世纪40年代的圣乔治大街得到改进并申请专利,而这些工厂在改建成阁楼后至今屹立于此,谁会想到呢?反正在开始探索新雅典之前,我是不知道这些事的。

话说在19世纪,这一地区的乡村从那条将皮加利、白街和克利希(Clichy)等街道连接起来的大街最远的一端开始。蒙马特山丘上还布满风车、果园、葡萄园、采石场、棚屋和放荡的卡巴莱酒馆,讽刺的是,这里还有一些疗养院，一如热拉尔·德·内瓦尔去寻求治疗的那一家。古罗马时代的"马尔斯山"——或者殉教者（指圣德尼）山，如果你更喜欢凭空幻想的天主教式语源学——就耸立在巴黎城的边界和税吏的权力范围之外。那也是19、20世纪之交的浪漫主义者和后期的波希米亚式放荡不羁者将上、下蒙马特变成其势力范围的原因。如今，从这个地区到维克多·马塞大街（Rue Victor Massé）的那些乐器店，仍然保持着这两方面的特色。这里甚至还有一个葡萄园。只有那些采石场、棚屋和果园，还有疗养院消失了。

20世纪80年代，当我第一次跌跌撞撞地穿过新雅典，寻找我最爱的电影之一《龙凤配》的外景地时，我没有找到狂喜的奥黛丽·赫本注视过的装有落地窗的圣心教堂。但我还是爱上了这个地区。我把它那些不对称且年久失修的巷弄和偏僻庭院融入我的下蒙马特环线。为了逃避我在洛吉耶路的女仆房间，我每周都要顺着这条路线漫步一次。就像玛黑区，新雅典有一种甜美的丑陋。一如巴黎所有令人向往的地区，它如今也成了中产化城区的典范，有上等的美食店铺、售货亭、高级咖啡馆和餐厅，以及天价租金。然而，在这个地区的上部边缘，放荡不羁的资产阶级仍然与那些位于恶臭巷弄里的色情小店比邻而居，此类巷弄两侧排列着一家家的夜店和秘密妓院。如果你在小山脚下那条破旧的带状林荫路附近四处游逛，钻进那些死胡同和庭

《为了罗马大奖而工作》，典型的艺术家工作室。安德雷·卡斯泰涅作

院里刺探，搜寻浪漫主义者们曾经居住和工作的地点——有些用铭牌标出来了，但其他很多都没有——那还是很愉快的。

这里没有卢浮宫或奥赛美术馆那么吸引游客。我建议你到新雅典的两家受到低估的故居博物馆看看，幸运的是，这里没有拥挤的人潮，而且两家博物馆与众不同，都受到勇敢无畏的自由旅行者的青睐。

古斯塔夫·莫罗博物馆（Musée Gustave Moreau）位于

一座新文艺复兴式的城市住宅里,这位怪异的象征主义画家曾经与他圣徒般的母亲居住于此,里面塞满他那些令人不安的俗丽、带富贵气的作品,直抵天窗。莫罗创作的作品比迄今为止的其他任何艺术家——包括毕加索——都要多,他对随后的一代代艺术家产生了巨大的影响。

在我看来,浪漫生活博物馆(Musée de la Vie Romantique)更胜一筹。这幢独立的房子位于一个迷人的花园靠里的位置,其中的一切,包括那些在客厅里飘舞的尘埃,都堪称很有感染力的回忆,让人想起乔治·桑与肖邦、李斯特和玛丽·德·阿古,以及一群如今虽已被遗忘但仍然具有价值的次要艺术家。来自德国的阿里·谢弗(Ary Scheffer)曾居住在这里的梦幻木屋中,并在面朝花园的两间相同的工作室里绘画。是典型的浪漫主义画家,他的朋友德弗里亚(Devéria)兄弟和若阿诺兄弟也有一些精华之作被挂在墙上或者放在玻璃柜和陈列橱里展示,在他们那个时代,这四位都是了不起的艺术家。作为艺术史上无足轻重的人物,他们正等待着被重新发现。

要前往这处巴黎的"雅典卫城",我最爱的方式是乘坐地铁到圣乔治广场(Place Saint Georges)站,这座庄严的地铁站有产生于20世纪30年代的典型大都会标牌。地铁轨道和隧道位于一个带有天窗的广场下方,广场边缘耸立着一些雄伟的建筑,拥有丰富的建筑细节,也不乏低俗的历史逸事。其中一座是带有新罗曼、新哥特和新文艺复兴风格的奢华城市住宅,外面包裹着浮雕头像、舒展开翅膀的天使或缪斯、花环、小天使、水罐和各种小玩意儿。当你顺着台阶从广场东边28号前的地铁出口出来时,记得抬起头看看它的正立面——这座大楼似乎就要歪倒在你头上了。作为浪漫主义建筑的精华,它得名于最杰出的居民:德·帕伊瓦侯爵夫人(Marquise de Païva)。关于这个动人的名字,有很多传说故事。

侯爵夫人本名埃斯特·拉克曼(Esther Lachmann),来自莫斯科,是一位波兰裔犹太移民的女儿。这位漂亮的暴发户在19世纪中期成为巴黎的著名交际花,特别喜欢钻石。她首先从摆弄能唤醒情欲的象牙琴键,取悦钢琴制造商亨利·赫茨开始,然后继续搜罗其他情人,他们的人数足以组成一支管弦乐队,包括西班牙的德·帕伊瓦侯爵。她嫁给了侯爵,虽然他们的婚姻非常短暂,她却保留了这个爵位,同时在自己的藏品中增加了一些新的钻石和绅士,并在香榭丽舍买下一栋更大的宅子。

德拉克洛瓦不止一次在她的派对上享用晚餐和正餐,曾经论及那里"令人震惊的奢华"和聚集在她沙龙里的乏味的上流社会人物,谴责那些冗长的夜晚"令人昏昏欲睡,有如传染病"。但让人不解的是,他却一次次回到那里。德拉克洛瓦带着几分厌恶评论说,大仲马似乎一直都很喜欢侯爵夫人的陪伴，很可能是因为他到她的闺房享受过一次私密游览。那位著名的长篇小说家随心所欲地带来自己的情妇，并向侯爵夫人分享他有关烹饪的宝贵建议，因为他那时已人到中年，变得大腹便便，是个著名的美食家，在交替出现的奢华富贵与一贫如洗中摇摇欲坠。

德拉克洛瓦也经常光临广场对面一座更大、更豪华的独户住宅，如今它被称为多纳-梯也尔基金会。此基金会的图书馆隶属于法兰西学会，即法兰西学院所在的巴洛克式建筑群，带有围栏，拥有华丽穹顶，位于塞纳河畔，前面对着艺术桥。多纳是开发圣乔治地区并修建这座宅子原建筑的富豪金融家。他的妻子先是成了19世纪最大的流氓无赖之一阿道夫·梯也尔（Adolphe Thiers）的情妇，然后成了后者的岳母。梯也尔是那座建筑带有连字符的名称的第二部分。听起来是不是有些耳熟？梯也尔拥有的政府职位多得无法一一列举，他曾经飞黄腾达几十年，然后突然倒台，接着又东山再起，于1871年成了现代法国和法兰西第三共和国的首任总统。

阿道夫·梯也尔也是那个长着一张蛤蟆脸、个子矮小、说话轻声细语的历史学家，曾为路易·菲利普国王管理这个国家。但在维克多·雨果无意的教唆下，梯也尔很不明智地密谋将路易·拿破仑·波拿巴当作一个有名无实的领袖弄回法国。梯也尔希望自己作为幕后操纵者来控制这个傀儡，完成那场资产阶级改革，创造出没有贵族且牢不可破的寡头政治。事实证明，老谋深算的拿破仑三世是个手段更高明的阴谋家，他让自己成为皇帝，并逮捕了昔日的支持者。梯也尔有充足的时间来打磨他那些细细的尖牙，等待时机实施报复。作为一个矛盾人物，梯也尔也是一个热爱和平的进步主义者，修建起了环绕巴黎的最后一圈城墙，城墙花费了难以计数的金钱，用了四分之一世纪才勉强建成，不过在1870年至1871年的法德战争中，还是挡住了普鲁士人。后来乔治·蓬皮杜获得充足的空间来设计巴黎的环城公路，它于20世纪70年代初修建在这片无主的土地上。

一等拿破仑三世遭到罢黜、第二帝国土崩瓦解，梯也尔就再次掌握了大权，下令并指挥了那场针对巴黎公社的大屠杀，因为它对他推崇的仁慈的富豪统治构成了终极威胁。他皮笑肉不笑地对政治和政客微笑了半个多世纪，当过君主立宪制的支持者、保守的共和主义者、反教权主义者、蛊惑民心的阴谋家，先是支持然后又反对出版自由和工会。但他是个始终如一的机会主义者，换言之，他具有完全的现代性，甚至当代性，是个典型的巴黎人。

圣乔治广场上那座宅子为梯也尔勾勒了一个完美的画框，如果你愿意，不妨称之为一幅建筑肖像。当我坐在自己最爱的当地咖啡馆的露台上——它位于那座宅子的斜对面——我似乎听见他那尖细的男高音在回响，看见架在他鼻梁上的那副厚厚的眼镜，就算没有让他显得可笑，至少也让他显得无害。虽然他精明过人，能言善辩，却没把这种能力用来实施作为法兰西共和国座右铭的自由、平等和博爱，而是用来重写他那个世纪的历史，破坏民主制度。就像奥斯曼一样，他是个一流的修正主义者，写了一部自私自利的自传来掩盖自己的花招。梯也尔是有史以来最大的暴发户、白手起家的百万富翁，也是巴尔扎克笔下那个臭名昭著的拉斯蒂涅在现实生活中的典型，深谙腐败与犬儒主义的精髓，一手造成了几场革命和经济崩溃，无意中造就了一个独裁者，曾为短短六周内超过两万名男女老幼在巴黎遭到屠戮而鼓掌叫好。愤怒的巴黎公社社员焚毁了多纳－梯也尔府邸，不过，一俟巴黎公社被消灭，他就从国库里拿出一百万法郎来赔偿自己，让纳税人出资，以政府的名义将府邸重建起来，而且比以前更大、更豪华——而他自己也侥幸地逃脱了惩罚。显然，对于今天的无数暴发户政客、金融家和企业家，那些相信"贪婪是美德"的戈登·杰科（Gordon Gecko）[1]的追随者，拉斯蒂涅式的梯也尔仍然是自私自利者的典范。

上面所述的一切或许足够滑稽、离奇了，但也只是梯

---

[1] 电影《华尔街》中的一个人物，后来成为贪得无厌的象征。——译注

也尔给现代头脑和心智施加的部分魔咒。对政治右派来说，他是一个英雄，而对左派来说，他至今都是一个罪犯。卡尔·马克思把他称为"恶魔侏儒"，而任何满腔热血且在政治光谱中偏向粉红一侧的法国人，听到他的名字都会厌恶得颤抖。他名噪一时的另一个原因与政治无关，却成为没完没了的笑声与崇拜之源，那就是，他就像拉斯蒂涅一样，找了个有钱而漂亮的情妇，然后娶了她年轻标致的女儿。并且，还在那个被戴上绿帽的岳父和光彩照人的新娘知道的情况下，继续保持与丈母娘偷情的关系。他是怎么做到的？凭借他的个人魅力、金钱和权势，梯也尔收买了绿帽多纳，让后者当上法兰西银行的主管。显然，他还在其他很多方面为他的情妇和年轻的妻子带来快乐。

但这还没完。走进那座宅子的大门，爬上那几步短短的台阶。然后停下来想想，梯也尔八十多年起伏跌宕的人生比小说还要精彩。他不仅比巴尔扎克及其笔下那个虚构的幽灵拉斯蒂涅长寿，而且超越了他，把他情妇的二女儿亦即自己的小姨子也加入其猎物的队列。在绿帽多纳与那个情妇兼丈母娘先后去世后，他仍然与这对姐妹保持这种关系。

正是这个拥有多伴侣的家庭，促使梯也尔修建了密集的后院通道，从这座家宅通往周边的街道，以及他最初与妻子——多纳家的大女儿——一起居住的房子，后者位于圣乔治路上。它的后花园和庭院仍然存在，可以去探索，不过这种做法并不受鼓励。几十年来，我的一大乐趣，就是来这里等待邮递员、快递员或没有疑心的住户，跟着他们偷偷溜进这个欲望的迷宫。

幸运的是，对那些不喜欢玩这种间谍游戏的人，还有一种简单的办法：在这座宅子的两侧，有一个小型的公园，即亚历克西·比斯卡雷广场（Square Alex Biscarré），是从梯也尔那个巨大的花园里切割出来的。你可以像梯也尔那样在这里坐下或溜达，观察拉斯蒂涅、多纳夫人及其女儿们——更别提德拉克洛瓦、大仲马、帕伊瓦侯爵夫人，以及与他们同时代的其他各色人等——在当代的化身，看他们从小说里走出来，踏入 21 世纪。

要进入那座用粗削石灰岩砌成的宅子，看看梯也尔和他的女人们就餐和睡觉的地方，那可是一项挑战。管理这处房产的基金会目光挑剔，就像多纳和梯也尔那样，只对那些能带来利润的活动感兴趣。一如其他拥有高级室内装饰的巴黎宅子，尤其是那些装饰着官僚主义的繁丽内饰的宅子，若想进去一饱眼福，最轻松的办法就是耐心地等待几个月或几年，买一张门票，参加一次文化活动，或者受邀参加某种新消费产品投放市场的活动。这样大费周章是否值得？如果你像我一样，喜欢将历史与地点联系起来，那就值得一试。

一旦你被领着穿过大门,就会在里面发现第二帝国时代风格的奢华室内装饰,是在第三共和国初期制作的。第三共和国就是著名的"没有皇帝的帝国",由梯也尔联合一个信奉专制主义的军事领袖集团,以及一些与大型企业沆瀣一气的右翼政客实施统治。那座宅子更有可能让人想起奥芬巴赫笔下那些轻佻的场景——如《巴黎人的生活》(*La vie parisienne*)——而非充满深情的肖邦或喜欢幻想的维克多·雨果和维奥莱-勒杜克,他们也曾居住在附近。

一进入这片庞大的地产,数世纪以来的油画中的人物和最先进的安保摄像头就会观察着你的一举一动。你会发现一道微微弯曲成螺旋形的宽阔楼梯和无穷无尽的房间,还有两个迷人的椭圆形沙龙,并且能从窗户看到外面的风景,它们的窗户就跟凡尔赛宫的一样高大。图书馆有个舒适却混乱的阅览室,是干正事的地方。里面摆满了沾满灰尘的珍贵书籍和手稿,有可滑动的木头梯子、方格地板、镶嵌着装饰外层的天花板,以及一座精致的壁炉,其边缘镶着精雕细刻的大理石。宅子的管理者欣然提供了一些统计数字:这个文化宝库容纳了十五万六千册书籍,包括一千五百份历史期刊,三万件版画和漫画,一千幅素描,以及二千三百五十七箱放满浪漫主义时代手稿的纸板箱。其他房间、套间和沙龙非常宽敞,富丽堂皇,显然是可出租的，用于举办高端会议、具有启发性的音乐会和全球大师们的秘密会议（不过也可用于举办肥皂或汤羹推销会）。

看到这里的室内装饰，你有理由怀疑梯也尔是否曾经造访伏尔泰码头上的迈利－内勒公馆，并决心把自己的宅子装饰得更为豪华。站在这间金色沙龙高达 30 英尺的天花板下，你会觉得那些灰泥表面抹的金粉已经厚得足以装满诺克斯堡（Fort Knox）了。这里的枝形吊灯晶莹剔透，虽然不是来自盛产玻璃的穆拉诺岛（Murano）的正宗货，但看起来仍然像镶嵌着帕伊瓦侯爵夫人丢失的钻石一般，或者装饰着其他奢华小玩意儿，或许是路易·菲利普国王赏赐给梯也尔的。如果你停下来想想如今巴黎仍有数百或者数千类似的沙龙被其富有的所有者使用，你就开始明白为何这个国家从根本上说什么都没有改变了。宅子后面是那座小小的私人花园，那个如萨蒂尔般好色的侏儒曾经在其秘密的短途旅行中从这里匆匆穿过。

站在外面的圣乔治路上，你会忍不住问自己，梯也尔是否曾经受到阿道夫·萨克斯位于街对面以及南边那个街区的乐器厂发出的嘈杂噪声打扰？梯也尔的第一所房子更小，那是他和多纳家大小姐新婚后的爱巢，离萨克斯工厂更近。厂子里生产萨克斯管、小号、大号和其他铜管乐器，周围几个街区都能听到它的噪声。据说（不过我从未证实这个说法）厂里的生产线和定期测试大号和萨克斯管的声音差点把高度敏感的德拉克洛瓦逼疯了。他曾在附近的两个地点居住和绘画，在十多年里，每天都在这些街道上巡游。

德拉克洛瓦是否就因为噪声，才搬离罗什富科大街19号那座建于18世纪、新帕拉迪奥风格的奢华建筑？那座巨大的宅子由德·福尔热男爵夫人拥有，德拉克洛瓦曾经与自己的表妹亦即男爵夫人的女儿德·福尔热小姐秘密分享那座宅子。或者，他搬走只是因为他需要更多的空间和更好的光线，并远离那位年老的男爵夫人，他那位非正式的岳母？不管怎样，他将那个古老王朝的奢华抛在了身后，在东北方几个街区外的一所华丽的新套间里安家落户，建起自己的画室。

奇怪的是，德拉克洛瓦位于洛雷特圣母路58号的"新"画室和阿道夫·萨克斯位于圣乔治路50号的工厂有些相似之处：它们都是早期工业－工作室建筑的典范；它们的立面都抹着带有古典、文艺复兴或折中主义装饰风格的灰泥；都有天窗或带有多扇玻璃的高大窗户，以便于捕捉光线；而且它们至今仍然保持活跃，仍在使用，被一些小型商家如摄影工作室或魔术用品供应公司、办公室和高档公寓占据。

脾气乖戾的龚古尔兄弟就住在萨克斯正对面一座精美建筑的舒适公寓里，似乎并未抱怨那些大号、小号或萨克斯的噪声。有一点是肯定的：德拉克洛瓦从未迈进龚古尔家的门槛。他们讨厌他，称他是"野蛮而脾气暴躁的"劣质画匠，还说他画的是"扭曲的癫痫病患者"。当他去世时，他们甚至还幸灾乐祸，愉快地参加了那场出售其世俗财物和艺术品的拍卖会。

如果逼得这位浪漫主义画家几乎疯掉的不是萨克斯工厂，那会不会是普莱耶尔钢琴厂？肯定不是：那家厂子位于四分之一英里外的卡岱街（Rue Cadet）9号，而位于相反方向的赫茨和埃拉尔工厂也同样遥远。除非德拉克洛瓦有超人的听力，否则那种干扰肯定来自别处。也许是一个吵闹的邻居？就像那个让乔治·桑直想自杀的圆号手，一个在发明爵士乐之前就用萨克斯先生的发明即兴演奏的爵士萨克斯手？

话说，爵士乐是在何时、何地发明的呢？很多专家声称是在新奥尔良，或者，也可能是在巴黎？或者就像有时候出现的情形那样，是同时在两个地方发明的？这并非没有可能。我很久以来就在思索"jazz"一词的别的起源和词源了。阅读乔治·桑、福楼拜和他们那个时代的其他人的作品，你会经常碰到一个动词"jaser"，意思是八卦、闲聊、吵闹、即兴发挥和胡说八道。考虑一下，不把"jazz"的定义当作音乐，而是当作"所有嘈杂的"交谈、聊天、索然无味的瞎扯、胡说——不由自主地说出的废话。我现在就在重复（riff）。

那么"riff"又是怎么回事呢？词典说那是"一个固定音型的乐段，通常用来衬托一段即兴独奏（就像在爵士乐中那样）"。而且它也指"一段迅速而激烈且通常带有即兴意味的滔滔不绝的话"。即兴，滔滔不绝。乐器的交谈、歌唱、哀鸣、呜咽，就是"jaser"。你没看见肖邦和李斯特在乔治·桑那套时髦的公寓里——就位于这家工厂以西几个街区外的奥尔良广场——的钢琴上即兴演奏、一争高下吗？他们在现实生活中也确实这样做过，然后附近的某个脸皮厚如黄铜的家伙加入进来，吹奏起一支新制的号角——一支萨克斯管，刚从萨克斯先生的工厂买的。从爵士乐诞生之日起，巴黎就是世界上最棒的爵士乐之都之一，而奥尔良广场是这座城市里音乐氛围最浓的地方。

我有没有说过，奥尔良广场和新奥尔良一样，都得名于奥尔良公爵的王朝？作为大仲马的保护人，这位公爵在浪漫主义登峰造极时登基成为国王。如果"jazz"是发明出来的，而且这个词是在新奥尔良杜撰出来的，其中或许自有其理由：新奥尔良的潜在文化和语言是卡津，而卡津是法语的一种方言。不管是当时还是现在，法语都是一种很好听的语言，听起来罗曼蒂克，很适于歌唱。在浪漫主义时代，人们就在新奥尔良用合唱和铜管乐器即兴演唱和演奏，而且他们至今仍在新奥尔良和巴黎的奥尔良广场即兴演出。不止一次，当我晚上在这个广场上散步时，我听见某个音响系统传来克尔特林的音乐，那些音符飘进这个漂亮、可爱的小广场，在它那座水声滴答、水花喷溅的喷泉和两棵很可能来自新奥尔良的木兰树中间飘荡。

不管是哪种情况，至少萨克斯管已经在巴黎归化，一如出生于比利时的萨克斯先生，或者拥有一半波兰血统的肖邦，或者来自匈牙利的李斯特，来自意大利的罗西尼，来自德国的赫茨，以及无数其他移民，正是在他们的帮助下，这座城市才演变成一个文化熔炉。人们很容易忘记，法国最辉煌的时代，当它是各种创新、艺术、建筑、科学、医学、音乐和其他很多门类的"世界之都"（*Caput Mundi*）的时代，也是它国际化、全球化，向世界敞开怀抱的时期。

有一天，我一边在圣乔治路上搜寻，一边思考着这座城市的噪声、萨克斯、钢琴和爵士乐，这时我脑子里回想起约翰·克尔特林在巴黎的现场演出，以及我在旧金山收听演出，后来又在我位于洛吉耶路阁楼上那个带有麝香味的女仆房间里听那场演出的磁带。克尔特林知道他那支萨克斯管的祖先来自巴黎第9区这条普普通通的街道吗？当克尔特林在1963年和1965年经过巴黎时，他两次都在普莱耶尔音乐厅（Salle Pleyel）演出，那时普莱耶尔仍在生产钢琴（在经营了两百零五年后，这家工厂于2013年关闭）。

对这位美国爵士乐音乐家来说，从普莱耶尔优雅而色调单一的礼堂——如今是一个主要的古典音乐演出场所——来到拉丁区那些烟雾缭绕、粗鄙如万花筒般的夜总会，一定是对比鲜明的经历。他去过"爵士园"（Jazzland）和"小猫钓鱼"（Le Chat Qui Pêche），就在圣塞维林后面那些互相纠缠的中世纪街巷中，如今这两个地方都已经不复存在。他很可能还顺便造访了小猫钓鱼路对面的于塞特音乐酒吧（Caveau de la Huchette），这个地方仍然存在，不过已经不再烟雾缭绕，也不可能吸引当代的克尔特林了。不过，也说不准。

我隐约觉得，过分拘谨的龚古尔兄弟或德拉克洛瓦不会喜欢克尔特林的音乐氛围，但乔治·桑和肖邦、李斯特、玛丽·德·阿古、帕格尼尼、罗西尼、大仲马，甚至维克多·雨果都会即兴表演，会喜欢克尔特林将萨克斯生产的那个上下颠倒、中空的黄铜问号变成输送人类灵魂的管道。肖邦是忧郁音乐的大师，乔治·桑炮制出"蓝调"的说法，后来被拿来作为著名的爵士乐标签，克尔特林的标签，这是不是巧合呢？

你看不出来吗？想想约瑟夫·丹豪泽（Josef Danhauser）在1840年画的那幅俗气的堪称超现实主义先声的画作[1]，

---

[1] 即《弹奏钢琴的李斯特》（Liszt at the Piano）。——译注

如今收藏于柏林。它表现了所有上述浪漫主义人物——除了肖邦，原因不言自明。乔治·桑、玛丽·德·阿古、帕格尼尼、罗西尼、大仲马和维克多·雨果都在全神贯注地倾听李斯特在钢琴上演奏的隆隆乐声，而贝多芬的胸像和拜伦的肖像正低头望着他们。玛丽·德·阿古仿佛融化在地上放的一个红色垫子上，看起来完全陶醉了，她的脑袋差不多都靠在琴键上了，而心醉神迷的李斯特像僵尸一样望着飘浮在半空中的贝多芬，穿过一轮如同出自特纳笔下的夕阳，它从一道罗曼式窗户后露出来。女扮男装的乔治·桑手中捏着一个烟卷，正处于心搏停止和性高潮的中间。她的左脚搁在一本带锁的皮面书上，它象征着在李斯特演奏音乐时听者必须闭上嘴。她右手的手指指着年轻的大仲马膝上另一本已经合上的书。其他名人都听得出了神，彼此倚靠，或者像雨果那样靠在扶手椅上。

乔治·桑热爱忧郁的蓝调，她一度崇拜病恹恹的肖邦，不过也对健康的李斯特感兴趣。她是最有可能晕倒在地板上的，尤其是在钢琴音乐会中。玛丽·德·阿古作为李斯特的三个非婚生子女的母亲，可不想从自己的闺蜜那里听到这种事情。"你知道吗？当他演奏的时候，我会躺在钢琴下面，"乔治·桑挑衅地对德·阿古坦白说，"我是用结实的材料造的，对我来说，乐器绝不会过于强大有力。他是世界上唯一知道怎样赋予钢琴以灵魂与生命的艺术家。"

肖邦，第一位"蓝调"大师

乔治·桑是否是李斯特的人体琴键？阿尔弗雷德·德·缪塞是这么认为的，并因此而妒火中烧。李斯特为乔治·桑写了音乐，而乔治·桑将它转变成散文。"没有哪个男人的心能够阴柔到足以像你爱他们那样爱上你。"李斯特在写到乔治·桑时说。他认为这个女人是具有反叛精神、凶猛、热情的亚马逊女战士，一位蝴蝶捕手。

经常有人声称乔治·桑和英俊得令人不安的李斯特曾经相爱。或许玛丽·德·阿古和乔治·桑也是如此——是朋友、情人，也是死对头。巴尔扎克在其长篇小说《比特丽丝》（Béatrix）中写到这两位小说家张牙舞爪的关系。也有一种说法认为，玛丽对音乐和肉体的趣味都逐渐从身材魁伟的李斯特转移到病弱的肖邦，却仍然得不到满足。肖邦要么对她没有兴趣，要么就是体弱到没法回应她的引诱。这种强烈的四角关系在浪漫主义时代如此典型——而且至今在巴黎也再自然不过——不过在汗牛充栋的文献中还没有找到确凿的证据来证明这些猜测。

乔治·桑对李斯特溢于言表的赞美如果是写于几年之后——当时她从李斯特的小型三角钢琴下滚出来，开始躺在那位患有结核病的波兰天才的钢琴下——应该会让嫉妒心重又忧郁的肖邦感到不适。她是通过他们共同的朋友认识肖邦的，然后就不遗余力地追求他，将她的这只蝴蝶用网子捕捉到并加以喂养，把自己的战区从拉丁区转移到皮加利大街的一座花园凉亭，然后又转移到奥尔良广场。在拜访大仲马时，她见过这块飞地。首席芭蕾舞女演员玛丽·塔里奥尼（Marie Taglioni）的出现更是增添了这个地址的知名度。玛丽是另一位浪漫主义明星，至今仍受那些穿着芭蕾舞鞋的人崇拜。

奥尔良广场原来的主要入口位于圣乔治路以西几个街区外的圣拉扎尔大街上，而不是像现在这样位于泰搏街（Rue Taitbout）80号。那片复合建筑物的一部分已经被密封起来，经过改建，或者已经被拆掉。例如，波德莱尔曾经短暂居住的侧翼建筑，以及著名讽刺画家兼雕塑家让－皮耶·当唐（Jean-Pierre Dantan）的画室，都已经消失。除此之外，这座新古典主义风格的公寓大楼及其门廊、走廊以及那些多利斯式和爱奥尼亚式的柱子看起来仿佛丝毫未变。它们是英国人爱德华·克雷西（Edward Cresy）在19世纪20年代仿照伦敦摄政公园附近的坎伯兰排屋（Cumberland Terrace）设计的。

乔治·桑将自己和两个孩子安置在奥尔良广场5号一套宽敞的公寓里，正对着大仲马和塔里奥尼以前的公寓。而肖邦需要一点点私人空间，很可能也担心体面问题、休息和音响效果，因此身体状况不佳的肖邦在9号租下了自己那套位于夹层楼面的公寓，就在进入主要庭院的桶状拱顶下。在这里，他能够给上流社会的淑女们、那些男爵夫人、伯爵夫人和侯爵夫人教钢琴课。她们当中有很多都爱上了他，但却在足智多谋的乔治·桑获得成功的地方失败了：肖邦的激情都献给了音乐而非肉体享乐。他是否如很多人现在所暗示的那样没有性欲或者是同性恋还说不清，不管怎样，他在体能或性冲动方面是有限的。

对肖邦来说，奥尔良广场的环境当然是比以前大大提高了，对乔治·桑来说同样如此。她在拉丁区开始了创作廉价浪漫小说的职业，那里的阁楼带有供其情人使用的隐蔽房间，以防她那个喝得烂醉的丈夫从诺昂趔趔趄趄地闯进来。如今,她已经是浪漫主义文学无可辩驳的女王,几乎跟维克多·雨果或巴尔扎克齐名,当然也更有争议性。

有李斯特、罗西尼和帕格尼尼的经常光临,乔治·桑和肖邦位于奥尔良广场的住处吸引了来自欧洲各地的各种表演家,不但有音乐家,而且也有戏剧、艺术和文学领域的名人。乔治·桑将这个广场变成某种随心所欲的创意公地,被她称为上流社会的"法伦斯泰尔艺术聚居区",带有我行我素的自由主义色彩,又隐约带有社会主义色彩。法伦斯泰尔(Phalanstery)是一种乌托邦公社,恰好具有类似于奥尔良广场的建筑元素。这个概念是由社会工程师夏尔·傅立叶(Charles Fourier)提出来的,大约就在修建广场的时候。乔治·桑和其他很多浪漫主义者一度是傅立叶的追随者。他幻想不带混乱性关系和部落家庭布局的个体自由和性别平等,跟更激进的社会主义者亨利·德·圣西门(Henri de Saint-Simon)设想的那些早期的公社很相似。傅立叶和圣西门都对法国思想和道德观念产生了很深的影响,至今仍以经过杂交、升级的非官方形式活在人们心中,而所谓的"法国模式"社会就是其典型。

"我们有一间很大的沙龙用于玩台球,一个袖珍花园供我们种花,也让'手枪'能出去便便。"乔治·桑在给一个朋友的信中写道,并小心翼翼地提到她那只可爱的宠物。当时巴黎人已经痴迷于狗儿。在给另一个朋友的信中,她把当时（就跟现在一样）的广场描绘成巴黎的一个城中村，有"一种乡村的感觉"。难以理解的是，德拉克洛瓦的好朋友、意大利人卡洛塔·马利安尼（Carlotta Marliani）及其西班牙丈夫以及他们的家人强化了这种熟悉感和友善感。"傍晚时分，不用离开那个光线充足、铺有大量沙子的巨大庭院，我们就能从一个邻居家冲到另一个邻居家，就仿佛我们身在外省一般，"乔治·桑热心地说，"我们甚至跟马利安尼夫人一起做家常便饭和共同进餐。……这有点像法伦斯泰尔，对每个人来说都很有趣，但跟傅立叶的追随者相比，个人自由又能得到更好的保障。"

鹅卵石上的沙子跟这个广场对乔治·桑的吸引力有什么关系？关系大着呢：那时巴黎的街道会定期被干泥巴盖住，并被污水淹没。给地面铺上沙子的作用，就跟沙龙里啤酒色的地板上锯末的作用差不多。乔治·桑一有时间就逃到诺昂的主要原因是，她每隔一段时间就会痛恨自己热爱的巴黎，在天气恶劣的时候尤其如此。"随着冬季到来，一想到要回到那套阴暗的公寓，我心里总是充满恐惧，"乔治·桑在自己的信中坦承，"门铃声响个没完没了，人们不停地来来去去，邻居们在我工作时吹着号角或唱着走调的歌曲，那黑漆漆的污水就算穿着木屐也无法蹚过，某个人跑到你这里来打着呵欠待上一两个小时，都不问问自己是否打扰到你。真是无聊，看不见天空，缺乏光线，总之所有这一切都让我咒骂和痛恨巴黎。"

她当然也逐渐咒骂和痛恨自己与"忧郁、厌世的"肖邦在巴黎的生活,这个"死尸"把她"束缚了九年"。乔治·桑毁掉了他写给自己的信,烧掉或修改了她自己写给他的很多信,却保留下一些未解之谜。然后,在他即将死亡时把他打包赶走。他在另一个富有的崇拜者、苏格兰钢琴家简·斯特林(Jane Stirling)位于旺多姆广场的杂乱公寓里死去。当肖邦被送到自己位于拉雪兹神父公墓的坟墓时,他显然仍然爱着这位活泼多变、颇有男子气概的女小说家:他死后,在他那本绣着"G. F."——代表乔治和弗雷德里克——的笔记本背面发现了一个小袋子,里面装着一缕她喷过香水的黑色头发。但愿肖邦从未发现,在她收藏的"蝴蝶标本"中,自己并非唯一收到一小缕头发的人。

在与肖邦分手后,乔治·桑在奥尔良广场又住了两年,交替诅咒和赞美这个地方。如果需要证明巴黎本地人和热爱巴黎的外人也理解满腔激情的憎恨的含义,理解被情感折磨的人如同玩跷跷板一般在这座城市浮华的表面上下起伏不定,那么她就是一个证据。

昔日的污泥与污水已经消失。但号角与萨克斯、跑调的歌声、叮叮当当的门铃声和冬季漫长的黑暗仍然存在,现代都市生活的其他"迷人"之处,比如从空气污染到尖叫的警笛和重低音的声学袭击,或者在人行道上与粗野的本地人格斗，以及被官僚主义变得目瞪口呆如木乃伊，更是强化了那种不适。如今，这些小小的劣势有所缓和，因为巴黎无数闪亮的路灯将黑暗变成某种神奇的东西，因为巴黎有大约一万家咖啡馆和几乎同样多的餐厅，每一家都为现代浪漫主义者提供了弥漫着烟卷气味的庇护所。另外还有数十个露天市场、数百家剧院和电影院，音乐会在无与伦比的演出场所举行。一百五十家博物馆，以及更多的艺廊、当代展览和节日，让一个凡人一辈子都不可能看完。更别提那些庄严的公园和迷人的塞纳河河岸了，在那里，你可以漫步穿过这座城市的中心，大体上不会受车辆交通的干扰，这是自恺撒时代以来所未有的景象。

生活在这个剧变的世纪，我们是幸运的；而那些居住在奥尔良广场的人尤其幸运。那里虽然是私人地产，但白天会向公众开放。穿过那些路障——由于很多商业机构把总部设在里面，因此这里有大量的行人——漫不经心地逛进去，没人会注意到你。那些彼此相连的庭院仍然会吸引各种音乐和表演艺术家，外加一些广告执行人、高科技巨头、投机资本家和其他收入不均的获益者。在豪华轿车那如同雄狮怒吼般的轰鸣中，以及那些美丽的人在手机上"即兴演说"的嘈杂中，你仍然能够听到喷泉水花飞溅的声音。如果你有德拉克洛瓦那么敏感的听力，你或许会在木兰树下的乡村空气中，捕捉到肖邦、李斯特或充满深情的克尔特林的旋律。你有没有猜到是谁在演奏？德拉克洛瓦和巴尔扎克当然是这里的常客，但阿方斯·卡尔也是同样。一切都改变了，但奇怪的是，它看起来仍然是老样子。

37／

肖邦之手

　　就像玛黑区或拉丁区一样，新雅典地区也装饰着各种匾额、铭牌和胸像，纪念或让人想起某些了不起的人或事。任何熟悉浪漫主义者生活的人，都会在街道上和教堂的门廊下，或者在那些曾经容纳一些公寓或工场的平凡旅游酒店中，发现他们的踪迹。根据19世纪的描述，纳达尔在圣拉扎尔大街113号的著名摄影工作室已经辨认不出来，直到你抬头张望，看见纳达尔在拍摄肖像照片时赖以获取光线的天窗。闭上眼睛，回到他的时代，那时，他曾用摄影留住本书中提到的那些伟大艺术家、表演艺术家、作家和政治家以及另外数百人的身影，同时娱乐他的众多伟大朋友。

　　正是在如今只是一家平淡无奇的酒店里，纳达尔和妻子欧内斯廷被一阵脚步声和拖拽家具的声音惊醒，以为有小偷闯进来了。那不是小偷，而是顽皮的波德莱尔。他按捺不住地决定见见欧内斯廷，但从未找到机会。发现这对夫妻熟睡后，他注意到一幅画高高地挂在墙上，想靠近了看看。纳达尔发现这位诗人摇摇欲坠地站在餐室桌子上叠放的一把椅子上，那是他从房间里拖过来的。

那套公寓、花园以及波德莱尔、咪咪、莎拉·伯纳尔、维克多·雨果、戈蒂耶、维奥莱-勒杜克和亨利·缪尔热曾经摆好姿势拍照的摄影工作室已经不复存在，但街对面的圣拉扎尔火车站仍然传来火车进出站的轰鸣，而路面铺设的式样暗示它们产生于现代社会之前。

此处以东几百码的地方，在洛雷特圣母院的柱廊和庞大的三一教堂下，朱丽叶·德鲁埃与维克多·雨果仍然在那些偷情之乐的叹息中继续存在，那里是他们经常盘桓的地方。朱丽叶在皮加利大街有房间，然后跟雨果一起住在克里希路21号——不过是住在分开的楼层里。这两座教堂都不是多么壮观，不过三一教堂前面那座下沉的曲折花园仍然是一些情侣幽会和白领午餐休息的好地方。

在洛雷特圣母院后面，殉教者大街的沿街铺面遮住了一些隐蔽的花园，有些里面生长着蓬乱、繁茂的植物，包裹着一些19世纪20年代的画室。正是在这里，泰奥多尔·热里科（Théodore Géricault）创作了《美杜莎之筏》（*Raft of the Medusa*），东方学者奥拉斯·韦尔内（Horace Vernet）创作了众多如今挂在卢浮宫内的巨幅历史绘画。维克多·雨果在新雅典走过的地方多得不胜枚举，其中一

三一教堂，理想的幽会场所

处清晰可见且俯瞰位于殉教者大街 41 号至 47 号的庄严花园庭院，这是一座优雅的马蹄形综合公寓。维克多经常在高处的观景凉亭午睡，很少是独自一人。此地东边几个街区外，蜿蜒如蛇、绿树成荫的弗罗绍大道（Avenue Frochot）是一条私密的街道，有一些浪漫主义时代的别墅和宅邸。大仲马在破产之前，曾在这里的一个花园角落里奋笔疾书，泰奥多尔·沙塞里奥（Théodore Chassériau）曾在一间巨大的画室里作画,而年迈的雨果也曾到朋友兼同行保罗·莫里斯(Paul Meurice)那葱翠、奢华的家里寻求庇护。

雨果喜欢住在这条优雅街道上的原因之一,或许是比石头更沉重的记忆,以及比夜晚更柔嫩的肉体。在这条大街的4号,闻名于世的烟花女子和艺术模特阿波罗妮·萨巴蒂耶(Apollonie Sabatier)主持一个著名的时髦沙龙。就像朱丽叶·德鲁埃一样,阿波罗妮也出现在巴黎多处艺术典藏中的一些绘画和雕塑里,通常是裸体或近乎一丝不挂的形象。在十五年内,波德莱尔、戈蒂耶、内瓦尔(可能还带着他的龙虾)以及福楼拜、雨果和其他人都曾是她的客户。

因此,如今这条高级的隐蔽大街以皮加利广场为终点或许也很合适,那个广场是丑恶面的精华。跟如今表面上的情形不同,一度时髦的皮加利广场吸引了众多令人眼花缭乱的艺术家和作家。他们中很多人都在广场上的新雅典咖啡馆见面和工作。托马斯·库蒂尔是这里早期的常客之一,他住在11号,画出了那幅俗气的作品《帝国颓废时期的罗马人》(*Romans during the Decadence of the Empire*),如今收藏于奥赛美术馆。这幅15英尺高、20英尺长的作品很难错过,是社会批评的练习之作,把19世纪中期腐朽的巴黎塑造成堕落罗马的翻版。这幅画很可能催生或普及了"颓废派"(Decadent)一词,指的是那段在艺术和文学上通常称为"黄昏"或"世纪末"(fin-de-siècle)的时期,即现代主义的先驱和前辈,或者说是异卵双胞胎。

库蒂尔肯定会在如今迅速发展的皮加利找到灵感,它以新奇的方式保持了颓废。在一度容纳新雅典咖啡馆的那座历史建筑里,德加曾创作出《苦艾酒》(L'Absinthe),凡·高曾在脑海中看见星光,马蒂斯曾画素描和啜饮饮料,热拉尔·德·内瓦尔、埃米尔·左拉和维克多·雨果曾潦草地涂写——不过它最近被一座后现代风格的超市取代,里面专门出售高端有机食品,证明对旧巴黎的劫掠仍在继续。

圣母塔大街(Rue de la Tour des Dames)是新雅典附近最著名的地方,在它南边那些独立的别墅中,幸运的库蒂尔一度拥有一个位于花园里的画室。这条短短的街道紧邻罗什富科大街和白街,与弗罗绍大道相比,更是富豪云集,是剧坛女主角马尔斯小姐及其邻居、明星交际花爱丽丝·奥兹娱乐的地方,其规模比皇室更豪华盛大。马尔斯曾在一场小型化装舞会中招待一千一百名客人,正是这场盛会启发了大仲马。

我的闲逛有时也会有所斩获。在圣母塔大街,我习惯摁响门铃或者在台阶上等待,一有机会就溜进去看看,好奇心战胜了常识。如果年轻一些,我会像无数轻浮浪荡子一样,在"马尔斯小姐"的卧室过夜,或者像当今无数二十六岁以下的年轻人那样，在如同天赐之福的无知中，到那家2013年开设于她以前那座宅子里的青年旅舍里过夜。

在最近的一次造访中，那家青年旅舍前台一位热心的年轻人鼓励我去欣赏一下那个带有拱顶的舞厅及其描绘战争的壁画——"马尔斯"是那位女演员仿照战神编造出来的一个假名。然后，她带我看了看几间斯巴达式朴素的宿舍房间。其中一间俯瞰隔壁那所令人惊艳的半圆形宅子的花园，也就是爱丽丝·奥兹的房子，她或许是维克多·雨果最漂亮的战利品。这些宅子后面有一系列迷宫般的巷道和庭院，使得客人能够掩人耳目地来来去去。在那家青旅铺着鹅卵石的庭院里，有一些雕刻的狮子脑袋，马尔斯小姐喜欢坐在一棵枝繁叶茂的无花果树下。我惊讶地发现那棵树依然郁郁葱葱。这是一个登记在册的路标，一如拉丁区穷人的圣朱利安教堂边那棵拥有四百年历史的洋槐树；一如植物园里那些君主时代的古老黎巴嫩雪松或悬铃木标本，雨果、缪塞和乔治·桑都提到过它们。

对我来说，新雅典最有氛围的角落，位于沙普塔尔路（Rue Chaptal）后面一条鹅卵石小巷的末端，其街边排列着树枝摇曳、绿荫浓密的树木。除了巴黎，还有哪个城市拥有专门展示浪漫主义者生活和时代的博物馆？这是一首献给浪漫的赞歌。据我所知，在巴黎那些独特的地方中，这必定是最具"巴黎特色"的一处。乔治·桑之友的总部——*les Sandists*——也在这里，因此当心一点，别有什么亵渎之举。如果你喜欢，还可在这里找到巴黎相对令人愉悦的露天咖啡馆或茶馆，不过仅在春夏两季开放。

蜀葵、丁香、蔷薇、绣球和一丛丛不知名的香花植物从四周围抽出枝条，彼此纠缠的浪漫树丛朝着两侧倾斜倚靠，铺路石间生长着一些禾草和苔藓。卢森堡公园里曾经随处可见的那种带有卷曲花饰的古老铸铁椅子仍然点缀着这里的露台。隔壁游乐场上传来孩子们的尖叫声，或许曾经让富于母性的乔治·桑心中充满喜悦。

这座房子带有破旧的绿色百叶窗，如同来自故事书，乔治·桑并未真正在里面居住过，但如今里面陈列了她的一些纪念品。她经常光顾这里，肖邦、李斯特、玛丽·德·阿古、德拉克洛瓦和其他一些人也是如此，他们经常参加阿里·谢弗在周五晚上定期举办的沙龙。

乔治·桑真的曾经躺在小型三角钢琴下面，享受那种震动吗？这么想不无理由。这些画室之一的角落里至今仍摆放着一架钢琴。我见过的肖邦曾弹奏的钢琴在这里临时展出，是1843年的普莱耶尔钢琴，一件巨大漂亮的乐器，有精雕细刻的腿柱，还有竖琴形的钟乳石支撑的踏板。一看到它我就脊背发麻。如果能够，我也会爬到那下面，不顾乔治·桑的雪茄和匕首，跟她的幽灵躺在一起。

当你漫步走过浪漫生活博物馆内的展厅时，数世纪

《玛丽·德·奥尔良公主像》，高挑（就她的时代而言）、忧郁而俊俏

的光阴似乎融合在一起，变得模糊。如果这里有少许巴洛克的感觉，那或许也归功于室内装饰师雅克·加西亚（Jacques Garcia）的服务。我不知道那些小地毯和那架螺旋形楼梯上的猩红色长条地毯是不是他挑选的，他是否设计了那吱吱嘎嘎的地板，传送出清脆的音乐声。或者，他仅限于选择壁纸——也就是乔治·桑曾经在自己位于诺昂的城堡中描述过的那些——以及指导人们悬挂沉重

的帷幔，布置沉重的家具和灯具，选择沉重的画框，在带有沉重装饰外层的天花板下摆放沉重的艺术品？这种恣意的沉重风格有着不可抗拒的魅力。1665年来巴黎重新装饰卢浮宫的贝里尼，或许会在这所迷人的小房子里备感亲切，就像咪咪或那个与她相貌酷肖的玛丽·德·奥尔良公主一样，后者是阿里·谢弗青睐的贵族学生。玛丽注定要在二十五岁时早亡，她那幅鬼魂似的肖像就挂在楼上，是谢弗艺术中的一个典雅范例。她愁眉不展，很有浪漫主义格调，超越世俗而又忧郁。据说通过给路易·菲利普国王的三个孩子教授艺术，真诚的谢弗使得皇室对浪漫主义变得敏感，为国王与大仲马、雨果和其他人之间的友谊铺平了道路，因此推动革命性的浪漫主义现代主义进入主流。

乔治·桑不是旁观者。不过，如果你怀疑她作为荡妇的资格，不妨踏进那个著名的沙龙，你会被迷住。在她那些对真容做过美化的肖像中，或许奥古斯特·夏庞蒂埃（Auguste Charpentier）为她画的那幅最美——虽然有些高深莫测。它就挂在壁炉上方，靠着一面高高的镜子，画中那双眼睛机警地注视着你，眼睛都不眨一下，泰然自若，让人无法看透。乔治·桑的面部被拉长了，像古埃及科普特教的圣徒或莫迪利亚尼笔下的人物。她面容的苍白，以及弯曲如丘比特之弓的嘴唇的靓粉，因那双大大的黑眼睛和一头乌黑的头发而有所中和，她头发上戴着玫瑰红和含羞草黄的春花，就仿佛是刚从这所房子镶着多面玻璃的窗户外那个花园里采来的。她的头发没有卷曲的迹象，根本不像她装在头盖骨里送给那些遭到抛弃的情人的头发。令人惊讶的是，画中的乔治·桑没有女扮男装。夏庞蒂埃是在她重新发现长裙的那一年捕捉到她这个形象的，就像捕捉蝴蝶的网子一样，她用其中一条裙子网罗住了并不心甘情愿的肖邦。

那些展览柜里装满纪念品，要么让人毛骨悚然，要么让人浑身起鸡皮疙瘩。在我看来，其中比较具有巫毒色彩的展览之一是肖邦左手的石膏铸模，就像还愿贡品一样放在一个玻璃柜里。不知怎么回事，几年前我造访这里时从未注意到它，不过现在，每次我来这里都会惊得呆若木鸡。尽管它看起来有拜物教的意味，我却养成了习惯，把胳膊靠在玻璃柜上，等待那种战栗降临。如果去掉我左手上的寒毛，再去掉我发生过骨折的小指头上的扭结，它看起来跟肖邦这只手惊人地相似。这显得更加奇怪，因为我很久以前就证明自己在弹奏钢琴方面是彻头彻尾的失败者，虽然充满激情，但过于活跃，无法在凳子上坐足够长的时间来学会哪怕一支曲子。

在肖邦的左手旁边，放着乔治·桑纤细的右臂及与之相连的那只令人敬畏而又雅致的手，同样用石膏做成。这些模子是由乔治·桑的女婿，一个臭名昭著的恶棍，分别在那位钢琴家和这位作家临死前做的。

这个博物馆最令人满意的部分是花园里的两个画室，它们仅在举行临时展览时开放，那也是我过了那么多年才发现它们的原因。谢弗或许是个二流画家，一个焦点柔和、善用色彩的浪漫主义画家，但没有德拉克洛瓦那样的毅力，不过他的画室确实典型，可以在每一部按照经典方式制作的《波希米亚人》中看到。这两个画室中比较大的那间跟德拉克洛瓦在弗斯滕伯格广场（Place de Furstenberg）用过的画室非常相似，有高高的窗户、若干画架、石膏模型，零零落落地摆放着一些绘画作品，具体取决于布置展览的方式，另外还有一架小型三角钢琴。如果你无法参观这个部分，你仍然能够通过博物馆内那幅由阿里·约翰尼斯·拉米（Arie Johannes Lamme）创作的迷人绘画《阿里·谢弗的画室》（*The Atelier of Ary Scheffer*），看到它在1851年的样子。惊讶吧？什么都没改变。

很可能就是在其中一个画室里，德拉克洛瓦第一次见到奥古斯特·克莱桑热（Auguste Clésinge），一个吃喝嫖赌的粗野雕塑家，并对他心生厌恶。令人费解的是，克莱桑热最终与乔治·桑敏感而叛逆的女儿索朗热结了婚。负债累累的克莱桑热一度用枪指着岳母，以死相逼，试图从她那里弄些钱。索朗热对这个人——他是谢弗家永远的特色

肖邦位于拉雪兹神父公墓里的坟墓，雕塑由奥古斯特·克莱桑热制作

人物——的激情最终导致乔治·桑与肖邦分手。那位豪侠的钢琴家被索朗热冲昏了头脑，误导之下，站在她这一边为爱情辩护，结果惹恼了乔治·桑。德拉克洛瓦讲述到他与克莱桑热见面时，恰好有一个以"科学"方式看手相的算命人在场，后者通过解读人们手指上的纹路来娱乐参加聚会的人。据说，在狂怒的克莱桑热手掌上，算命人看到的是一卷充满不祥和暴力的图景。

就像谢弗一样，克莱桑热只是略有天分而已。讽刺的是，他虽然破坏了肖邦与乔治·桑的关系，却为他们俩的手制作了石膏模型。后来，他还为那位钢琴家雕刻了一尊令人难忘的白色大理石坟墓雕塑《音乐缪斯》，如今它已经成为拉雪兹神父公墓里的一处地标。德拉克洛瓦认为，那是克莱桑热最好的作品了。他曾为萨伏伊的路易丝王后（Queen Louise of Savoy）制作一尊笨拙的站立肖像，就安放在卢森堡公园里。他还以交际花阿波罗妮·萨巴蒂耶为模特，制作了一尊令人毛骨悚然的《被蛇咬的女人》（*Woman Bitten by a Snake*），如今收藏于奥赛美术馆。比较一下这三件作品，就知道德拉克洛瓦所言不虚。一年到头，肖邦的坟墓上都堆满鲜花和花环，因此有时很难对克莱桑热的艺术水平做出判断。肖邦热爱鲜花，或许他根本不需要那座纪念碑，因为他并未真正死去。如今，他的音乐比以往更鲜活：他是全球最受欢迎、最受人热爱、听众最多的钢琴音乐作曲家。不管是从前还是现在，他忧郁的音乐都是巴黎的声音。

38 /

真正的孤山

不久前,我在皮加利广场那家新开的有机食品超市,跟那些放荡不羁的本地中产阶级一起排队,买了一袋生腰果。超市就在那座覆盖着石头的后现代建筑里,它取代了以前新雅典咖啡馆所在的那座古老的街角房子。我一边嘎吱嘎吱地大嚼腰果,一边试图回想20世纪80年代和90年代自己在这里的摇滚夜店里度过的疯狂夜晚。这时,我脑子里突然袭来一阵黑暗的回忆。那些夜店吵闹而肮脏,当然不是浪漫主义者们的那家咖啡店加以改善的结果,但至少它们使得这座建筑得以避免遭到拆除的命运。

怀旧从来就不是我的专长,然而它弥漫在这个充满深情的地区,难以抗拒。往昔悸动、闪烁着。红磨坊(Moulin Rouge)展开它巨大的风车翅翼,不仅让世人回想起这家老卡巴莱酒馆本身,也让人想起《红磨坊》和其他有关它的电影,那些在它屋顶和舞台上拍摄的浪漫场景,那些与之关联的全球集体幻想,凡此种种。怀旧是一桩大生意。法国运营时间最长的怀旧电台及其从不停止的手风琴音乐和从前的流行乐曲调就得名于这个地区：蒙马特电台（如今更名为 MFM）。它们中怀旧得最泰然自若的就叫"怀旧"（Nostalgie）。80 年代，当我住在洛吉耶路时，我那些摩洛哥邻居整天听的就是这些电台。如今，蒙马特有些杂货铺、咖啡馆和酒店里全天候播放着这样的音乐，这些店铺以即将搬上舞台的热门电影《天使爱美丽》(*Amélie Poulain*) 为主题，或只是利用它有利可图的伪怀旧气氛。

就像玛黑区、拉丁区和圣日耳曼区一样，蒙马特的每一寸土地都流淌着回忆、忧郁、愁闷的渴望——或者漫无目标的大众旅游和色情欲望。

我嘎吱嘎吱地大嚼腰果，以浪漫主义时代的沉闷步伐，登上蒙马特山丘，我测了一下自己所花的时间，想知道一个中年男子需要多久才能抵达那个听起来有些神秘感的雾堡。你或许会想起自己见过的一幅小型绘画，描绘了这座矗立在一些石膏采石场和田野之上的 18 世纪城堡，它被挂在卡纳瓦雷博物馆楼下的一个角落里，就在那些浪漫主义者的肖像画旁边。这座低矮粗壮的城堡的名字令人怀旧，雾堡坐落在巴黎最高的山丘的半山腰。如今它已经被更高的建筑挡住，其侧面是一个献给流行乐歌手达丽达 (Dalida) 的广场。这座城堡可能是热拉尔·德·内瓦尔住过的地方，他很可能是跟他的宠物龙虾在一起，而维克

蒙马特的另一座磨坊,加雷特磨坊
(Moulin de la Galette)

多·雨果和新雅典的其他著名绅士也会与殷勤的同伴一起在这里度过傍晚的几个小时。他们群聚于此不是为了欣赏雾中景色或拜访内瓦尔。多年来,这座宅子的一部分都为他们所熟悉的肉体运动保留:它是一所妓院。

就像不知疲倦的内瓦尔习惯的做法那样,我走走停停,不时仰望这座老式的房子,或者俯瞰下面一望无际的城市或道路。我计算了一下,从皮加利广场到城堡下方那个死胡同的末端，我花了十五分钟左右。一道楼梯通往一条上方悬挂着灌木的狭窄巷弄。鸟儿吱吱啾啾。我独自一人，目光从一道栅栏顶上穿过一个枝繁叶茂的花园，窥视着一座在树木之间若隐若现、带有山形墙的乳白色宅子，突然意识到内瓦尔和雨果会很高兴在这里醒来，不过埃克托尔·柏辽兹、肖邦、李斯特和他们这个阶级中其他那些住在蒙马特的人，或者经常光顾其沙龙和妓院的人，可能会在一辆马车里备受折磨。当时这些路面崎岖不平的陡斜街道非常滑，由于地形和历史的缘故，周边地区也很危险。

蒙马特（Montmartre）一名源自"*Mons Martis*"，意为"马尔斯之山"。在它20世纪成为后浪漫时代的浪漫主义和现代旅游的摇篮和中心之前，这个地方是那位愤怒的异教战神马尔斯的圣所，不过跟新雅典后来那位女演员"马尔斯小姐"没有什么关系。到了中世纪，随着"*Mars*"演变成"*martyr*"，以适应基督教的圣徒传记，这个名字变得有些含混不清了。据说圣德尼就是在这个山坡上的一处圣泉附近被枭首的。那处泉水使得这里经常雾气朦胧，大街对面那座"雾堡"就得名于此，有些历史学家声称内瓦尔曾在那里居住。

最近，雾堡被放到市场上出售，价格一千万美元。如今，那些寻找这个地方的人可以放弃马车或自己的坐骑。如果愿意，他们可以乘坐市政中巴车或蒙马特大象列车。

更好也更威风的方式是乘坐缆车到一个小型公园纳达尔广场（Square Nadar），它位于山顶上的一处平台上，在一座长方形教堂附近。然后他们可以轻轻松松地步行下山，一路上风景优美宜人。途中，他们会经过一座古罗马圆形剧场的废墟；一座献给自由思想家烈士的纪念碑，就在一百年后巴黎公社于1871年开始兴起的地方；隐藏在高墙后的巴黎第二古老的罗曼式教堂；一个挤满涂鸦者及其画架的小广场；一排排摇摇晃晃的低矮建筑，里面容纳了拥有数百年历史的咖啡馆；一座拥有蜡像的怀旧主题博物馆；然后是蒙马特葡萄园，以及数十位名副其实的诗人、表演家、画家、雕塑家、作家、音乐家和思想家的工作室或公寓所在地，从前现代到后现代，他们重新构想并重塑了法国。

如果你把这条路线稍作改变，绕道一个街区，你还会路过诺文路（Rue Norvins）22号那座产生于1774年的公共建筑，所谓的桑德兰疯人疗养院（Folie Sandrin）。不幸的热拉尔·德·内瓦尔曾经在这里治疗抑郁症，但并未治愈。

成年之后，内瓦尔几乎每天都在这座圣山的周围、新雅典和巴黎其余地区来回溜达，显然陷入沉思中，不时停下脚步，拿出笔记本，在上面草草写下一些意义含糊的文字、象征符号或句子。人们以为内瓦尔是个懒人，永远的浪荡子。当泰奥菲尔·戈蒂耶起草内瓦尔的讣告时，他描述了这位古怪天才"勤奋的懒惰",回忆内瓦尔结束漫游回到家中,将那些文字、象征符号和句子扩展成卷帙浩繁的随笔、诗歌、戏剧、短篇小说和长篇小说。就像戈蒂耶和雨果一样,内瓦尔是他那代人中最受欢迎、最多产的作家之一,也是最优秀的作家之一。

雨果说过一句著名的话,"*Errer est humain, flâner est parisien*"——人固爱漂泊,巴黎人固爱浪荡。内瓦尔的文字或许不如这位大师简练,但其活动范围却超越雨果。他曾经告诉戈蒂耶,他希望巴黎的街道是一轴长卷,他可以一边漫步一边在上面书写,在一条没有终结的单一线索中,自动追踪一部长篇小说的情节。这就好比将乔伊斯的《芬尼根守灵夜》(*Finnegan's Wake*)融入凯鲁亚克的《在路上》(*On the Road*),或许会创造出比这两本书更有趣的作品。

内瓦尔是个现代主义者却不自知,他的创作方法类似于自动写作。尽管这么说有点令人不快,但蒙马特似乎很适合成为其精神后裔即超现实主义者的家,以及颇有天赋又喜欢炫耀的萨尔瓦多·达利经常出没的地方。内瓦尔接受治疗的地方,距离过分商业化、展出达利那些古怪作品的达利博物馆总部只有几个街区。达利的作品一直让我感到不寒而栗,迷惑不解。我敢打赌,十分之九造访这座"博物馆"的人都会失望地离开,尽管他们不愿这么说。

考虑到一年中的大部分时间这里都全天候保持活跃，很难想象蒙马特山顶上居然有一所康复院。不过在内瓦尔的时代，这里的山坡还是半乡村的僻静之所，或许不算奢侈，但肯定不乏宁静和感官享受，足以代表波德莱尔的巴黎。它一直保持这种状态，直到热衷现代化的拿破仑三世和奥斯曼下令，用他们毁掉的大约两万五千所建筑的碎石填满这里的石膏采石场。结果部分用于填埋的垃圾来到蒙马特，利用这种处置办法，那些市内贫民窟里被没收财产或遭到驱逐的人又被转移和驱逐了第二次和第三次，于是他们便来这里搭起帐篷。这是巴黎自己制造的棚户区。最终蒙马特被划入第二帝国新的城市边界内。一旦那些采石场被填满，开发商就开始在它们上面和周围修建房屋，这个过程因为战争、经济或宪法危机、革命、暴动和居民举行的抗议而减缓。

蒙马特这些真实生活中的"悲惨世界"式贫民区漂泊不定，就像大萧条时期美国的胡佛村一样频繁搬家和四处移动。最后的棚屋就是雾堡两侧那些大名鼎鼎的抗德游击队基地。这片混乱的棚户区是身无分文的阿梅代奥·莫迪利亚尼（Amedeo Modigliani）在一个世纪之前的藏身之地，他一手握枪，一手握着画笔。那支枪非常重要，因为这里真的很危险。他在最原始的环境下——经常处于酩酊大醉中——创作出来的绘画，如今价值数百万美元。就像美国很多胡佛村的情况一样，一些"仁慈的"邻居在市政当局的默许之下，烧毁了抗德游击队的基地。如今那个地方成为一个公园，里面有个滚球场，是个尘土飞扬的露天球场。当地人顺着那些小路扔钢球，用本地黑话争论，听晶体管收音机，至少有时候也会调到蒙马特电台或怀旧电台。

19、20世纪之交，当莫迪利亚尼、毕加索和其他人在这里露面时，内瓦尔早已自杀，雨果躺进了先贤祠，蒙马

在巴黎遭到包围和封锁期间，用气球突破重围！

特也已经度过巴黎保卫战和巴黎公社那段英雄主义全盛期。起义在这里爆发,并在国民自卫军军火库所在的地方变得如火如荼,那里也就是如今幽静的纳达尔广场上为疲惫的朝圣者们提供能看见全景的长椅和树荫的地方。军火库下面,从前有一个采石场,即如今的路易丝-米歇尔广场(Place Louise-Michel)所在的地方,纳达尔曾在此升起他那个用于逃亡的邮政气球,让莱昂·甘必大坐着升入空中。蒙马特是一个反抗的地区,一片隐藏着万人坑的战场。有些坟墓就挖在从前的采石场中——这倒是带有几分别具诗意的合理性——就在拿破仑三世皇帝毁掉的那些房屋的碎石中,然后再用被屠杀的大批民众的尸体将它们重新填满。

在第二帝国时期及第三共和国之初,都曾有大批穷人和叛乱者遭到杀害。鹅卵石上的鲜血干掉没多久,19世纪70年代中期,当权者就开始修建圣心教堂。这并非表达基督之爱与仁慈的自发姿态;恰恰相反,这座带有回声、没有灵魂的长方形教堂是为巴黎公社遭到镇压表示感恩。巴黎人了解这座白色拜占庭式庞然大物的黑暗历史,它怪异、可憎的侧影象征着反动的蒙昧主义,与先贤祠代表的精神相反。对于其支持者来说,它代表富人正当地战胜了寄生的狂热"社会主义"。就像在大革命后的恐怖时代一样,有些巴黎公社社员并非圣徒,但换作在今天,那些镇压他们的政府军将会因为反人类罪而受到审判。巴黎公社处决了四十八名人质,在战斗中杀死了八百七十七名士兵,但凡尔赛的军队屠杀了两万至三万人,并将另外数千人送到殖民地服苦役,他们因此死去。正是历史的轮回,使得蒙马特山顶上那个用石灰岩砌成的怪物避免变得荒诞不经或纯粹地荒谬可笑。

然而,不管是政客们还是这座教堂,都无法杀死催生巴黎公社的反叛的浪漫主义精神。如今,它以不那么暴力的形式继续无声地存在着。甚至在蒙马特成为朝圣地和右翼的灯塔之后,一代代新生的波希米亚式放荡不羁者、梦想家和亡命之徒仍然会迁徙到这座山丘上,有些来自法国

巴黎一片火海?是的!这是1871年的巴黎公社起义(版权属于 Sackett & Wilhelms Litho. Co.)

各地或国外——雷诺阿、皮萨罗、塞尚、莫奈、西斯莱、图卢兹-罗特列克（Toulouse-Lautrec）、高更、凡·高在这里崭露头角，然后是毕加索、布拉克、莫迪利亚尼、弗拉曼克、德兰、斯坦伦、埃里克·萨蒂（Erik Satie）、苏珊娜·瓦拉东（Suzanne Valadon）及其子莫里斯·尤特里罗（Maurice Utrillo）、马克斯·雅各布（Max Jacob）、路易丝·米歇尔（Louise Michel）、达利、科克托和马尔罗（André Malraux）。

在这些曾经的边缘人物中，比较有争议的一个是无政府主义画家阿道夫-莱昂·维莱特（Adolphe-Léon Willette），他很久以来就被视为英雄，不过如今因为他的反犹主义倾向而受到憎恶，他习惯昂首阔步地走进那座长方形教堂，大喊"魔鬼万岁！"。

对很多巴黎人来说，维莱特的梦想似乎已经变成现实。

如果他们没有忙于作画、雕刻、写作，或者勤奋地懒懒散散着，以及到山顶上的那些卡巴莱酒馆如"狡兔"（Le Lapin Agile）——它至今仍在营业——狂欢作乐，或者像颓废时代那些真正的浪漫主义者那样同床共枕，给彼此画肖像，那么他们就会加入那些易怒的当地居民，为保护蒙马特免遭破坏性的现代化开发而奋斗。他们创造出了自己反资产阶级的、自由的"蒙马特共和国"，还有自己的货币。他们做出极大的牺牲，战胜了墨守成规的人、幸福的乐观主义者、实证主义者、学院派艺术家、房地产开发商、单调乏味的右翼人士和其他冷眼旁观的人和反浪漫主义者。然后，在纳粹占领期间或战后繁荣期的某个时候，事情开始变得糟糕起来。保护主义者的琥珀和肉冻开始变味和结晶。怀旧演变成了制度化的沉闷斗篷。蒙马特在宿醉中醒来，发现自己向魔鬼出卖了自己的灵魂。

39 /

鬼才在乎

可爱的蒙马特风景如画、轻快活泼、绿树成荫,有一种不对称的浪漫氛围,它到底是哪里不对劲啦?也许这不是它自己的错,这个地方只是被宠爱致死。或者,也许蒙马特过于努力地营造出罗曼蒂克气氛,结果形成了一种肤浅而刻意的氛围,就像公司设计的主题度假胜地,只是没有一本正经的微笑和强制的谦恭有礼而已。弥漫着甜美气味的街道上活跃着矫揉造作和虚情假意,带有一种确凿无疑的巴黎尖酸风味。人们以不知羞耻的敏捷,为了推销一些场所、产品和体验,而利用昔日那些伟大人物的名字。一些熟悉的面孔覆盖在招牌、铭牌、菜单和标签上。这一切都太过分了——那些傻乎乎的蜡像,气喘吁吁的手风琴,以及贝雷帽、法棍、画架和纪念品,摇摇摆摆的木头桌子上用掉一半的粉红色蜡烛,带有粉红、紫红和紫色色泽的装饰和其他一切。如今与十月葡萄丰收节(October Grape Harvest Fête)一起举行的官办蒙马特恋爱节(Montmartre

Fête de l'Amour）上那些葡萄似的"香吻红"，已经沦为商业化宗教场所，让耶稣难过得哭泣的圣心教堂，那些以曾经在此奋斗、挨饿、入狱的艺术家、作家和革命者的名字重新命名的街道和商业机构——如果可以，他们会憎恶和痛斥世人如此强暴他们的人格与回忆。它们早就转移到了其他地方——主要是蒙帕纳斯——或者绝种了。蒙马特是巴黎的波希米亚式放荡不羁者的乐园，包括一条跟美国城市阿纳海姆规模相当的主要大街。只要保持利润，这种情况就不可能改变。

体验蒙马特有两种方式：要么避开并辱骂那些俗气的艺术和粗糙之作，要么接受它们但看得更远一些。这两种方式并不互相排斥。我有时在追求第二种方法的时候滑落到第一种，提醒自己，这个小山就跟我居住的地区一样，在平行宇宙中存在几个平面。雾堡、抗德游击队基地和纳达尔广场已经成为我的个人朝圣地，因为我了解它们的历史。它们是浸泡在浪漫主义盐水中的非神圣三位一体。如今每一处都因为其气氛、可触知的历史或全景风景而令人愉快。它们是圣心教堂的解毒剂。

其他具有解毒作用的景致有时会在那些出人意料的地方幸存下来。例如，在巴尔骑士大街（Chevalier de la Barre）——这条街道是纪念那位因未能在一支宗教游行队伍面前脱帽致敬而被古老的神权折磨、屠戮和谋杀的人——后面有个公园，巨大的古木高耸于一张张长椅和那处运动场上方。当地人在此聚集，孩子们在此踢足球，而滚球俱乐部的成员会不知疲倦地扔出他们的钢球，对周围的一群群人浑然不觉。

从小丘广场（Place du Tertre）绕过塞尼山大街（Rue du Mont Cenis）1—3号的街角，有一家带有红色遮阳篷的餐厅，它有个透露内情的名字叫"波希米亚人"。在这里，萨蒂征服了瓦拉东，莫迪利亚尼向毕加索发起挑战，而马克斯·雅各布写下了那首启发安德雷·马尔罗的诗歌，使得后者找到他并开始追求一种文化生活。马尔罗成为法国的首任文化部长。他帮助挽救了巴黎老城区免遭拆除，其中可能就包括我太太和我在玛黑区居住的那所房子。在美好年代，这个地方叫"布斯卡拉咖啡馆兼餐厅"（Café-Restaurant Bouscarat）。那座建筑没有什么变化，它仍然是一家咖啡馆兼餐厅。抬头看看那些遮阳篷上方，读读那些已经褪色的雕刻字母，它们被巧妙地保留下来。那些幽灵存在于空气和灰泥中，我第一次搬到巴黎来就感觉到这种难以捉摸的酸味酵头了。

在臭名昭著的小丘广场上，还有一家更老更有名的餐厅"卡特琳妈妈"（La Mère Catherine）。"一战"之前，当莫迪利亚尼那个到处是漏洞的口袋里有几个法郎的时候，他会来这里吃点便宜的食物，喝喝酒，决心让自己的绰号

"莫迪"(Modì)博得名气,这个绰号是莫迪利亚尼的简称,但也与"*maudit*"同音,意思是"该死"或"受诅咒的"。他喜欢成为波德莱尔的继承者,那位处男诗人,受诅咒的诗人。莫迪利亚尼与毕加索和布拉克争斗,有时使用自己的拳头,他一直都是一个十足的浪漫画家,擅长比喻,拒绝所有的艺术派别,从后印象派、野兽派,尤其是立体派到早期现实主义的其他类型。有天晚上,菲利波·托马索·马里内蒂(Filippo Tommaso Marinetti)在"狡兔"酒吧向他呈上号召摧毁威尼斯的《未来主义宣言》,他却拒绝在上面签字。大约就在海明威和哈德利抵达巴黎的时候,莫迪利亚尼在蒙帕纳斯作为一个浪漫的理想主义者死去,成为20世纪其他自我毁灭的伟大创造者的先驱。

任何读过"卡特琳妈妈"立面上那个标牌的人都知道,据说"*bistro*"(小酒馆)一词就在1815年产生于这里。当时,随着拿破仑在滑铁卢战败,占领蒙马特的俄国军队要求店里提供快速服务,大叫"*bistro*""*bistro*"——在俄语里的意思是"快点儿""赶紧"。至少那个故事是这么说的。

在巴黎,要求加快速度不啻自找麻烦,尤其是在与服务业打交道时。有趣的是,有些蒙马特的历史学家提出了一种与之针锋相对的说法,纯粹是巴黎本地特色的说法。他们认为"*bistro*"来自一个俚语,表示一种令内脏绞痛的饮料"*bistrouille*"。他们说,这种由咖啡和葡萄酒混合而成的饮料是蒙马特的万能药，能让喝它的人对上帝产生敬畏之心；在旧日的巴黎黑话里，"*la trouille*"的意思是恐惧，而"*bis*"的意思是"双重"，就像在要求加演时说这个词所表达的意思那样。因此那是一种让人产生双重恐惧的饮料。

不管哪种说法，小丘广场似乎都有可能是小酒馆的诞生之地。这个广场上的小酒馆为无数电影提供了背景。在巴黎，虚构显然比现实更真实也更令人向往。要保护历史建筑避免变成快餐连锁店——即便"*bistro*"一度包含"赶快"的意思——这或许就可提供充足的理由。市场的力量将占据上风。在2013年，美国排名第一的咖啡馆连锁店，那个在每座美国城市的每个街角都可看到的品牌，就在"卡特琳妈妈"隔壁开了一家分店。其他获得特许经营权的"快速"餐饮店也即将到来，当然，在这个地方——它或许是所有浪漫之地中的最佳场所——这是最好的结果。

无忧无虑的小丘广场及其兴高采烈的艺术家、喜气洋洋的咖啡馆和快快乐乐的餐厅，居然是蒙马特的中世纪宗教群体数世纪以来处决亵渎神明者、背教者和普通罪犯的地方，不知为何，在得知这个事实后，我产生了一种哭笑不得的满足感。断头台是这个广场的核心物件，这很恰当。更恰当的是广场的名字，"Tertre"的意思是土丘，就像罗马帝国时代的那个坟丘一样，它在这里存在的时间更早——很可能仍然存在于这个广场下面。战神马尔斯的神庙就矗立在"波希米亚人"餐厅的对面。

在巴黎，忘掉午夜吧。在黎明时分漫步穿过蒙马特，在这个迷人的时刻，那些敲诈游客的地方空空如也，神奇的同步现象取代了俗丽的年代错置。在玫瑰色的晨光中，马尔斯小姐望着这里，莫迪利亚尼跟他的一位脖子修长的情人翩翩起舞，纳达尔坐在他永恒的气球里从空中飘过，而格特鲁德·斯泰因模仿一台电报机，迈着沉重的步子，走向巴勃罗·毕加索位于洗衣船的那个乱七八糟的画室。

40

造访贫民区的斯泰因和毕加索的蓝玫瑰

要欣赏在蒙马特无所不在的巴勃罗·毕加索,你无须认同魔幻现实主义,甚至也不必喜欢抽象绘画。他是那个关键的过渡人物,起初是个挨饿的浪漫主义者,后来却开创了他那种特殊的现代风格。尽管他发明或者说跟乔治·布拉克共同发现了立体派,但他仍然沉浸在昔日大师们以及戈雅那些难以忘怀的作品中。"根本不存在抽象艺术,"毕加索妙语双关地说,"你总是必须首先从某种具体的东西开始,然后再抹掉所有现实的痕迹。"

有一缕现实的痕迹就连毕加索也无法抹除,那就是他初到巴黎的记忆。初来乍到,这个十几岁的少年野心勃勃,与同伴画家卡洛斯·卡萨吉马斯(Carlos Castagema)短暂地分享一个位于加布里耶路的顶楼画室,就在内瓦尔的疗养院下面。抑郁的卡萨吉马斯像内瓦尔那样自杀身亡,推动沮丧的毕加索进入他所谓的"蓝色时期"。他从他们以前的画室向山下移动了100码,来到林木葱郁的埃米尔-戈多广场（Place Émile-Goudeau）。这是周边少数未受破坏的罕见角落之一，能看到一些小孔成像般的风景，一小片古老的七叶树林，一个倾斜且不对称的广场，粗笨的古老建筑和画室，还有一家带有露台的宜人咖啡馆。一个世纪之前，旧日的艺术家，包括毕加索，都曾在此流连。显然，如今仍然有一些艺术家光顾这里。在这个广场上那个摇摇欲坠的艺术家社区里，毕加索从一家经过改建的钢琴厂租用空间，据富于想象力的诗人马克斯·雅各布所说，那个地方看起来就像塞纳河上的一条洗衣船。在被1970年的大火烧毁后，这条"洗衣船"经过重建，如今仍然布满艺术工作室。

毕加索很可能听说过，当肖邦在新雅典弹奏钢琴时乔治·桑发现其"蓝调"的著名逸事。不管毕加索是否听说过这个词语，他都知道，数世纪以来，蓝色就是灵性、神圣默祷和忧郁的色彩。从1900年至1904年，毕加索在蒙马特创作的绘画充满象征意味，从色彩、主题和情绪都偏重蓝色，反映了他持久的浪漫主义倾向。因此难怪它们在非专业人士和收藏者中都是最受欢迎的作品。《手持烟斗的男孩》（*Boy with a Pipe*）在2004年以超过1.04亿美元的价格出售。当毕加索在"洗衣船"工作时，其作品仍然充满象征意味和浪漫主义色彩，不过他逐渐过渡到更乐观的"玫瑰红时期"（Rose Period，又称"粉红色时期"），其

格特鲁德·斯泰因和右上角那幅毕加索为她画的肖像

中有一两年在色彩和主题上有所重合。想想《女人与乌鸦》(*Woman with a Crow*) 或《杂技演员》(*Acrobats*)、《哈勒昆丑角》(*Harlequins*) 中的不同色彩和主题。

毕加索为格特鲁德·斯泰因画的那幅广受崇拜的肖像就产生于这个玫瑰红时期,不过,画中她那怒目而视的表情、斜视的目光和阴暗、浑浊的色彩让人难以置信。显然这一玫瑰红时期的作品并非玫瑰红时期的风格,也不是蓝色时期的风格。毕加索以创作速度快而著名,但斯泰因这幅肖像画却让她先后八十次坐着摆好姿势才完成。让人好奇其中的原因究竟是什么。每次坐下来让毕加索画像时,斯泰因都要从她和弟弟列奥那所宽敞舒适的公寓匆匆忙忙地穿过这座城市。那所公寓位于卢森堡公园附近花园街(Rue Fleurus)的一个庭院里,是艺术和实验文学的殿堂,毕加索最终将在这里遇见马蒂斯,海明威也将于1922年被引入斯泰因的内部交际圈——发现塞尚、雷诺阿、马蒂斯,以及他在自己后来的长篇小说中探索的那种彻底现代的性观念。

斯泰因经常提着长裙的裙摆降临布朗歇广场,爬上这座小山,来到散发出恶臭的"洗衣船"与毕加索见面。这里局促的生活和工作空间用悬挂的防水布或被单隔开,看起来就像船帆或晾晒的衣物。途中,无畏的斯泰因会注意到那些波希米亚式放荡不羁者、艺术家和巴黎工人阶级的下流景致和欢愉的声音,这是她在一次搬家,一次大规模的搬家中,就已经了解到的。作为一位土地所有者和旧金山一家有轨电车公司的女继承人,她有钱尝试新的文学风格,给自己的公寓摆满罕见的古董,并且资助各种艺术。

斯泰因喜爱毕加索为自己画的这幅肖像。显然,起初她反对那种认为它不像她的说法。毕加索曾经以一句反驳而著名:"你会逐渐变得与它相像。"据说这句话来自米开朗基罗。斯泰因是对的:那幅肖像画过于美化了。毕加索也是对的:她的面部,尤其是表情,逐渐变得跟肖像画中那副令人难以忘怀、不对称的血肉面具一模一样,照片就证实了这一点。1933年,斯泰因在《爱丽丝·托克勒斯自传》(*The Autobiography of Alice B. Toklas*)中对这个故事给出了一个截然不同的版本。"人人都说她看起来不像那幅画,"她声称毕加索曾对其他人这么说,"不过那也没啥,她会变得像的。"这句话听起来更像出自喜欢词中省略的斯泰因之口,而非直话直说的毕加索。到了更晚的1938年,她用自己抑扬顿挫的散文体宣布:"对我来说,它就是我,而且是唯一跟我神形毕肖的画像——对我来说。"

当我住在一家灯罩厂上面时,那些订箱机让我想起斯泰因就缘于此。

这位20世纪的暧昧偶像,这位美籍犹太裔女同性恋者,她曾经为贝当元帅和反犹主义的维希政权通敌卖国者翻译过煽动性的演讲稿,她怎么会像自己声称的那样,从福楼拜演变而来?斯泰因说她那部著名作品《三种生活》(*Three Lives*)是根据福楼拜的《三个短篇》(*Three Stories*)创作的。她受过那么好的教育,不可能不知道福楼拜这本书主要是为了取悦其良师益友乔治·桑——那个浪漫主义的激进社会主义者——而写的,而且是后期浪漫主义的精华之作。斯泰因很可能是另一位反对浪漫主义的浪漫主义者。她肯定接受对丑的崇拜和其他浪漫主义思想，包括献身于艺术，以及免除性别角色、繁殖奴役和家庭以及学术束缚的自由。

浪漫主义或许在蒙马特演变成了有棱有角的现实主义——至少在视觉艺术领域，当毕加索创作那幅《阿维尼翁少女》(*Les Demoiselles d'Avignon*) 时是这样——但在他漫长的一生中，现代大师毕加索一直是 19 世纪及其革命原则和带有蓝色色调的精神的产物。

41

幽灵附体于石头

随着时光的流逝,游客们在巴黎的行为变得越来越古怪。在灵性方面,圣心教堂或许是巴黎城里最缺乏启迪性的地方,当朝圣者和伸长脖子张望的笨蛋们排成过山车一般弯曲的队列,等待着从这里穿过时,那座建于12世纪的圣彼得教堂隐藏在它的阴影里,里面往往空无一人。我多次来到圣彼得教堂,数过里面的人数,在罗曼式风格的凉爽舒适的教堂内部,最多只有寥寥数人。这里古色古香,石头上积淀着历史,有古罗马和墨洛温王朝时代的地基,有两根圆柱是以前矗立于此的马尔斯神庙留下的,就是入口处那两根古怪、粗壮的暗色柱子,从中央高原的火山岩切割下来,在罗马帝国如日中天之时,由奴隶和公牛车队拖到巴黎来的。柱子顶上的科林斯式柱头笨拙得招人喜爱,雕刻引发思古心绪,诞生于公元6世纪。那也是圣彼得教堂第一次被奉为圣地的时间,通过攫取马尔斯神庙的位置,它征服了那位战神和异教信仰。1147年,这座教堂经过重建，又重新祝圣，之后，在如同剧本一般曲折的历史中，又多次被改建和修复。不管怎样，它的拱顶和原来的半圆形后殿在1789年法国大革命中幸存下来。清晨的阳光透过那些现代的彩窗玻璃斜斜地照进来，为教堂内的石雕染上万花筒般丰富的色彩，以蓝色和粉红色为主——非常适合蒙马特。

这座教堂是怎么幸存下来的？经历过反教权的法国大革命之后，在盛行实用主义的19世纪，圣彼得教堂的钟楼上架起了一座电报塔。

虽然圣彼得教堂位于这座小山的最高处，如今这个地方却被更高的建筑包围起来，几乎看不到什么风景，自然也没有游客。不过，如果你能爬到那座钟楼上，先贤祠那新古典主义风格的辉煌建筑就会出现在地平线上。周边高高低低的风景都适合移步观看。在教堂侧面那块逼仄的墓地里，路易·布干维尔被遗弃的坟墓就在亭亭如盖的树荫下，他就是那种高贵的野蛮人。坟墓是空的，那最好不过了。他弯曲的遗体很久以前就被运送到那座国家圣殿里了。

这个墓园里还有另一位著名的居民，巴黎有一个广场、一条街道和一个街区纪念他，浪漫主义时代的艺术已经将那些地方割让给色情与卖淫。这个人就是让－巴蒂斯特·皮加利（Jean-Baptiste Pigalle）。

很有可能，是更古老、更有影响力、更有灵性的圣彼得教堂而非圣心教堂，从战神马尔斯那具有破坏性的愤怒中，以及更晚近的那些神灵的责骂中，将蒙马特保存下来。

另一个社区飞地是一座幽灵附体于石头的"野生动物园"：蒙马特公墓。

"我一直喜欢大理石甚于肉体。"泰奥菲尔·戈蒂耶在诙谐的自传草稿中宣布。他是《多情的女尸》(*Amorous Death*) 和《死亡的喜剧》(*The Comedy of Death*) 的作者——更别提《吉赛尔》或《木乃伊传奇》(*The Mummy's Romance*) 了——他肯定在自己的坟墓里微笑。可爱的蒙马特公墓被树荫笼罩，是巴黎的"另类"伟人墓地，它于19世纪20年代，即拉雪兹神父公墓建成大约十年后，在一个以前的采石场内建立。戈蒂耶的坟墓耸立在顺着科迪耶大道（Avenue Cordier）延伸的第三墓区，就像一座辉煌的俗气艺术石头火葬堆，完全是垂直的，哀婉之至。

如果过滤掉背景中嘈杂的交通噪声，你几乎能听到戈蒂耶"吃吃"的笑声。司掌诗歌的缪斯女神卡利俄珀手中握着一把竖琴，坐在一个至少有6英尺高的底座上，似乎从坟墓顶上召唤路人。考虑到戈蒂耶的身高只有5英尺多点——不过他用自己的腰围和身躯的宽度弥补了身高的不足——这座雕塑奢华的规模或许有些过分。当他去世时，法国文学界这个身材矮胖、留着胡须的老人在精神上仍然是那个纤细的年轻叛逆者，穿着红色的马甲，在"艾那尼

戈蒂耶在蒙马特公墓的坟墓

之战"中与秃头的"老顽固们"搏斗。

戈蒂耶没有屈服于蓝调,是一个热爱生活、快乐的浪漫主义者,充满对比鲜明的幽默感。直到今天,他仍然是法国19世纪被广泛阅读且可读性最高的作家之一。我发现他是这样一个人:谁还能创造出一个牧师被夜间造访的美艳女吸血鬼所折磨的人物形象呢?他实际上使这个亵渎神明的故事变得令人难忘。他也是记忆的收集者:戈蒂耶的《浪漫主义的历史》(*History of Romanticism*)就是纳达尔的摄影作品在文字中的对应物，捕捉到半个世纪的伟大壮举，也是现代法国背后潜在的操作系统。

在戈蒂耶的坟墓上，他看起来就像酒神巴克斯，卡利俄珀的右臂靠着那面石质的勇者之盾，戈蒂耶的形象就刻在盾牌上。乍一看，这似乎有些怪异：戈蒂耶作为现代芭蕾舞评论之父和长篇小说家而闻名于世。为什么他坟墓上刻着司掌诗歌的缪斯？其实他的职业生涯始于绘画和诗歌，而且根据波德莱尔的说法，他过着诗意的生活。戈蒂耶是"完美无瑕的诗人"，是"法文魔术师"，这也是波德莱尔把《恶之花》献给他的原因。

为了振作精神，巴尔扎克喜欢在拉雪兹神父公墓巡游，并因此而闻名，于是他就被埋葬在这里，挨着内瓦尔、诺蒂耶和德拉克洛瓦的坟墓，倒也合适。不过，我发现戈蒂耶在蒙马特的那处浓荫匝地、乱七八糟的长眠之地几乎同样迷人。一座 1888 年的铸铁高架桥从这个公墓上方横跨而过，证明进步——如果它是这个样子的话——并不总是带来破坏。在那座高架桥下面，在那些斑驳的树荫中，必不可少地有一些绿草丛生的小径，交叉穿过 25 英亩的墓地，一片由榆树和栎树构成的树林，里面洋溢着鸟儿的歌声，竖立着一片由精美的墓碑构成的大理石矮树丛。这里有仿佛来自幻想城堡的高大石头壁垒，而且，就跟拉雪兹神父公墓一样，有一些令人惊叹的树木将坟墓覆盖起来，还有锈迹斑斑的铁栏杆，以及从粗壮的树干和树根上伸出的巨大墓石。其他国家或许会砍掉这样的杂草，但巴黎人却任由它们生长。这是漫不经心的祖宗崇拜。就像人类子孙一样，所爱之人的微粒聚集在那些活着的植物上。

这里有大量真的或雕刻的猫头鹰、猫和死神头像。荒废的坟墓张开大嘴，有时还能看到里面埋藏的恐怖之物。大仲马躺在先贤祠里，不过他的儿子却长眠于此，在一座石雕的华盖之下，他右脚的大脚趾和鼻子被寻找纪念品的人掰走。这不足为奇。在法语中，表示纪念品的"*souvenir*"一词不单指物品，也指那些回忆，是过去的时光留下的赠品和回忆，就像石头一样沉重，但又像虚拟现实一样虚无。

戈蒂耶之墓是我最爱的坟墓之一，首席芭蕾舞演员玛丽·塔里奥尼的坟墓也是同样。据推断，她就躺在离这儿不远的地方。我为她长着苔藓的朴素纪念碑而着迷，从职业芭蕾舞演员们留在那里的奇怪标志——芭蕾舞鞋——一眼就可辨认出来。在过去的那个世纪里，这里堆着成百上千的芭蕾舞鞋。正如戈蒂耶是芭蕾舞评论之父，塔里奥尼就是浪漫主义舞蹈亦即现代舞蹈之母，是伊莎多拉·邓肯的精神祖先。她的石灰岩墓穴盖及旁边的地上都扔着正在降解的芭蕾舞鞋。迄今为止，只有一个朝圣者留下了一双铁拖鞋。

不过，熟悉内幕的人知道，这里存在一个误解。再一次，如同天赐之福的无知被保存得最好。别告诉那些芭蕾舞女演员，这座坟墓其实属于塔里奥尼的母亲。那位舞蹈家正式的称呼是德·瓦赞伯爵夫人（Countess de Voisins），她埋葬于拉雪兹神父公墓第94墓区，在她丈夫瓦赞伯爵的旁边。奇怪的是，她在爱丽丝·B.托克勒斯和格特鲁德·斯泰因附近相对宁静地安息了。她们俩一个拥有轻盈的脚，一个拥有沉重的手，这样的两个人很少能够住得如此靠近。坟墓毕竟只是坟墓而已。

但也不总是存在误解。舞蹈家尼金斯基的坟墓墓址是确凿无疑的，距离戈蒂耶的大约有100码远。他的纪念碑肯定是构思最奇怪巧妙的。一个蹲伏的侏儒守护神穿着奇异的衣服，保护着他，但对于这种受巴黎浪漫主义遗产吸引的自然现象，却没投射出什么记忆。

"波希米亚式放荡不羁者"亨利·缪尔热的坟墓位于第5墓区，其标志是一尊由雕塑家艾梅·米勒（Aimé Millét）——不是画家让-弗朗索瓦·米勒——创作的动人雕塑《剥玫瑰花瓣的少女》(*Youth Picking Petals Off Roses*)。它或许是我最最最爱的坟墓。那个少女是一名清秀的年轻女子，就像咪咪从永远漫天飞舞的玫瑰花瓣中升起。有好多次，我在这里找到别人留下表示致敬的歌剧门票、紫罗兰花束以及咪咪和鲁道夫的形象。

顺着那些坍塌的台阶上上下下，高耸的树木后隐藏着曲曲弯弯的宁静小路，旁边埋葬着德加、左拉（仅为衣冠冢）、龚古尔兄弟（并排埋葬在一起）、柏辽兹、雷卡米耶夫人、阿道夫·萨克斯、阿里·谢弗、司汤达、古斯塔夫·莫罗、奥拉斯·韦尔内、阿尔弗雷德·德·维尼，还有一位最近的居民，弗朗索瓦·特吕弗（François Truffaut），一位现代的浪漫主义者，他的电影帮助传播了巴黎的神话与魔力。

这些事有什么要紧的？为什么要花那么多时间在墓地，而不是到一家咖啡馆喝点提神的饮料，在博物馆欣赏那些杰作，或者到公园里漫步？

在巴黎，你不需要解释。你会通过感受找到答案。历史和历史人物无所不在且具有穿透力，就像你无法看见的微波、你打电话时听不到的 DSL 信号一般。我在不久前的一天想出这个高科技比喻，当时我站在戈蒂耶的坟墓前，抬头望见对面的那些艺术家工作室及其屋顶上的天线。一股股的思维、感觉和本能绞缠在一起，在我脑子里形成电缆或光纤。这座城市拥有数百处纪念场所——那些"记忆之地"只能在古老的地方找到——就像广播发射塔。对有些人来说，波长是断断续续的，传播的信息也是混淆的。而对另外一些人来说，待在一条古老街道上的公墓里，一座古老的建筑内，一座纪念碑旁或公园、咖啡馆、博物馆里，就像接通了宽带或连接上满格的 Wi-Fi 信号。不管你是用响亮清晰还是并不完美的声音读出巴黎，那些部分超越你视野的现象，都会让你不由自主地惊讶得目瞪口呆。除非你无知无觉，否则你会受到那些情感、脑电波和弥漫在你周围的气氛所感染。有些人就像分享这种魔力的发射塔。你对历史、文化、艺术、建筑以及那些活着或死去的人了解得越多，你就会变得越发与古人所谓的"地方精神"合调，不论那是好的还是坏的。巴黎在很大程度上就拥有这种精神。

OPEN ENDING AND MUSINGS ON THE
LOOPING LANES

第八部

开放式结局

面对环形路陷入沉思
——它将巴尔扎克故居及浪漫主义伟人,
与他们不知情的后裔和现代巴黎连接起来

42

漫长而曲折的道路

巴尔扎克从他的大理石小丘上统治着拉雪兹神父公墓，而戈蒂耶统领着蒙马特公墓。尽管不如雨果和大仲马在雅典卫城风格的先贤祠里那么荣耀高调，但他们的强大魅力仍然令人印象深刻。跟法国文学中那三位巨擘不同，戈蒂耶并没有自己的博物馆。他那些汗牛充栋的档案和手稿，年轻时的炭画素描和油画，以及少量赠品，都跟他那位朋友、导师和同行的物品一起，存放在巴尔扎克故居博物馆倾斜的板岩屋顶下。这座怀疑主义的圣殿位于巴黎西部塞纳河附近的帕西，隐藏在一座下凹式花园里，那里正是我向两位文学大家致敬的地方，一举两得。

"他穿着用白色法兰绒或开司米做的修士服，"戈蒂耶回忆起自己第一次与巴尔扎克这个活生生的传奇人物见面的情形，"或许，在他眼里，那象征着自己如同修士般的隐居生活，由于工作的缘故，他注定要过这样的日子……那身袍子被掀到身后，露出一截健壮如运动员或公牛的脖子，就像圆柱一样浑圆……光滑洁白,与更深的面部色泽形成鲜明对比……血液让他丰满的面颊闪耀着一种健康的深红色,为他活泼、弯曲、总在开怀大笑的厚厚嘴唇镀上一层暖色,一抹淡淡的髭须和拿破仑式帝髯勾勒出嘴唇的轮廓,却未曾盖住它们。"

就像喜爱拳击和举重的戈蒂耶一样,巴尔扎克与浪漫主义者犹如凋谢紫罗兰的形象相去甚远。他们两人都欣赏粗犷健康的体魄、美酒佳肴和性爱。巴尔扎克显而易见的充沛精力和健谈温厚,遮掩了一位艺术家复杂而层次丰富的个性,以及有时近乎疯狂的行为。"额头俊美、宽阔而高贵……浓密的黑色长发硬直如金属丝,像雄狮的鬃毛一样披散在脑后。那双眼睛,在人世间独一无二。它们充满活力,放射出光芒,拥有难以想象的吸引力,眼白纯净、清澈,就像婴孩或圣母的眼睛一般,略显蓝色,里面是两颗点缀着金色斑点的黑色眼仁——这双锐利的眼睛能让雄鹰合上眼皮,穿透墙壁,直抵人心,震慑一头发怒的野兽,那是君主、先知和征服者的眼睛。"

戈蒂耶没有具体描述巴尔扎克的腿是什么样子,可能是因为《人间喜剧》的作者在其标志性的修士袍下穿着裤子。不过,就像波德莱尔、雨果、内瓦尔和戈蒂耶一样,巴尔扎克也是一位习惯散步的人,沉溺于巴黎天生适合大步慢跑的城市风景。难怪他拥有健壮如牛犊般的肌肉。

脑子里想着这些,我一时心血来潮,决定步行前往他以前的几个住处,从玛黑区蜿蜒西行5英里即到。我一边大步流星,一边在脑子里回放有关巴尔扎克外貌的描述、他的长篇小说和他的生平,口袋里还塞着一本戈蒂耶的《浪漫主义的历史》平装本。

从我位于巴士底附近的办公室,我慢慢绕过巴尔扎克在军械库图书馆附近那个已经不复存在的阁楼,拐了个U形弯,然后像玩障碍滑雪一样穿过玛黑区,经过巴尔扎克或其小集团曾经居住过的半打地方,在他的一百来本著作中,很可能无数次地以它们为背景。不,这么说是不对的。对巴尔扎克来说,巴黎不仅仅是背景。巴黎是一个人,一个活生生的存在,渗透了那些生活于此的人们的灵魂。每一个街角,每一家咖啡馆,塞纳河上的每一个河曲,都是一块加了酵母后烘焙而成的马德莱娜蛋糕。

我知道,如果我继续绕道追随巴尔扎克的足迹,就永远无法抵达远在巴黎第16区的目标。我在塞纳河畔加快步伐,一个小时后从耶拿(Iéna)桥上拐出来,然后登上夏约(Chaillot)地区那些租金昂贵的高地,它们如今以东京宫(Palais de Tokyo)和特罗卡迪罗而闻名,而帕西就紧挨着这里。巴尔扎克总是说他想住在山顶上空气流通的地方,还能看见风景。那也是老谋深算的拉斯蒂涅站在拉雪兹神父公墓里向巴黎发出挑战的原因,巴尔扎克被体贴地埋葬于此,终于在他死后实现了自己的心愿。

幸好，当巴尔扎克在世时，他也曾在几处住所享受到不错的风景，其中最美妙的一处位于当时的奋斗街（Rue des Batailles），那条城乡接合部的倾斜街道如今已不复存在：它被耶拿大道吞并，以前的大部分住宅都已拆毁。巴尔扎克住过的那所房子靠近如今富丽堂皇的香格里拉饭店。这无疑会取悦那位小说家。他的抱负是依次博取美名和受人爱戴。他获得成功了吗？

如果以银幕或屏幕作为尺度，根据巴尔扎克作品改编的法语和英语电影如今已超过六十部，更别提数十部派生的改编之作了，其中包括至少同样多的电视连续剧，有些是最近才拍摄的。说他"影响"或"塑造"了从卡尔·马克思和狄更斯到福楼拜、左拉和普鲁斯特、王尔德和詹姆斯或西默农的每个人，这未免有些轻描淡写。除了直接受巴尔扎克影响的主线，还有一些间接受他影响的支线连接了J. K. 于斯曼和路易-斐迪南·塞利纳（Louis-Ferdinand Céline）——《茫茫黑夜漫游》（Journey to the End of the Night）的作者——外加上千位在自己作品中使用巴尔扎克小说技巧的外国作家。巴尔扎克是影响全世界、无关政治的谜，他在早期现代小说中引入自成一家的现实主义和生动的细节——虽然有时过于泛滥。

比如说，如果巴尔扎克现在还活着，在进入香格里拉饭店之前，他会停下来，评论一番这座小山和缓的坡度，那些街道、人行道和台阶上的沥青和石头构件，这座建筑所用的材料类型及其来源和色彩，每层楼的高度，建筑细节的类型，以及你仍然能从现在的立面上发现早期那座带有尖塔的建筑的踪迹这一事实，还有更多诸如此类的东西。

正是这种过于丰富的细节和冷酷无情的现代风格——或者说是缺少风格，这也同样具有现代特色——使得至高无上的文体家福楼拜做出那一通著名的毒舌评论："如果巴尔扎克知道怎样写作，他该变得多么伟大呀。"这句话因为一针见血而更加杀伤力巨大。但它忽略了一个重要事实。福楼拜是一个富有的地主，承担得起花五年时间创作并打磨其每部杰作的成本。他只写了几本书，每一本都比随后的那本更永恒。他的作品就是巴尔扎克的作品经过完善和提高后的结果，并且自然而然地引向普鲁斯特。

戈蒂耶或许在博览群书方面更加视野开阔。他赞扬巴尔扎克"对现代之美的新颖理解"，在他看来，风格是必然的粗俗，因为技巧和速度超过了一切。现代性是波德莱尔称赞巴尔扎克为19世纪天才的原因。巴尔扎克反对古典主义，同时又拥有一颗潜在的浪漫主义之心，他为时尚的魅力、街头生活、美酒佳肴、娱乐、犯罪、卖淫、谋杀和暴力，为所有鲜活、易变和当代的东西而自豪，不管它们有多么丑恶、粗鄙、令人不快或荒唐可笑。他平铺直叙的写作方法和电影式的技巧适合他的主题，也适合其出版计划中惩罚性的时间限制：人们就像看电影或电视连续剧一样阅读他的书，而且它们也确实是系列化的，这使得他成为一位马拉松式的文字巨匠。债务和雄心让他疲于奔命。

虽然巴尔扎克那位友好的对手维克多·雨果喜欢回顾往事，巴尔扎克却毫无悔意地热爱自己那个时代。雨果逐渐远离《钟楼怪人》和《艾那尼》，朝巴尔扎克的现代概念靠拢，描写当时的贫困、犯罪和政治。不过，雨果和其他人——缪塞、德·维尼甚至乔治·桑——不管写什么主题，都会使用热情奔放、辞藻华丽、夸张的浪漫主义风格。

我大汗淋漓地迈进香格里拉饭店铺着石子儿的时髦大厅，脚上还沾着泥巴，做好被人驱逐出去的心理准备。但我非常随意的衣着并没有让门卫紧张，如今亿万富翁也常常一副流浪汉的打扮。巴尔扎克是伪装大师，会穿着工厂工人的制服四处走动，或者男扮女装成一个老寡妇。酒店富丽堂皇的内部装饰是第二帝国风格，有水晶枝形吊灯和镀金的铸铁工艺，看起来有点像巴尔扎克家，这种氛围保证会取悦帕夏和暴发户们。

奥诺雷·德·巴尔扎克身兼这两种身份，他的名字就说明了一切。他身上不只流着一点点拉斯蒂涅的血液。这个虚构人物大体上以阿道夫·梯也尔为原型塑造，但也带有巴尔扎克父亲的色彩，那个身段灵活的农夫伯纳尔-弗朗索瓦·巴尔萨（Bernard-François Balssa）来自法国南部。

巴尔萨发财后就改掉了他那个受到玷污的姓氏——他的兄弟因谋杀而受到控告——并加上表示贵族的"德",与其他暴发户一争高低。巴尔扎克是第一个大量描写那个禁忌主题——法国人对金钱的痴迷——的作家,这一事实反映了当时和现在作为整体的社会。贪婪开始触到痛处。他满可以像路易十四和福楼拜那样宣布:"拉斯蒂涅就是我。"

正是在夏约这个地方,已经名噪一时的巴尔扎克以杜兰寡妇的名义租下一套公寓。当时他暂时变得富有,但并不完全受人爱戴。他会在晚上装扮成那个寡妇,在塞纳河畔溜达,经常挂着一根沉甸甸的拐杖。当他脱掉伪装,里面往往穿着蓝色的天鹅绒外套,其上坠着实心的黄金纽扣,这本来是为歌剧和戏剧舞台保留的服装。那根拐杖也兼作棍棒,其圆头上包裹着黄金并镶嵌着绿宝石。这是巴尔扎克的花花公子时期。他对时尚着迷,相信人靠衣装,认为精美的服装和高雅的住址会诱使出版商付给他更多的预付款和版税。或许这也会给我一个很好的理由来重新考虑我在香格里拉的衣橱和小屋。

于勒·桑多在又一次为爱情而心碎后,一度住到巴尔扎克位于夏约的寓所疗伤,就像以前跟乔治·桑和玛丽·多瓦尔分手后的情形一样。这里很少有其他人受到欢迎。不过,忠诚的戈蒂耶是另一个享有特权的客人。正是戈蒂耶留下了有关这些住所最有趣的描述,为巴尔扎克在中篇小说《金眼女郎》（Girl with the Golden Eyes）里为自己塑造的形象提供了补充。

跟巴尔扎克的安保措施相比，香格里拉的简直算不得什么。担心受到崇拜者和讨债人的干扰，他安设了三重岗哨，并给亲密朋友约好暗号。"我们会对门房说：'李子成熟的季节到了。'听到这句话，他就会允许我们迈过门槛，"戈蒂耶回忆说，"对那位听到门铃后匆忙赶到楼梯上的仆人，我们必须咕哝一句：'我带来一些布鲁塞尔蕾丝花边。'如果你向第三名仆人郑重地宣告'贝特朗夫人一切安好'，就能立刻获准进屋。这些胡言乱语让巴尔扎克觉得非常好玩。"

巴尔扎克的"闺房"里面纯粹是香格里拉风格。他给屋子装饰了珍贵的丝绸织物、垫子、厚厚的窗帘和红色的壁毯、古董、一台座钟以及用大理石和黄金做的烛台、一张宽宽的土耳其式沙发，还有一个镶嵌着黄金的白色大理石壁炉。一架枝形吊灯悬挂在镀金铸模天花板的正中央。从墙上伸出的朱红色臂形壁突式烛台上插着两支蜡烛。那个巨大沙龙的一端被改建成半圆形，因此这个房间是马蹄状的。

就像一个寻宝的孩子，巴尔扎克打开一道暗门，带着戈蒂耶穿过一条狭窄的走廊，进入两个隐藏在墙壁之间的隐蔽角落。其中一个角落里配备了一张轻便小床，另一个角落里放着一张供书写用的桌子和工具。这处密室就是那个衣服上坠着实心黄金纽扣的邪恶修士躲藏的地方，他每天辛苦工作多达十八个小时，午夜便从床上爬起来，喝上几品脱黑如沥青的咖啡，工作到黎明，然后修改和编辑他的稿子，直到黄昏。巴尔扎克声称，这个专门修建的"闺房"是隔音的，还命令戈蒂耶重新回到里面，大喊大叫。迷惑不解的戈蒂耶照做了。巴尔扎克很快重新出现，闷闷不乐。他仍然能听到轻微的噪声。

给房间做隔音设计的谜团很快揭开。巴尔扎克是已知的首位"情境作家"。他化身为笔下形形色色的人物，比毗湿奴的化身还要多，戈蒂耶声称，他会像他们那样穿衣、说话，前往他们工作或生活的地方，想象他们道歉、强奸和谋杀，直到虚构和现实融为一体。当戈蒂耶露面时，巴尔扎克正在创作《金眼女郎》。他说自己希望确保邻居不会听见帕基塔·瓦尔德（Paquita Valdes）的尖叫声。

她是谁？巴尔扎克解释了一切，就仿佛性暴力和将人勒死是完全正常的事情。穿着那身修士袍，他肯定看起来很像马修·格里高利·刘易斯（Matthew Gregory Lewis）作于1796年的哥特小说《修士》（*The Monk*）——浪漫主义文学中的一个里程碑——里那个堕落的高级教士。在巴尔扎克的中篇小说里，那个反英雄的浪荡子亨利·德·马尔赛热恋着帕基塔，正准备以最凶暴的方式，在夏约那套亦真亦幻的公寓里引诱和玷污她。

"到那时为止，对帕基塔·瓦尔德呈现在他面前的不可思议的完美秀色,他还只是大饱眼福而已,"巴尔扎克写道,"但激情的动力已经差不多在他心里熄灭。时时刻刻的餍足削弱了他的任何爱意。就像那些垂垂老者和幻灭的人,除了放纵的癖好、毁灭性的趣味,以及那种一旦得到满足就让内心变得空虚的幻想,他什么都没有了。"

于是,腻烦、麻木的马尔赛为了寻求刺激,决定强暴帕基塔。他发现她已经成为别人的情妇,便谋划在那套公寓里杀掉她,却发现她已经被其同性恋情人——德·马尔赛的姐姐——谋杀。

当溜出香格里拉饭店时,我情不自禁地想,如果巴尔扎克那套豪华公寓被保留下来,它原本可以在卡纳瓦雷博物馆或巴尔扎克故居重建起来。这两座博物馆建立的时间都太晚了。我跟戈蒂耶一样对巴尔扎克这个费解的故事感到迷惑不解。它有什么深层次的含义呢?在翻阅了大量尘封的文献,又在人行道上拖着步子徘徊了十年后,我开始觉得自己明白了。《金眼女郎》涉及内心的高贵或人的卑鄙无耻,以及社会对它们的影响。其中"内心"是关键词。对巴尔扎克来说,人的内心是可怕的。一个不同寻常的颠倒序列在我眼前变得明了起来:巴尔扎克描述那些原始的冲动是为了谴责它们,但又不明显对它们做出评价,或者表露自己的看法——他不想写乔治·桑那种煽动性作品。

对这个主题的思考序列从让-雅克·卢梭和布干维尔

有关原始社会的美好与高贵的观念开始。从那里，它跑向德·萨德侯爵以巴士底狱为背景幻想出的那些产生于性无能的性虐故事，涉及那种不可克制的原始冲动的正当性。然后，它一跃而至夏约的巴尔扎克，又从巴尔扎克转向在圣路易岛上与"黑肤维纳斯"一起冥思苦想的波德莱尔，到 J.K. 于斯曼、魏尔伦和兰波时达到巅峰，他们在全巴黎体验到了各种极端经历。这支文学队列继续向前行进、发展，从这些前辈一直延续到 20 世纪和 21 世纪的数十名创作出黑色、猩红色和玫瑰色作品的作家。他们中有些人为那种肮脏悲惨而感到欣喜，另外一些人则试图证明为何压制——不论是教会或当局施加的压制——对文明至关重要。巴尔扎克声称自己从不宣扬什么，他属于我们所谓的"展示而非讲述"流派。但波德莱尔和德·萨德也曾做出类似的声明。他们中很少有人遵守自己的承诺。用明暗对照法营造出的模棱两可让人们至今仍在猜测。

巴尔扎克有时被人批驳为一个反动的保皇党人，痛恨穷人和被压迫者。事实上，他把自己具有民主倾向的全部作品遗赠给每个人，在一卷又一卷的书册中强调了富有与贪婪的污秽与腐败。

"不错，《人间喜剧》里不缺少卑鄙人物，"在那部有关巴尔扎克的动人传记中，戈蒂耶笔锋一转，这样写道，"但巴黎只有天使吗？"

如果是那样，巴黎该会变得多么无聊。

43

帕西的宁静日子

在法国大革命之前,起伏不平的帕西点缀着贵族的别墅和花园。随着路易·菲利普的资产阶级王国到来,各种工厂、磨坊和第一批公寓大楼也随之而至。巴尔扎克为来自巴黎的讨债人所烦扰,在这个位于城区之外的遥远混杂之地寻求暂时的安宁。从法律的角度说,他逃到了他们的追索范围之外。巴黎就以他门口的台阶为界。一块标出这条界线的石头匾额仍然贴在他住过的建筑上面,这是他去世之前的倒数第二处居所。

这套宽敞公寓拥有五个房间,是巴尔扎克在以前附属于一座大受贬低的奢华地产的花园里找到的,非常适合他。为谨慎起见,他以管家德·布勒尼奥尔夫人的名义租下公寓,她有时也是他的床上伴侣。当时他仍然在追求一位富有的波兰寡妇,神秘的汉斯卡夫人(Madame Hanska),但尚未与她结婚,她也是弗朗茨·李斯特追求的对象。

巴尔扎克这座 18 世纪的建筑华而不实，修建在一个山坡上，前面是一排最近建的公寓大楼，挡住了巴尔扎克的住处和那个带有露台的小花园，使得那里看不到风景。进来的时候，巴尔扎克会推开并穿过一座平凡公寓大楼供马车出入的沉重大门，打开一道后门，向下走几层，再折返，穿过花园，来到他的前门。为了以防万一，还有一道弯曲的楼梯从他的公寓通往三层楼下位于地面楼层的一系列迷宫似的门，然后进入一个带有大门的庭院和一条狭窄的乡村小巷。那条小巷并不是死胡同，但位于巴黎城的边界线上，它变成一条不足一臂宽的小道。马或马车都无法从这里通过，如今小汽车也无法通行。巴尔扎克感觉安全。从他那个远在小巷之上的露台上，他可以看到位于塞纳河两岸的巴黎西部边缘，有敌人来也能看到。而他们正在不断靠近。

等巴尔扎克搬到帕西时，他已经深陷债务泥潭。他失去了自己的积蓄、艺术收藏、家具和雅迪（Les Jardies），那是他在塞纳河对岸的塞夫勒买下的一块地产，但没有钱去开发。（如今这里有一座小型博物馆，献给巴尔扎克和一个后来的居民——莱昂·甘必大。）

如果奇迹是强劲的人为干涉的结果，那么便可以确切地说巴尔扎克那座怪异的亭阁是被奇迹般地保存下来的。它和那个庭院、乡村小路以及那条小巷仍然在这里，那道弯曲的楼梯、带有露台的花园和标出巴黎城边界的匾牌也是同样。以前那些工厂和魔鬼般的磨坊已经被装饰艺术风格的城堡式豪华公寓综合建筑取代，其价值与曼哈顿的洛克菲勒中心相当。经过几十年的调查研究，巴尔扎克的物品以及这位艺术家的一打肖像画或雕像被聚集在一所带有蜡味的套间里，就在他曾经居住过的顶层房间内。这是巴黎城独具魅力的飞地之一，在关键时刻被从破城锤下挽救。在它前面，位于雷努阿尔大街（Rue Raynouard）上的那排公寓大楼被拆掉，巴黎最恶劣的早期混凝土现代建筑之一就耸立在隔壁。然而，一旦你踏入那个神奇的花园和巴尔扎克那所令人好奇、如同峭壁一般的房子，你就不再注意或关心这一切了。

在写作中，巴尔扎克痴迷于细节。但让我着迷的不是这里咯吱作响的镶木地板，不是这位作家及其家庭成员的多幅肖像，也不是那些说教式的展览，而是那种整体气氛，那种氛围、环境、风景和可以感知的历史，它们结合起来，诱惑着参观者。是因为我知道巴尔扎克在他房间里或那个芳香四溢的花园里工作和接待客人，那个花园带有弯曲的铁椅子和石头长椅，可以眺望巴黎和塞纳河，能在这里与乔治·桑、德拉克洛瓦和数不胜数的其他人唇枪舌剑。这所房子仍然挂着绿色的百叶窗，弥漫着一种外省的气氛，就跟巴尔扎克的时代一样。最棒的是，还可以把浴缸放在花园里,一边看风景,一边泡澡。在天气晴好的时候,巴尔扎克就会这么做。

不过这里还有少数细节及特别有趣的物品。皮耶-欧仁-埃米尔·埃贝尔(Pierre-Eugène-Emile Hébert)为巴尔扎克制作的那尊浪漫主义风格的活泼胸像,尤其是罗丹为他制作的磁漆头像,都非常引人注目。一个宁静的冬日,当我独自站在它们面前时,我似乎能够听到巴尔扎克在斩钉截铁地说——他曾经对画家路易·布朗热说过——"注意我的鼻子,我的鼻子就是一个世界!"巴尔扎克的鼻子确实就是一个世界,那是一个巨大、突出的圆形狮子鼻,它是一个欺诈探测器,从一英里之外就能嗅出伪善之辞。难怪罗丹会为它着迷。

当罗丹制作巴尔扎克的头像,以及那尊如今矗立在拉斯帕伊大道(Boulevard Raspail)的等身雕像时,他成了这位已经辞世的大师的奴隶。到那时,巴尔扎克被埋葬了半个世纪。在为这个委托项目做调查期间,罗丹并没有采用巴尔扎克那种"体验表演法",虽然他确实陷入一种狂热的痴迷状态。为了通过艺术让巴尔扎克复活,为捕捉到这位大师的精髓,罗丹的追求成了一种普鲁斯特式的练习,在想象中重新体验他的一生,他那种英勇的、浮士德式的挣扎。罗丹花了数年时间阅读巴尔扎克的作品和他所有的传记,就从戈蒂耶对巴尔扎克具有高度个人色彩的描述开始。

他确信自己需要一个长得酷似巴尔扎克的人，一个如同被幽灵附体的人，于是就前往巴尔扎克位于图尔的出生地，找到巴尔扎克的一个化身，一个表亲或堂亲，一个不为人知的儿子或后裔。罗丹创造出的那个具有表现主义风格的彩色肖像令人难以忘怀，超越了现代。它属于当代，也属于过去。或许也是那个头像和雕像的复制品出现在世界各地那么多城市和博物馆的原因。这是不是很奇怪？最复杂精美、发人深思的巴尔扎克像居然是在他去世后制作的。但对巴尔扎克来说似乎并不奇怪。就像雨果、肖邦和其他人一样，他其实并没有死去——不管怎样，对巴黎人来说是这样。

有恋物癖倾向的参观者总是会陶醉地站在巴尔扎克的书桌前，那是一张路易十三风格的暗色矮胖木桌，有盘曲的桌腿，看起来似乎是给小孩子做的。巴尔扎克有粗壮的脖子和腰杆，但腿很短，按照现代标准，算身材矮小。这家博物馆里其他可供人崇拜的物品包括巴尔扎克那根如同权杖一般的手杖，以及一把咖啡壶。有一次，我问一个满脸热切的年轻警卫，是否对那支手杖的黄金圆头做过法医分析，寻找头皮、头发或人血的痕迹。那个警卫似乎很震惊，然后热情地点点头，并跟着我在这个博物馆里四处游逛，不时点头和交谈。他确认，在整个浪漫主义时期，巴黎都是一个危险的地方。当时的手杖和扇子里往往都藏着刀子或短小手枪。巴尔扎克能够熟练地挥舞它们。他曾经用手杖多次重击马的侧腹，敲断不止一个人的腿骨和脑袋。那个黄金圆头稍微有点磨损。法医分析是可以考虑的，那名警卫补充说，他的眼睛闪闪发光。

巴尔扎克那把令人好奇的咖啡壶吸引的人似乎是最多的。这是一把白色的瓷壶，带有镶边和弯曲的条纹，以及血红色的巴尔扎克姓名首字母，看起来很像一把当代的渗滤式咖啡壶，下面带有加热元件。巴尔扎克就像泡茶一样在里面泡咖啡，把咖啡粉放进去，再加水。结果就成了一种有毒的酸性物质和含咖啡因的危险混合物，是能够想象到的最糟糕的饮料。专家声称，他是被咖啡杀死的。它毁掉了他的消化道，可能还引发了溃疡或肠癌。难怪巴尔扎克为了戒掉喝咖啡的习惯而考虑转向印度大麻。不过他厌恶和憎恨抽烟，曾经对戈蒂耶说，如果可以，他愿意剁掉所有吸烟者的脑袋。要实现这个目标，巴尔扎克需要在他那个时代竖起上千架断头台，换作现在，就更多了，并且还需要花好几年时间让这些断头台保持全天候运转。

就像一个真正的瘾君子一样，当巴尔扎克招募年轻天真的戈蒂耶为他的杂志《巴黎纪事》(*La Chronique de Paris*) 写稿时，他试图向那个热心的门生灌输他如夜班工人一样的日程计划和众多习惯，包括食用咖啡因。戈蒂耶会按时在午夜把自己弄醒，吞下几杯有害的咖啡，开始写作，但很快就睡着了。他太健康、太正常，不适合巴尔扎克那样的生活规律。运用巴尔扎克的方法，他只创作出那个典型的讽刺之作——《多情的女尸》(*La Morte amoureuse*)。

那么戈蒂耶又如何呢？就像活着的时候一样，去世之后他也被笼罩在巴尔扎克的阴影里。在这家博物馆的公共区域，几乎没有什么东西让人想起这位受到忽视的浪漫主义英雄。有一天，我发现戈蒂耶的档案存放在储藏室里，于是预约造访那个图书馆。前往图书馆的途中，我顺着一道螺旋形的楼梯下楼，巴尔扎克穿过下面的庭院逃跑时，就走的这道楼梯。这家博物馆占据了整座建筑。肖像学者、研究者、策展人和管理人员居住在外人看不见的众多房间。一位热忱的策展人兼图书馆馆员在前面带路，然后为我打开了那些档案。

正是在巴尔扎克故居中位于地面层的阅读室里，我证实了这位"完美无缺的诗人"拥有完美无缺的书法。戈蒂耶不但字迹整洁、美观，也很少做修改或改写，因为不需要。犹豫不决、备受折磨的巴尔扎克总是没完没了地自我批评，写好之后还要反复重写、修改和补充校样十几遍，这个毁灭性的过程需花费大量金钱和时间。而戈蒂耶跟他截然相反。如果说热拉尔·德·内瓦尔是超现实主义和自动写作的先驱，那么戈蒂耶就是一次写成完美草稿的大师，而巴尔扎克则是剪贴之王。戈蒂耶的手稿非常棒。不过我不得不佩服巴尔扎克杂乱的校对。它们可以击败最好的文字拼贴画，是印刷的和用鹅毛笔书写的散漫散文杰作，外加一些钉上去的片段，就像通过排版为这位作家迷宫似的大脑绘制的地图。

不出所料，巴尔扎克对戈蒂耶在写作上毫不费力、轻松自如感到恼怒。他没发现戈蒂耶给杂志投的稿子有什么需要修改的，但仍然唆使戈蒂耶更加努力地工作，把稿子重写至少四五遍。"那样稿子还会更好。"心怀嫉妒的编辑巴尔扎克命令道。幸运的是，戈蒂耶没有听从他的命令。

坐在图书馆里，浏览戈蒂耶的手稿和遗物——其中包括一只陶瓷墨水瓶和镀银的杯子——我突然获得启示。我意识到为什么波德莱尔把《恶之花》献给戈蒂耶而非雨果或巴尔扎克了。原因显而易见，波德莱尔知道这位谦虚、博学且"完美无缺的诗人"解开了他终生之作《恶之花》标题的谜团。戈蒂耶在为这个诗集写的一篇评论中猜测，波德莱尔的灵感来自纳撒尼尔·霍桑写于1844年的一篇短篇小说《拉帕西尼的女儿》(*Rappaccini's Daughter*)。这是美国文学影响波德莱尔的又一个例子：白袜子和黑猫。爱伦·坡通过波德莱尔帮助塑造了法国文学，现在我突然想到，霍桑也是如此。戈蒂耶猜对了。波德莱尔为戈蒂耶发现这个秘密而感到荣幸。"恶之花"在书页上盛开了。

后来，当我坐在花园里一棵散发出甜香的荚蒾树丛下，翻阅我那本便宜的平装本《浪漫主义的历史》时，我获得了另一个启示。我手里这个版本中包含一个题目为《四十幅浪漫主义肖像》(Forty Romantic Portraits) 的小册子。当我第二次或第三次阅读小册子中有关巴尔扎克的简要传记研究时，我忽然想起不同艺术门类交叉影响的罕见例子，我自己以前从未见人引用过。回到1858年，戈蒂耶把巴尔扎克作为作者与其想象中的人物搏斗比作雅各与天使搏斗。到那时，德拉克洛瓦已经为圣苏尔比斯教堂的壁画画出了小画幅的习作草稿并上了色。戈蒂耶是当时主要的艺术批评家，他很可能已经见过那些习作。因此，难怪戈蒂耶在勾勒巴尔扎克的生平时，艺术家兼作家挣扎着召唤创造力的形象会成为他的主题。

但是这个猜测出现了逆转：德拉克洛瓦是在戈蒂耶为巴尔扎克写的传记出版三年后完成那幅画的，因此画家很可能在圣苏尔比斯教堂里辛苦工作时脑子里想着戈蒂耶。自从产生这个想法后，我多次回到那座教堂，但我不能说壁画上那个肌肉强健、棕色头发的英俊雅各跟巴尔扎克有任何相似之处。那种挣扎是内在的。所有三位艺术家——戈蒂耶、巴尔扎克和德拉克洛瓦——对内心的骚动都比对外部因素更感兴趣。他们利用表面的真实暗示那些隐藏在下面的东西。

当我准备离开这所故居博物馆，穿过巴黎回家时，我意识到巴尔扎克与戈蒂耶传奇中最后一个生动的细节。戈蒂耶在撰写他那部有关浪漫主义的历史时倒下死去，而巴尔扎克则患了一场致命的疾病，努力想写出最后一行几乎无法辨认的字。那是写给戈蒂耶的告别信："我再也无法阅读或写作了。"这句话的潜台词很明显：因此我没法活下去了。当时他还不到五十岁，终于在财物上获得舒适安全，也和他终生所爱的伊娃·汉斯卡结婚了。咖啡到底还是要了他的命。

仿佛用不锈钢铸成的雨果埋葬了他们所有人。他为巴尔扎克在拉雪兹神父公墓举行的葬礼构思并朗读了悼词。雨果差点被灵柩车的轮子碾压并撞进巴尔扎克那个张开大嘴的墓穴，有人认为这与他颇为相称。"他的所有著作构成一部单独的杰作，"雨果在悼词中宣称，"那是一部充满启发性的活生生的复杂作品，从中可以看到整个当代文明降临又逝去，与之同行的，是那种与现实混杂在一起的不可言说的可怕东西……"

今天又何尝不是如此。

44 /

巴尔扎克的情书短札

就像巴尔扎克喜欢做的那样,我顺着那条小巷迤逦下行,伸出胳膊,指尖从粗糙的围墙侧面扫过,这时,我抬头瞥见一棵野葡萄树和一串悬挂在我头顶上方的葡萄。我是否应该像狐狸那样跳起来摘下那串葡萄?或者原封不动地留下这个装饰品?我留下那串葡萄给别人看,不过,造访巴尔扎克故居的游客没有多少会顺着那条小路下去或者冒险走进那条小巷,在大部分大城市,走进这种仿佛用刀子劈出来的长长通道都不啻自杀。幸运的是,在巴黎第16区,好奇并非自我毁灭之举。我还有5英里风景如画的路要走,还有余生的时间来弄清更多在精神上存在联系的人,就从我刚刚获知的那些不同寻常的条目开始,由那位负责管理戈蒂耶档案、和蔼可亲的图书馆馆员提供。

我们详细地讨论了过去和现在的巴黎、浪漫和浪漫主义以及恋爱中的戈蒂耶和巴尔扎克。我问,在巴尔扎克和每年成千上万参观这家博物馆的数字时代学童之间真的仍然存在联系吗？她毫不犹豫地做出肯定的回答，巴尔扎克的作品并未被教育部门列入法国学童的必读书目。免费的电子书有所帮助。不过，在年轻一代中，在不再阅读印刷图书的一代代人中，是电影、电视和电脑屏幕让他的作品保持了鲜活。图书馆馆员说，年轻的法国孩子们通过手持设备阅读浪漫主义作家的作品，这些设备就像长到了他们的手上一样。

"我们鼓励青少年阅读巴尔扎克写给伊娃·汉斯卡的优美情书，"她用诙谐的口气补充道，"我们尤其告诉男孩子们，如果他们想学会通过词句吸引女孩并发送迷人的短信，那就再没有比那些情书更好的老师了。"

对此我无法苟同。其实那些年轻人需要做的不过是在互联网上找到那些神奇的词语，复制下来并粘贴到一条短信里，然后按照自己的需要改变里面的名字。据说引自巴尔扎克情书的短信就像咒语一样有效。

我喜欢这个。这不就是雨果、缪塞和福楼拜那样的自我剽窃吗：维克多在写给莱奥妮的情书中重新利用他对朱丽叶说的那些心醉神迷的措辞；缪塞把他写给乔治·桑的情书复制下来，用在了《一个世纪儿的忏悔》中；而在《包法利夫人》里，福楼拜一字不差地挪用了他曾经与路易丝·柯莱特在其亲密通信和生活中分享的词语和经历。在吸引异性和罗曼蒂克方面，这三位作家至少跟巴尔扎克一样富于感染力。

"丑即是美。"我想象一个长着青春痘的少年在自己的智能手机上点点戳戳，引用雨果的话。"永恒之爱存在于这位英雄的心中"以及"你的忧郁如同魔咒，你的忧愁是一种魅力"。

当我微笑着从那条小巷踏入马塞尔·普鲁斯特大街（Rue Marcel Proust），朝下面的塞纳河走去时，从一棵树的树荫下传来一首20世纪70年代后期耳熟能详的老歌。我忍不住想起"警察"乐队被列入十佳单曲的《漂流瓶》（*Message in a Bottle*）中那段悦耳的重复乐段。这首歌我听过上千次。"发出SOS求救信号。"年轻的斯汀在乙烯基唱片上动情地唱道。发出SOS求救信号？为什么？

翻来覆去地，斯汀的歌声在我脑子里回响，"SOS"变成了"SMS短信"。然后，当我跨过塞纳河上的比尔·哈克姆桥（Bir Hakeim Bridge），停下脚步，欣赏法国好意送给美国的自由女神像的缩小版复制品时，那个词又变了回去。它让我想起腻烦麻木的亨利·德·马尔赛和巴尔扎克的《金眼女郎》。疲惫、衰老、麻木的巴黎是否也需要人发出SOS求救信号，为它带来镇定药？巴黎是否需要抑制不住的乐观主义者的帮助？很可能不需要，我想，肯定不需要牙齿漂白过的外人和大象观光列车的帮助。

在我看来，巴尔扎克显然会热爱混乱的现代巴黎——

位于塞纳河一侧的蓬皮杜高速路（Pompidou Expressway）上川流不息的车辆，那些建于 20 世纪末、因其丑恶而令人兴奋的高架塔，塞纳河如蕾丝花边般的桥梁下那些棚屋小镇，那些有幸福的外国夫妻拍婚纱照的大桥，他们穿着名家设计的 19 世纪复兴黑色服装。巴尔扎克会对那些如同皮疹一样顺着栏杆蔓延的挂锁感兴趣。看到它们，他会很快构思出一部有关激情、复仇和犯罪的粗制滥造之作。不过，巴尔扎克不会步行。他会以一辆 SUV 为座驾，或者坐在一辆加长版豪华轿车后面的座位上，用手机跟他的代理人交谈，或者为那些新婚夫妇和挂锁拍一些快照，稍后用在某部残忍的情节喜剧中。

我将锯齿状的城市风景牢记在心，能够看到新奇的埃菲尔铁塔和熟悉的带有拱顶的先贤祠——例如，对乔治·桑来说新奇而熟悉，她在修建那座塔之前就去世了，但根据维克多·雨果的说法，她还将作为一种"观念"而活着。如果活着的不仅是她的精神，而且也包括她的肉体，乔治·桑会愉快地抨击沙文主义男权统治的最后残余，但仍然会在这座桥上停下来，看看那些性感的新郎、漂亮的新娘，或许还会邀请他们去喝上几杯。穿着黑色的男人服装，不停地抽着香烟、雪茄或大麻，她或许会变成一个当代恐怖主义者，会在先贤祠侧面炸开一个洞，然后跟其他女权主义者一起占领那里。途中，她会通过推特向自己的数百万粉丝发送推文，谈到堕落的阿尔弗雷德·德·缪塞，可爱的玛丽·多瓦尔、顽皮的玛丽·德·阿古、没头脑的弗朗茨·李斯特和骨瘦如柴的弗雷德里克·肖邦，他们中的每一个都仍然活着，被抗生素、类固醇和基因疗法挽救了性命。或许乔治·桑还会像如今其他那些淫荡的巴黎人做的那样，裸奔冲进巴黎圣母院，或者为了开玩笑而在卢森堡公园的一张长椅上公然通奸。当年要在巴黎制造轰动很容易，不过如今就没那么容易了。

维克多·雨果会怎样呢？如果他没在孚日广场的阁楼里工作，就会在卢森堡宫的参议院里为了建成一个尚未实现的理想化的欧罗巴合众国，而跟对欧洲充满怀疑的英格兰和顽固的德国角力。或者，他会为了抵制对巴黎老城区的持续破坏，而跟一家在他启发下建立的当代非政府组织联合起来发挥影响。在参议院休会期间，他会像一名当代法国政客一样拜访他的候补情妇们，而朱丽叶·德鲁埃则一边发送短信，一边在他们位于玛黑区的爱巢里耐心地等候他的大驾光临。

巴黎不需要帮助，我反复对自己说。它仍然平平安安地停泊在浪漫主义时代里。

当我沿着蜿蜒曲折得有些疯狂的路线溜达回家时，我想象戈蒂耶在经过重新装潢的法兰西喜剧院里观看他的《吉赛尔》，就坐在他往常的地方；或者在参加最新重排的

《艾那尼》。缪塞和缪尔热会喝得烂醉，在拉丁区的巷子里跟那些小流氓一起大吼大叫。波德莱尔粉红色的手套在圣路易岛潮湿的绿色码头上闪着微光，他跟自己的助手一起，和着邦戈鼓和冈斯特说唱乐的节奏，朗读他那些忧郁的诗句。大仲马和他的朋友们会在凌晨4点到奥尔良广场跳舞，而邻居们会打电话报警。

我仿佛能看见热拉尔·德·内瓦尔带着他的龙虾，和莫迪利亚尼在蒙马特顶上或蒙帕纳斯的一家夜店里昏睡。与此同时，纳达尔会用他破破烂烂的旧气球交换一只新气球或者一个软式小飞艇，甚至有可能换一架"翼手龙"超轻型飞机，并转向数码摄影。他会在巴黎上空旋转，为他的所有朋友拍一张集体照，并给自己来一张自拍。

他们全都善于躲避奔驰的马匹、马车和马粪，一旦适应了新奇的机动车、人行道和狗屎，他们很快就会感觉跟家里一样舒适安逸。他们会顺着熟悉的街道找到回家的路，前往他们在世时就已经知道的很多咖啡馆、餐厅、剧院、花园和公园、政府办事处、博物馆、火车站、住宅、别墅和公寓。他们可以到歌剧院去观看普契尼根据缪尔热那部代表作改编的《波希米亚人》，到里沃利大街上那家从1855年就一直营业的加里尼亚尼（Galignani）书店，挑选一本仍在出版的《悲惨世界》《三个火枪手》或《恶之花》。拿破仑三世和他的老伙伴能够在他们的林荫大道上得

说"茄子!"

意扬扬,游览下水道系统,或许会滑到里面去。大多数巴黎人仍然会舒舒服服地穿着浪漫主义时代那种男女皆宜的黑色衣服,尤其是在玛黑区和存在主义的圣日耳曼德佩,或者穿着色彩艳丽至极的狂欢节服装,前去参加大仲马的化装舞会。打开《费加罗报》——仍然采用大幅印张,就跟他们中很多人当年为它写稿或阅读它时的情形一样——他们或许会发现当前的法国总统在跟第二个或第三个情妇厮混时被人当场拍到,而第一夫人或他的官方情妇为了避开狗仔队而住进医院。那么有什么新发展呢?

新发展是,我们可以把那些伟大的浪漫主义者聚集在一起,他们是巴黎文化万神殿或先贤祠里的诸神,并跟那些来自亚洲、非洲和美洲的情侣及其挂锁一起,来到艺术桥上,邀请海明威、毕加索和斯泰因来唱"谜团就是谜团就是谜团就是谜团",而纳达尔在上方对焦,最后一句话由阿方斯·卡尔来说:"说'茄子!'"

关键日期

1789—1799 年：法国大革命

1793—1794 年：恐怖时期

1799 年：执政府时期开始，拿破仑·波拿巴担任第一执政

1803—1815 年：拿破仑战争

1804 年：拿破仑·波拿巴成为拿破仑一世皇帝

1815 年：拿破仑一世在滑铁卢战役中被最终击败

1814—1830 年：波旁王朝复辟时期，由路易十八（统治期为 1814—1824 年）和查理十世（统治期为 1824—1830 年）担任国王

1830 年："艾那尼之战"和七月革命

1830—1848 年：七月王朝的"公民国王"路易·菲利普一世统治时期

1831 年：维克多·雨果的《钟楼怪人》（即《巴黎圣母院》）和奥诺雷·德·巴尔扎克的《驴皮记》出版

1848年：二月革命爆发，第二共和国诞生，路易·拿破仑·波拿巴当选为总统

1851—1852年：发生政变，路易·拿破仑·波拿巴成为拿破仑三世皇帝

1852—1870年：第二帝国

1870—1871年：普法战争爆发，巴黎被包围，发生巴黎公社革命

1870—1940年：第三共和国

关键人物

玛丽·德·阿古(Marie d'Agoult, 1805—1876 年)

全名为玛丽·凯瑟琳·索菲·德·弗拉维尼(Marie Catherine Sophie de Flavigny),为德·阿古伯爵夫人,写长篇小说时所用笔名为丹尼尔·斯泰因,因其文学沙龙而闻名,是钢琴家弗朗茨·李斯特的情人,与李斯特育有三个孩子。

莱奥妮·多内(Léonie d'Aunet, 1820—1879 年)

比亚尔夫人,作家、探险家,与维克多·雨果保持了七年的暧昧关系。

奥诺雷·德·巴尔扎克(Honoré de Balzac, 1799—1850 年)

长篇小说家、戏剧家,创作了一百部长篇小说,大多数收集在《人间喜剧》(*La Comédie humaine*)中。

夏尔·波德莱尔(Charles Baudelaire, 1821—1867 年)

诗人、批评家、随笔作家,翻译过埃德加·爱伦·坡的作品,著有诗集《恶之花》(*Les Fleurs du mal*)和《人造天堂》(*Artificial Paradises*),与让娜·杜瓦尔(绰号"黑肤维纳斯")保持了几十年的暧昧关系。

弗雷德里克·肖邦(Frédéric Chopin,1810—1849年)

波兰作曲家和钢琴家,与长篇小说家乔治·桑保持了九年的暧昧关系。

奥古斯特·克莱桑热(Auguste Clésinger,1814—1883年)

雕塑家兼画家,与乔治·桑之女索朗热·杜德旺(Solange Dudevant)结婚,制作了肖邦在拉雪兹神父公墓的纪念雕塑。

路易丝·柯莱特(Louise Colet,1810—1876年)

婚前本名路易丝·雷瓦尔(Louise Révoil),女诗人,艺术家的模特,维克多·库欣、古斯塔夫·福楼拜、阿尔弗雷德·德·缪塞、维克多·雨果、阿尔弗雷德·德·维尼和其他浪漫主义大师的情人,福楼拜从她那里获得灵感,创造了小说《包法利夫人》中的人物爱玛·包法利。

欧仁·德拉克洛瓦(Eugène Delacroix,1798—1863年)

画家、色彩大师,首要的浪漫主义者,以作于1830年的《自由引导人民》(*La Liberté guidant le peuple*)和为圣苏尔比斯教堂绘制的壁画而闻名。

玛丽·多瓦尔(Marie Dorval,1798—1849年)

首要的浪漫主义女演员,曾为阿尔弗雷德·德·维尼、乔治·桑、维克多·雨果、于勒·桑多和其他人的情人。

朱丽叶·德鲁埃(Juliette Drouet,1806—1883 年)

艺术家的模特,女演员,维克多·雨果的私人秘书和长期情人。

大仲马(Alexandre Dumas,1802—1870 年)

长篇小说家和戏剧家,著有《基督山伯爵》(*The Count of Monte Cristo*)、《三个火枪手》以及具有开创性与革新性的浪漫主义戏剧《亨利三世及其宫廷》(*Henri III et sa cour*,1829 年),埋葬于先贤祠。

让娜·杜瓦尔(Jeanne Duval,1820?—1862 年)

绰号"黑肤维纳斯",混血舞蹈演员和女演员,与夏尔·波德莱尔长期保持暧昧关系。

古斯塔夫·福楼拜(Gustave Flaubert,1821—1880 年)

长篇小说家,著有《包法利夫人》《感伤教育》等作品,与女诗人路易丝·柯莱特保持了长达九年的暧昧关系。

泰奥菲尔·戈蒂耶(Théophile Gautier,1811—1872 年)

首要的浪漫主义艺术家、诗人、长篇小说家、戏剧家、批评家、随笔作家、游记作家和历史学家,现代芭蕾舞评论之父,《吉赛尔》的作者。

乔治-欧仁·奥斯曼(Georges-Eugène Haussmann,1809—1891 年)

即奥斯曼男爵，塞纳河管理局局长，在第二帝国时期负责重塑巴黎。

维克多·雨果（Victor Hugo，1802—1885年）

首要的戏剧家、诗人、小说家、政客，浪漫时代的英雄，拿破仑三世的敌人，著有《钟楼怪人》《悲惨世界》和其他小说，其妻为阿黛尔·雨果。他与女演员朱丽叶·德鲁埃偷情五十年，与此同时又与作家莱奥妮·多内通奸七年，埋葬于先贤祠内。

阿方斯·卡尔（Alphonse Karr，1808—1890年）

小说家、批评家、随笔作家、报纸与杂志出版商，花花公子，因"世界改变得越多，其中保持不变的也就越多"之类的妙语而闻名。

弗朗茨·李斯特（Franz Liszt，1811—1886年）

匈牙利作曲家、指挥家和钢琴家，肖邦和乔治·桑的朋友，小说家玛丽·德·阿古的情人。

普罗斯佩·梅里美（Prosper Mérimée，1803—1870年）

小说家、历史学家和考古学家，《卡门》的作者，历史建筑总监察长，雇用维奥莱–勒杜克修复了巴黎圣母院、圣礼拜堂（Sainte-Chapelle）和卡尔卡松（Carcassonne）。

亨利·缪尔热（Henri Murger，1822—1861年）

作家、记者和戏剧家，《波希米亚生活场景》的作者，该书后来由贾科莫·普契尼改编而成的歌剧《波希米亚人》

（又译为《艺术家的生活》）更为著名。他是波希米亚式放荡不羁者的带头人，"饮水者"协会的创立者。

阿尔弗雷德·德·缪塞（Alfred de Musset，1810—1857年）

首要的诗人、戏剧家和小说家，著有《一个世纪儿的忏悔》，因与乔治·桑保持暧昧关系而闻名。

费利克斯·纳达尔（Félix Nadar，1820—1910年）

本名加斯帕尔-费利克斯·图尔纳雄（Gaspard-Félix Tournachon），艺术家、讽刺画家和记者，首要的肖像摄影师，航拍和闪光灯摄影的发明人，波希米亚式放荡不羁者的先驱。

拿破仑一世皇帝（Napoléon I, Emperor / Napoléon Bonaparte, 1769—1821年）

即拿破仑·波拿巴，革命时代的将军，第一执政，1804—1814年间为法兰西第一帝国的皇帝。

拿破仑三世（Napoléon III, Emperor / Louis Napoléon Bonaparte, 1808—1873年）

即路易·拿破仑·波拿巴，拿破仑一世的侄子，独裁者，1852—1870年间为法兰西第二帝国的皇帝。

热拉尔·德·内瓦尔（Gérard de Nerval，1808—1855年）

作家、诗人、戏剧家和翻译家，原始超现实主义者，首要的浪漫主义者。

夏尔·诺蒂耶（Charles Nodier，1780—1844 年）

小说家、知识分子和图书馆馆员，曾在作为法国浪漫主义诞生地的军械库图书馆主持浪漫主义沙龙。

奥尔良的路易·菲利普一世（Louis Philippe I d'Orléans，1773—1850 年）

绰号为"公民国王"，其统治时期为 1830—1848 年。

雅姆·普拉迪耶（James Pradier，1790—1852 年）

浪漫主义雕塑家，因其文学沙龙而闻名，曾为朱丽叶·德鲁埃和浪漫主义时代其他女性的情人。

夏尔-奥古斯丁·圣伯夫（Charles-Augustin Sainte-Beuve，1804—1869 年）

文学与戏剧批评家、记者和小说家，因与阿黛尔·雨果偷情而闻名。

乔治·桑（George Sand，1804—1876 年）

本名阿芒迪娜-奥罗拉-露西尔·迪潘，杜德旺男爵夫人，具有争议性的小说和随笔作家、记者，著有《莱丽娅》和另外近八十部长篇小说，先驱女权主义者，曾为阿尔弗雷德·德·缪塞、弗雷德里克·肖邦、于勒·桑多、普罗斯佩·梅里美和其他人的情人。

于勒·桑多（Jules Sandeau，1811—1883 年）

长篇小说家，因其与乔治·桑合作著书并发生婚外恋而闻名，乔治·桑的笔名即来自他的姓氏。

阿里·谢弗（Ary Scheffer，1795—1858 年）

荷兰-德国画家，将浪漫主义引入路易·菲利普的宫廷中，在浪漫生活博物馆可找到其踪迹。

阿尔弗雷德·德·维尼（Alfred de Vigny，1797—1863 年）

诗人、剧作家和长篇小说家，《查特顿》的作者，与女演员玛丽·多瓦尔长期保持暧昧关系。

欧仁·维奥莱-勒杜克（Eugène Viollet-le-Duc，1814—1879 年）

建筑师，经他修复和重建的法国历史建筑和城市包括巴黎圣母院、圣礼拜堂和卡尔卡松。

图片版权

本书中所用的历史图片均来自作者的个人收藏或公共领域,感谢下列机构惠允免费使用:Wikimedia Commons, Alphonse Karr portrait, Philadelphia Museum of Art, 125th Anniversary Acquisition, The Lynne and Harold Honickman Gift of the Julien Levy Collection, 2001; Brown University Library, ref# dc108505809962125。还有 The Library of Congress (LC):George Sand by Thomas Couture LC-USZ62-104094; ND Cathedral fa.ade LC-USZ62-110905; Luxembourg Gardens/Palace LC-DIG-ds-04868; Place de la Bastille LC-USZ62-133956; Panorama de Paris LC-DIG-ppmsca-34806; Gargoyles and spires roof ND Cathedral LC-DIG-ppmsca-33512; Balzac mural portrait LC-USZ61-1980; Hugo leading Romantics LC-DIG-pga-00191; Rodin sculpts Victor Hugo LC-USZ62-79451; Panthéon LC-DIG-ppmsc-05170; Working for the Prix de Rome LC-USZ62-93880; Sarah

Bernhardt LC-USZ62-104487; Nadar in balloon basket LC-DIG-ppmsca-02280; Hôtel de Cluny LC-USZ62-54470; Seine, bridges, Hôtel de Ville LC-DIG-ppmsc-05162; Bastille Column LC-DIG-ppmsc-05195; Blocus de Paris LC-DIG-ppmsca-02604; Paris Commune poster call # POS - TH - SPE, no. 33; Communist Barricade LC-USZ62-46318; 1848 barricade LC-USZ62-79527; Press censorship 1833 LC-DIG-ppmsca-13649; Trinity Church LC-DIG-ppmsc-05192; Rue de Rivoli LC-DIG-ppmsc-05236; Gertrude Stein LC-DIG-ppmsca-30616; M.me Victor Hugo（Adèle）by Nanteuil LC-USZ62-99508。

所有当代图片的版权均归 Alison Harris(艾莉森·哈里斯)所有，参看 www.alisonharris.com——除维奥莱 - 勒杜克在巴黎圣母院顶上的雕像的图片，它来自 Wikimedia Commons, Harmonia Amanda（阿莫尼亚·阿曼达）- CC-BY-SA 3.0。